湖南省哲学社会科学基金重大委托项目"记住乡愁——湖南十村十记"的阶段性成果

中国传统村落实证研究
——上堡村

李方 著

中南大学出版社
www.csupress.com.cn ·长沙·

图书在版编目（CIP）数据

中国传统村落实证研究. 上堡村／李方著. —长沙：
中南大学出版社，2019.12

ISBN 978 - 7 - 5487 - 3714 - 8

Ⅰ.①中… Ⅱ.①李… Ⅲ.①村落－研究－绥宁县
Ⅳ.①K928.5

中国版本图书馆 CIP 数据核字（2019）第 223033 号

中国传统村落实证研究——上堡村

ZHONGGUO CHUANTONG CUNLUO SHIZHENG YANJIU——SHANGBAO CUN

李方　著

□责任编辑	陈应征	
□责任印制	易红卫	
□出版发行	中南大学出版社	
	社址：长沙市麓山南路	邮编：410083
	发行科电话：0731 - 88876770	传真：0731 - 88710482
□印　　装	长沙市宏发印刷有限公司	

□开　本	710 mm × 1000 mm 1/16	□印张 17.5	□字数 305 千字
□版　次	2019 年 12 月第 1 版	□2019 年 12 月第 1 次印刷	
□书　号	ISBN 978 - 7 - 5487 - 3714 - 8		
□定　价	278.00 元		

图书出现印装问题，请与经销商调换

Liu J.S. 2014

总　序

　　作为湖南省哲学社会科学基金重大委托项目"记住乡愁——湖南十村十记"，本系列图书试图对湖南极具地域与民族特色的传统村落展开极具普遍性又具鲜明的个案特色的研究。这在湖南地方文化研究上也是首次。基于此，经反复研究，遴选了会同县高椅乡高椅村、通道侗族自治县坪坦乡坪坦村、江永县兰溪瑶族乡勾蓝瑶寨、永顺县大坝乡双凤村、绥宁县关峡苗族乡大园村、辰溪县上蒲溪瑶族乡五宝田村、绥宁县黄桑坪苗族乡上堡村、永兴县高亭司镇板梁村、桂阳县莲塘镇大湾村、花垣县排碧乡板栗村作为研究对象，并组建了十个相应的课题组，从事专门的研究。虽然只有十个村寨，但它们散落在三湘四水，颇具地域特色，又涵盖了汉、苗、瑶、侗等湖南主要民族，富有民族历史文化的特质性和代表性。对它们的系统性研究，或许最能体现湖湘传统村落及其文化的特色，立体还原出湖南传统村落文化的多维性与区域文化的特质性及其价值，进而呈现出湖湘文化的特质性和本源性，为保护湖南乃至中国传统村落文化做出贡献。

　　在内容上，我们要求对传统村落文化展开系统性的多维研究。在框架设计、研究思路、主要内容、基本观点等方面，都体现出研究者创新的学术思想、独到的学术见解和可能取得的突破。尤其在研究方法上，我们强调要重"记"重

"研"、"记""研"并举，既要整体兼顾，又要突出重点。"记"重有三：图像记录、文字记述和文化记忆。

第一是"图像记录"。图像记录是指把村落中的固态文化及活态文化，通过影像的方式保留下来，并作为信息传递给外界，强调记录对象的纪实性、直观性和形象性，在绝对真实的前提下，亦追求其唯美性。开始于1839年的摄影术，带给了近代一场视觉意义上的革命。之后，摄影迅猛发展起来，几乎无所不包，并和在它之前发展起来的印刷术相结合，进而拥有了广阔的传播空间。摄影术的出现，于民俗、建筑、文物的记录也同样具有划时代意义。它能够直观地再现事物在拍摄瞬间的真实状况，其记录已经成为今天研究这一时段历史的重要依据。在近代中国，最早拍摄的村落及其文化的照片，多出自涌入国门的外国学者之手，如葛学溥、伊东忠太、关野贞、塚本靖等人。19世纪末20世纪初开始，大批的日本学者考察中华风物，足迹遍布中国的大江南北，研究领域涉及了人类学、考古学、美术学、建筑学等诸多领域，留下了大量的图像记录。他们相机里记录的中国风土人情，为今天的研究者们提供了珍贵的历史信息。在今天这样一个图像时代，数码摄影技术高度发达，普通人几乎不需要接受专业训练就能拿起手机或相机拍照。对于专业的村落文化研究者来说，更需要运用好这一手段，用现代摄像的形式记录下传统村落及其原住民的生产生活状况，于当下这个快速发展的社会，或许尤为有意义因而变得十分重要。因为我们今天用镜头记录的真实场景及场景中的人与事，明天可能就永远地消失不见。通过影像的记录，我们可以为后续的研究者保留今天这些传统村落的文化信息。

第二是"文字记述"。文字记述是人类用之最为久远的记述手段与方法。凭借于此，我们可以察古观今。对传统村落中原住民的内容丰富的各种文化信息进行记述，要求既真实准确又生动感人。在真实客观的文字记述基础上，我们试图对传统村落的文化传统与精神世界、传统村落的堪舆规划、建筑营造与保护、传统村落民俗与非物质文化遗产、传统村落原住民与自然环境关系、传统村落道德教化与乡贤文化、传统村落的经济发展与综合治理、传统村落氏族文献与少数民族研究资料、传统村落与地域文化圈的宗教信仰与遗存等诸多方面，展开多学科交叉的系统性研究，以还原出这些传统村落文化的多维性、复杂性及自成体系性，而不是某一文化的孤立现象。我们从这种文化的多维性和自成体系性中，或许可以找到这些极具地域民族特色与特质的传统村落文化历千年之久而生生不息的深刻内在原因。

第三是"文化记忆"。文化记忆是指对传统村落的文化历史进行追溯，包括村落的建制和变迁、原住民的迁徙经历等内容，尽可能完好地保留这些传统村落的文化记忆。具有悠长久远文明历史的中国，就是由无数个这类传统村落的文化记忆组成的。传统村落是研究中国文化记忆的丰沃土壤。不同于世界其他地区文明断裂或消失的经历，中国是唯一将自身的文明延续至今的国度，这使得其文化记忆研究具有极为难得的样本意义。国家的文化记忆，从某种视角来看，其实就是由不同的社会群体、民族、宗族甚至个人的文化记忆构成的总和。国家、社会、族群，往往也和个人一样，会在发育成长的过程中，养成回忆和记忆的能力。说到底，所谓文化记忆，本质上其实就是一个民族或国家的集体记忆。它所要回答的就是"我们是谁"和"我们从哪里来、要到哪里去"的文化认同性问题。文化记忆的内容通常是一个社会群体共同拥有的过去，其中既包括传说中的神话时代，也包括有据可查的信史。它在文化构成的时间上具有绝对性，往往可以一直回溯到远古，而不局限于三四代之内的世代记忆的限制。在文化的构成内容上，其往往又富有原创性和借鉴融合的相对性，理所当然地具有其文化的特质性。特质性代表的往往是民族文化的个性；借鉴与融合，往往能代表文化的主流共性与文化发展的规律性。在交流形式上，文化记忆所依靠的是有组织的、公共性的集体交流，其传承方式可分为"与仪式相关的"和"与文字相关的"两大类别。文化记忆可以让一种文化得到持续发展，传承不衰；而一旦文化记忆消失了，也就意味着文化主体性消亡了。在传统村落文化的传承中，文化记忆起到了重要的功能。各种材质的书面文献、碑文、乡约、家谱、建筑物、仪式和节日等，构成了文化记忆的一系列制度性表征，它是一套可反复使用的文本系统、意象系统和仪式系统。文化记忆对于传统村落社会的存在价值，不仅在于村落原住民集体性探究过去的成果有了更为牢固和精确的储存与记录方式，更在于它对维护传统村落文化的代代传承具有的重要作用。甚至毫不夸张地说，保护和保存这种记忆，是保护和保存了国家的历史文化记忆，因为这是构成国家历史文化的基石。

以此"三记"为基础，我们借助于交叉学科的视野与手段，对具体的传统村落及其文化，展开有广度和深度的系统研究。我们共形成了十部专著，每本皆包含了30万字左右的文字以及100帧以上的图片。从研究手法到记录、记述的形式与内容，可谓各具特色，形态多样。

朱力教授的研究对象是高椅村。他是以广角全息式的视野来审视这个村落的。他不仅对高椅村的建筑、礼仪、信仰、手工艺以及民间艺术等方面有详细描述，更是将高椅村融入中国传统村落研究的大框架中，运用分形的理论，寻找传统与现代的连接点。在研究方法和内容上，他尝试将社会学、文化人类学、民族史学、景观文化分形学、建筑学等诸学科理论结合起来，进行实证叙事和分析，并吸收了传统村落研究的部分研究方法和成果，在更广泛的层面上观照、研究了高椅村，以加深读者对高椅村历史文化现状的认知。最后作者就将来如何运用"村落智慧"来保护中国传统文化这一主题进行了探讨性研究。

刘灿姣教授对勾蓝瑶寨的研究，不仅体现在她长期醉心于这个富有文化特色的古老瑶寨的文化表象上，更反映在她理智严谨的研究中。她融合历史学、文化人类学、宗教学、社会学、民俗学、建筑学、经济学及传播学多个学科的研究方法，以记录、记述、记忆为基础对永州市江永县兰溪瑶族乡勾蓝瑶寨开展了全方位、多视角、深层次的综合研究。她从勾蓝瑶寨的历史沿革、地理环境、迁徙历史、村落布局与建筑、生产与商贸、生活与习俗、组织与治理、文化教育与道德教化、精神信仰、非物质文化遗产和文化遗产遗存等方面，勾勒出了其文化的全景图样。

　　谢旭斌教授以辰溪县上蒲溪瑶族乡五宝田村落为研究对象，从建筑堪舆、氏族文献、建筑营造、地域文化圈的宗教信仰与遗存、文化传统与精神世界、建筑装饰语言、乡贤文化、民风习俗、经济发展与综合治理等方面进行研究。他主要从艺术学、社会学的角度进行探讨，让传统村落留存的历史、文化艺术景观、传统的那些文化景观因子以一种美的方式呈现在人们的面前，让读者懂得传统村落文化具有独特的历史价值、艺术价值和文化价值，它的内部蕴含着大量值得传承的文化因子。

　　李哲副教授从宏观层面（自然与文化背景、族源与语言、宗教信仰与精神世界）、中观层面（道德教化与乡贤文化、民俗文化与非物质文化遗产、堪舆规划与村落空间、建筑形式与装饰艺术）及微观层面（局部建筑形式及营建技术、民族文献）等三个层面，全面研究了永顺县大坝乡双凤村这一民族地区传统村落的文化特征，探寻了土家族文化的核心。

　　王伟副教授以湘西土家族苗族自治州花垣县排碧乡板栗村为调研对象。他及其研究团队对板栗村进行了深入细致的田野调查，在充分掌握第一手材料的基础上，参考和吸收了前人和当代有关村落文化研究的学术著作和研究成果，用科学实证的方法，对板栗村的各个方面进行了比较深入的研究。该书着重论述了板栗村的民俗文化和民俗艺术。在撰写过程中，作者始终强调对板栗村传统村落文化的图像记录、文字记述和文化记忆，并借助交叉学科的视野与手段，对板栗村的传统村落文化展开了有广度和深度的系统研究，兼顾了学术性与可读性的统一。

　　吴灿博士曾长期驻守于他所研究的怀化市通道侗族自治县坪坦村。通过多学科交叉研究的新手段，他将坪坦村放置到民族文化圈中加以审视，在查阅和研读了大量历史文献的基础上，对该村的建村历史、居住、饮食、服饰、节日、娱乐、信仰、乡约、经济、教育、婚育等多角度的社会文化生活进行了客观真实的全面描述及人类学研究，从而勾画出了一个由各相关要素系统组合起来的侗族传统村落。他希望能从坪坦村具有典型地域与民族文化特色的具体事物与事件出发，放眼民族地区村落发展，运用从局部到整体、小中见大的理论扩展方式，勾勒出传统村落活态的文化样貌。该书没有按照通常的学术论著的方法写作，而是注重它的可读性与普及性，深入浅出，以富有文采的语言传递出深厚的人文历史感。

李方博士将上堡村作为实地田野考察的样本和理论论述的具体例证，试图针对"湖湘传统村落文化"这一宏大主题，做一次既有经验和物证支撑，而又不乏理论性的个案研究，并以此为基础，对"湖湘传统村落文化"所涵盖的主要内容进行概要而不失全面性的理论阐述。该书从上堡村的历史沿革、自然环境、建筑规划、民风民俗、精神信仰、文化艺术、传承保护等方面进行研究。作者是在获得了具有典型区域特色又能很好地反映湖湘文化特征的"湘村"田野考察经验及相关物证之后，再进行相关的理论研究的。理论上的研究基于上堡村，但又不囿于这一个村落。作者希望以"小"见"大"，做到有"点"有"面"、"点""面"结合，试图以这种方式窥探出"湖湘传统村落文化"的基本构成。

杨帆博士研究的对象是具有湘南地域文化特色的大湾村。他通过对湘南桂阳县大湾村的田野调查，结合历史人类学的相关理论，对大湾村夏氏的来源、发展做了长时间的考察。在论述的过程中，不局限于大湾村这个具体村落，而是以更开阔的视野，将其放在更为宽广的区域历史中，去理解村落的发展和变迁。该书对大湾夏氏的迁徙过程、选址建筑、生产习俗、宗族人物、传说故事、文化发展等内容首次做了全面的梳理，并突显了大湾村村落的典型性和普遍性。

陈冠伟博士对大园村的历史、地理、经济、治理、文化教育、风土人情、民族艺术、宗教信仰和神话传说等方方面面进行了详尽的介绍，既有宏观的概括与分析，也有微观的记录与考究。得益于在大园村较长时期的田野考察，作者遍考文献,从历史学、社会学、文化人类学、建筑学等多角度进行考察,研究过程中注重时间与空间上的层次感,既有村落不同时期状貌的比较性分析,也有村落与周边地区联系的考察。在对大园村文化进行图像与文字记述之外,书中也指出了当下大园村发展过程中存在的一些问题,试图为大园村和其他传统村落的文化传承与发展提供参考意见。

王安安在板梁村的研究中付出了巨大的努力。从荣卿公开派立村始,板梁古村落已有六百多年的历史。在"湖湘传统村落文化"这一宏大的主题下,王安安将这一古村落作为实地田野考察的样本和理论论述的个案,进行深入研究。该书分为三部分:初识板梁、进入板梁、发展板梁。由浅入深、由表及里、由感性发现到理性分析、由宏观到微观地对古村落的地域环境、物象表征、历史沿革、建筑规划、宗族社会、土地制度、民风民俗、商业发展、村落建设、文化教育、保护开发等各个方面进行研究分述,构建整体村落的系统性文化理论框架,并由此出发,突破单一村落"点"的限制,将传统村落文化研究扩展至与其类似的地域性村落范围之内。

由于谢旭斌教授及王伟副教授的专著已经先行出版,因此,此次出版的书单中,未再重复刊出。

湖湘传统村落作为社会最基本的聚落单元,孕育了丰富多彩、博大精深的湖湘文化,见证了湖南历史文化的演绎变迁,记录了农耕时代遗留下来的各类历史记忆和劳动创造,承载了我们的乡愁。

我们认为,湖湘传统村落文化是湖湘传统文化的"根"与"源",是湖湘地区宝贵的物质文化和非物质文化遗产资源,是世界人类文化遗产极其重要的组成部分。对其进行系统研究,是对湖湘传统文化研究领域的新拓展,是乡土文化研究的新需要,因此具有重要的学术意义。对其进行全面深入的研究,不但可以为湖湘文化研究的可持续发展拓展出新的领域,而且可以为传承发扬中华民族优秀传统文化提供丰富的可供借鉴的经验,使优秀传统文化成为新时代鼓舞人民前进的精神力量，因此更具有深远的历史意义。在现代社会经济高速发展的形势下，特别是湖南省当前处于社会转型期，城镇化建设和社会主义新农村建设进程日益迅猛，对湖湘传统村落文化进行有效保护和深入研究，也是现代城乡规划、旅游规划和开发的需要，因此有着积极的现实意义。

这批以湖湘传统村落为研究对象的著作，都是以扎实的田野考察为基础，首次对湖南的传统村落进行的学术研究，由此构建了一个湖南省传统村落的研究框架及其文化探寻的范式，为今后的深入系统研究奠定了基础。同时，也丰富、完善和拓展了中国传统村落及其文化的保护和实践体系，为当下传统村落保护与发展提供了学术依据；构建了以文字和图像为载体的传播媒介，让社会各界"知爱其土物，乃能爱其乡土、爱其本国"，从而达到唤起社会各界的文化认同以及保护传统村落文化意识的目的。

吾身往之，吾心思之，吾力用之。是为序。

胡彬彬

2018 年 12 月

前 言

"界溪省，巴流府，

雪林州，赤板县，

上堡有个金銮殿。"

这是一首至今仍然传唱在绥宁县黄桑坪一带的民谣，而民谣里传说的故事则发生于 500 多年前。在明朝天顺年间(1457—1464)，在湘、桂、黔交界一带屡次发生大规模少数民族农民起义，其中苗族首领之一李天保(亦名"李添保")托名唐太宗李世民后裔，由他率领的一支起义军以绥宁上堡为核心根据地，建立了一个古苗疆王国。他们仿照汉族政权建制，以上堡为中心建立中央王权，同时设立界溪省、巴流和潭泥二府、雪林州以及赤板县四级政权机构，还大兴土木建造王府宫殿，定年号为"武烈"，李天保则自称"武烈王"。事实上，这也是中国历史上湘、桂、黔少数民族地区第一个少数民族政权。今天的上堡村则是当年武烈王故城遗址所在地，也就是这个少数民族政权曾经的"国都"。上堡村现在隶属于湖南省邵阳市绥宁县黄桑坪苗族乡，如今人称"上堡古国"。

图 1 为上堡村全景，图 2 为颇具特色的上堡寨门。

图1　上堡全景

图2　上堡寨门

作为历史文化遗址所在地，今天的上堡村还保存有许多珍贵的历史资料和遗迹，因而有着独特的历史价值和文化价值。首先，上堡至今保存有明代的金銮殿遗址、演兵驯马场遗址、点将台遗址、烽火台遗址、迴龙桥、王城辕门、王城辕门旗杆石桩、拴马树桩、忠勇祠遗址、“天高地厚”摩崖石刻、“天王”摩崖石刻以及清代的中堡护林碑。这些古遗迹是明清时期湘南地区苗族、侗族和瑶族等少数民族反压迫、反征讨斗争的历史见证，具有“以物证史”的历史价值。其次，上堡侗寨处于湘、桂、黔三省的交界地带，且临近我国主要侗族聚居区之一的通道县。所以，它一方面吸收融汇了传统侗族文化的精髓，另一方面，又可以借鉴湘、桂、黔边界地区丰富多彩的区域文化特色。这些文化的渗透、融合，外在的表现主要在建筑艺术方面。上堡有干栏式的民居、穿斗式的木楼、井干式的杂屋，以及鼓楼、辕门、凉亭、风雨桥等传统的侗族建筑。这些建筑无一例外地体现了人们崇尚自然、追求天人合一的理念，同时又恰到好处地适应了山区地带特殊的生存需求，对我们研究少数民族地区的建筑有很重要的价值。再次，上堡村坐落在海拔很高的乌鸡山山腰处，属于特殊的山形地貌，村内的建筑依山就势，环绕老龙潭溪流建造，形成了山脊型村寨建筑布局。这种特殊的地理环境，决定了上堡村作为文物保护单位的研究价值和意义会大于一般的自然村落。最后，作为少数民族居住区，上堡村有着自己独特的民族文化和地域文化特点。在歌舞文化方面，有侗族山歌、唱土地、吹木叶、侗笛双吹、芦笙舞、草龙舞、钹舞、舞龙灯、板凳龙、逗春牛、闹年锣、打铜钱、阿细跳月等活动。在生产生活习俗方面，有当地颇具特色的除夕封井、二月二蓑衣节、四月八姑娘节、六月六敬土地、冬月吃冬节等。在精神信仰方面，有天体崇拜、天象崇拜以及水、火、古树、阳鸟、龙、犬、牛等自然物崇拜，还有祖先崇拜、土地崇拜、观音崇拜等。可以说，上堡村的生态文化与民族文化是浑然天成的，二者交相辉映，共同丰富了上堡村自身的文化和地域特色。

正因为如此，近年来上堡村在政府与社会各界的大力支持和关注下得到了很大的发展，其知名度和影响力也正在不断上升。2011 年，上堡村就凭借优美的自然风光和深厚的历史文化底蕴以及独特的民族风情，被评为"湖南省特色旅游名村"。同年 11 月，上堡村入选《中国世界文化遗产预备名单》。2012 年，上堡村被中共湖南省委评为"创先争优先进基层党组织"。2013 年，上堡村被湖南省旅游局评为"湖南省特色旅游文化名村"，被湖南省人民政府评为"湖南省重点文物保护单位"。同年 8 月，上堡村又被列入"第二批中国传统村落名录"。2014 年，上堡村入选第六批"中国历史文化名村"。

本书从历史沿革、自然环境、建筑规划、民风民俗、精神信仰、文化艺术和传承保护七个方面对上堡村展开记述与分析。其中历史沿革部分，专题考述了上堡古国的历史传说。李天保创造了上堡最辉煌的历史，粟贤宇借用了那段辉煌的历史。那段历史，并不专属于过去，在人们的记忆深处，那份荣耀一直都在，影响着一代又一代人。现今遗留下来的那些古苗国的实物实景，依然在向人们诉说着那些久远的故事。笔者认为，历史遗存物所引发的历史记忆与文化认同，才是上堡的灵魂所在。走进这样一种文化，我们再来看这里的一草一木、一砖一瓦，都会变得更加鲜活。深山密林中的上堡，其自然环境与建筑实体搭配得尤为和谐。在这里，干栏式建筑散落在草木之间、溪水河畔；生产生活习俗质朴得让人有种时空穿越感；各种自然而然的精神信仰，和谐到不分你我；雕刻、剪纸、印染、刺绣等手工技艺精湛绝伦。如今这一片祥和的景象，是上堡的另一种辉煌，不是吗？

目　录

第1章　历史沿革 ………………………………………… 1

1.1　行政区划 ………………………………………… 2

1.2　族群流衍 ………………………………………… 6

1.3　古国传说 ………………………………………… 10

第2章　自然环境 ………………………………………… 17

2.1　地形地貌 ………………………………………… 18

2.2　植被物种 ………………………………………… 22

2.3　人与自然 ………………………………………… 30

第3章　建筑规划 ………………………………………… 35

3.1　民居建筑 ………………………………………… 38

3.2　公共建筑 ………………………………………… 68

3.3　工艺与装饰 ……………………………………… 86

第4章　民风民俗 ………………………………………… 91

4.1　生产生活 ………………………………………… 92

4.2 礼仪习俗 ⋯⋯⋯⋯⋯⋯⋯⋯⋯⋯⋯⋯⋯⋯⋯⋯⋯⋯⋯ 114

4.3 侗款 ⋯⋯⋯⋯⋯⋯⋯⋯⋯⋯⋯⋯⋯⋯⋯⋯⋯⋯⋯⋯⋯⋯⋯ 129

第 5 章 精神信仰 ⋯⋯⋯⋯⋯⋯⋯⋯⋯⋯⋯⋯⋯⋯⋯⋯⋯⋯⋯ 131

5.1 概述 ⋯⋯⋯⋯⋯⋯⋯⋯⋯⋯⋯⋯⋯⋯⋯⋯⋯⋯⋯⋯⋯⋯⋯ 132

5.2 自然崇拜 ⋯⋯⋯⋯⋯⋯⋯⋯⋯⋯⋯⋯⋯⋯⋯⋯⋯⋯⋯⋯⋯ 137

5.3 神灵崇拜 ⋯⋯⋯⋯⋯⋯⋯⋯⋯⋯⋯⋯⋯⋯⋯⋯⋯⋯⋯⋯⋯ 147

5.4 宗教信仰 ⋯⋯⋯⋯⋯⋯⋯⋯⋯⋯⋯⋯⋯⋯⋯⋯⋯⋯⋯⋯⋯ 157

5.5 特征与问题 ⋯⋯⋯⋯⋯⋯⋯⋯⋯⋯⋯⋯⋯⋯⋯⋯⋯⋯⋯⋯ 165

第 6 章 文化艺术 ⋯⋯⋯⋯⋯⋯⋯⋯⋯⋯⋯⋯⋯⋯⋯⋯⋯⋯⋯ 169

6.1 侗族语言 ⋯⋯⋯⋯⋯⋯⋯⋯⋯⋯⋯⋯⋯⋯⋯⋯⋯⋯⋯⋯⋯ 170

6.2 音乐歌谣 ⋯⋯⋯⋯⋯⋯⋯⋯⋯⋯⋯⋯⋯⋯⋯⋯⋯⋯⋯⋯⋯ 172

6.3 戏曲舞蹈 ⋯⋯⋯⋯⋯⋯⋯⋯⋯⋯⋯⋯⋯⋯⋯⋯⋯⋯⋯⋯⋯ 186

6.4 谚语和歇后语 ⋯⋯⋯⋯⋯⋯⋯⋯⋯⋯⋯⋯⋯⋯⋯⋯⋯⋯⋯ 208

6.5 手工技艺 ⋯⋯⋯⋯⋯⋯⋯⋯⋯⋯⋯⋯⋯⋯⋯⋯⋯⋯⋯⋯⋯ 213

6.6 神话传说 ⋯⋯⋯⋯⋯⋯⋯⋯⋯⋯⋯⋯⋯⋯⋯⋯⋯⋯⋯⋯⋯ 219

第 7 章 传承保护 ⋯⋯⋯⋯⋯⋯⋯⋯⋯⋯⋯⋯⋯⋯⋯⋯⋯⋯⋯ 229

7.1 文物古迹 ⋯⋯⋯⋯⋯⋯⋯⋯⋯⋯⋯⋯⋯⋯⋯⋯⋯⋯⋯⋯⋯ 231

7.2 保护规划 ⋯⋯⋯⋯⋯⋯⋯⋯⋯⋯⋯⋯⋯⋯⋯⋯⋯⋯⋯⋯⋯ 237

7.3 发展规划 ⋯⋯⋯⋯⋯⋯⋯⋯⋯⋯⋯⋯⋯⋯⋯⋯⋯⋯⋯⋯⋯ 248

参考文献 ⋯⋯⋯⋯⋯⋯⋯⋯⋯⋯⋯⋯⋯⋯⋯⋯⋯⋯⋯⋯⋯⋯⋯ 254

后 记 ⋯⋯⋯⋯⋯⋯⋯⋯⋯⋯⋯⋯⋯⋯⋯⋯⋯⋯⋯⋯⋯⋯⋯⋯ 256

第1章

历史沿革

1.1　行政区划

按照现行的行政区划，上堡村如今隶属于湖南省邵阳市的绥宁县。在唐代以前，绥宁这一片区域基本上是被视为蛮荒之地，直到唐武德四年(621)才设建制，唐贞观十一年(637)开始称"徽州"。据《同治绥宁县志》记载："绥邑，古荒服也。唐宋以前不列於版图。五代后周之际，始有徽州之名。宋元丰三年改为莳竹县，至崇宁二年乃易今名。其先或隶於邵州或附於武冈。明洪武三年始拨属靖州。"①长久以来，在绥宁居住的主体少数民族是苗族，古时候的绥宁也是古苗疆重地。《清高宗实录》记载有："湖南提督窦滨奏：湖南镇筸(今凤凰，清设辰沅永靖兵备道，简称镇筸道和镇筸镇，故简称镇筸)、宝庆(今邵阳市)、永绥(今花垣县)、永顺、武冈、保靖、靖州、长安(今城步苗族自治县，清设长安营，故又称长安)、绥宁等处，俱系苗疆。……刑部复议，湖南按察使宫兆麒奏：请各省解往湖南军流人犯，应照通里表原定地方仍发苗疆。业经请旨，交湖南巡抚会同该提督议奏，今据该提督等称，除永顺府属之永顺、龙山、保靖、桑植四县，辰州前属之乾州(今吉首市)、永绥、凤凰三厅，例无安置军流外，其从前停发之苗疆各属内，永明府属之江华县、宝庆府属之城步县、沅州属之芷江县、靖州及本州所属之绥宁、通道二县，均系苗疆要区。"②

由于地理位置特殊和山形地貌的特点，绥宁在古时候就属于"苗疆要区"，因此成了兵家争夺之地。"绥处楚之极边，虽非通都大邑，然控獞猺于四塞，据长澧之上游，亦楚南半壁一要区也。明初隶靖为首县，康熙年间祝侯修州志，拟置会通之末，吕志因之，道光八年邑侯林联桂禀请更正，复首绥宁。"③绥宁县地处湖南省西南部，东邻武冈、城步，西邻靖州、会同，南边与通道相连，北边与洪江、洞口接壤，气候宜人，景色秀丽(图1-1~图1-4)。

而绥宁县境内的上堡村，是一个典型的侗族村落。上堡，地处绥宁县黄桑坪苗族乡，东经110°07′46.2″，北纬26°22′23.2″。黄桑坪有大面积壮观的森林

---

① 盛锰源.同治城步县志同治绥宁县志[M]//中国地方志集成·湖南府县志辑56.南京：江苏古籍出版社，2002：322.

② 吴荣臻，杨章柏，罗晓宁.古苗疆绥宁[M].成都：四川民族出版社，1993：35.

③ 盛锰源.同治城步县志同治绥宁县志[M]//中国地方志集成·湖南府县志辑56.南京：江苏古籍出版社，2002：289.

图 1 - 1　绥宁县城

图 1 - 2　绥宁 1

图 1-3　绥宁 2

图 1-4　绥宁 3

景致，这片神奇的绿洲，被誉为江南极其富裕的"树种基因库"及"森林系统基因库"。1984年，黄桑坪被评定为省级自然保护区，2006年成为国家级自然保护区。黄桑坪自然保护区境内拥有12个自然村落，纵贯25公里，横阔19.5公里，总面积达38.1万亩。有大龙潭瀑布、刘鹅洞瀑布、白水洞瀑布、九牛塘瀑布、槽子山瀑布、原生态的次生林、铁杉林、平溪楠木林以及观音洞、鸳鸯岛、天狗守仙洞、龙宫洞、八戒巡山等自然景观，引人入胜。也有九溪冲古代母系始祖公社人们生殖崇拜的图腾遗存、明代武烈王故城遗址及相关文物、清代农民起义军的领袖墓、清代烟子厂窑址、红军路、红军桥、古水利设施等人文景观让人流连忘返。

位于黄桑坪苗族乡东南端的上堡村（图1-5，图1-6），总面积为13.9平方公里，其中山林面积有17600亩，水田有450亩。村寨的南面与城步南山景区相邻，西面连接通道万佛山景区，自然地理环境与人文历史文化都颇具特色。有三面环山的梯田风光，依山而建的传统建筑，蜿蜒流下的清澈小溪，有老龙潭瀑布、白水洞瀑布、鲤鱼跳龙门等自然景点，有西红柿、白菜、黄瓜等蔬菜的反季节种植基地，有青钱柳、纸皮核桃等特色产品，有金銮殿、忠勇祠、旗杆石、演兵驯马场、点将台、拴马树桩等历史遗迹，还有以侗族为主体的特色民族风情。

图1-5　上堡航拍1

图1-6 上堡航拍2

1.2 族群流衍

绥宁自古以来就是少数民族聚居之地。据2000年全国第五次人口普查，绥宁县境内一共居住着20个民族，其中少数民族占总人口的一半以上。该县的少数民族众多，县内设有十多个苗、侗、瑶族民族乡，而苗族占全县少数民族总人口的90%以上。上堡村就隶属于其中的一个苗族乡，名为黄桑坪，在唐朝末年为"飞山蛮"辖地。

上堡村，有着极为悠久的历史。自宋代开始，侗族杨姓一支从原徽、诚州所辖地迁徙到了黄桑一带，就在乌鸡山的山腰处聚族而居。到了明嘉靖二十一年（1542），黄桑坪建有江口军堡。清代雍正六年（1728），设有绥宁营，也被称为黄桑营。在清代乾隆之前，上堡、中堡、下堡分别对应的地名是"上界溪""中界溪""卜界溪"。后来，在乾隆六年（1741）的时候朝廷开始实施改土归流，分别在上界溪、中界溪等地设了绥靖堡、绥怀堡等。将绥靖堡改称为上堡，绥怀堡改称为中堡是在民国年间。到了20世纪60年代，在"四清"运动时，上堡、赤板和界溪又被合并为"上游大队"。但是时至今日，人们仍旧习惯以上堡、中堡、下堡为村名。

上堡村现有3个村民小组，113户，总计400余人。民族主要为侗族，其中以杨氏人口最多。男女比例均衡，职业以务农为主（图1-7），同时有特色旅游商品以及客栈旅游业带动村内的经济发展（图1-8）。

图1-7　梯田

图1-8　（民居）客栈

在我国的少数民族地区，习惯以"大姓"（即当地人口最多且最有影响力的族群姓氏）分区。据《靖州乡土志》记载，绥宁的大姓主要有"潘""吴""龙""杨""麻""廖""石""彭""田"等。上堡的杨姓侗族自称是杨再思的后裔。

在苗族、侗族、土家族的一些杨氏群体中，尤其是湘、桂、黔地区少数民族中的杨氏，他们都将杨再思视为先祖，称其为飞山圣公。在湖南靖州的飞山宫有2004年的碑刻记载："杨再思，生于咸通十年，五代初为飞山蛮酋长，结营飞山，号十峒首领，众举为诚州刺史，称曰飞山太公。宋开宝中被追封为英惠侯。绍兴三年封威远侯，淳熙十五年改封英济侯。嘉定十年封广惠侯，淳佑九年封创远英惠侯。历代以来，湘、桂、滇、黔四省各族人民奉为神灵，普建飞山庙、飞山宫，成立太公会，设太公田。自宋初祭祀活动即已开始。清同治七年奉旨列入祀典。靖州飞山庙，宋元封[丰]年间始建于飞山绝顶之上。绍兴二十五年置于绝顶之下，方广寺之左侧。"

关于"飞山蛮"与侗族的关系，学界不乏研究成果。"宋代称沅、辰、靖3州的侗人为'飞山蛮'。今湖南省靖州县县城西5公里处，有一海拔720米高的山峰，名'飞山'，有48井、48溪，明顾祖禹《读史方舆纪要》云：'飞山……四面陡绝，十有余仞，其上广平，蛮人保险于此，曰飞山蛮。'《靖州志》云：'亦诸苗(侗)负固之所。'宋初，诚州刺史杨再思族人杨光权、杨承磊居此，故《靖州志》又载：'飞山蛮即杨再思。'是时，杨再思据叙州南部的潭阳、朗溪(今芷江、会同、靖州、绥宁一带)，杨承磊据叙州西南(今靖州、通道、黎平东部一带)，号'十峒首领'。2人又以部属吴、龙、谢、姚、石任侗官，后来也成为该境诸大姓，而这一区域土著居民称'仡伶'，即'金'(更)之音译，侗族也，山杨、吴两大姓分掌统治权。《宋史·西南溪洞诸蛮》说，乾道七年(1171)靖州有仡伶杨姓，沅州生界有仡伶副官吴自山。属民渐随其姓，使杨吴二姓遍及侗区，历史上遂称'飞山蛮'为'仡伶杨'和'仡伶吴'，并相传以杨再思为其始祖。因'飞山蛮即杨再思'，故而历史上又称沅、辰、靖等州之侗人为'飞山蛮'。随着这一地区居民迁居贵州省东北部，带去姓氏和传说，致北侗地区的侗族有不少人认为是'飞山蛮'的'后裔'，杨姓奉杨再思为始祖，不少地方建飞山庙作为祭坛祭祀。"①

"《十国春秋》载：乾化元年(911)，吕师周'直至峒前杀(杨)承磊，擒(潘)金盛送武冈斩之，并斩三千人，尽毁其巢穴，(杨)承磊族人(杨)再思以其地附于楚。'以杨氏为酋的'飞山蛮'时期从此开始，到熙宁五年(1072)向赵宋王朝纳土时止，前后共经历一百六十一年之久。这时期的'飞山蛮'又称'杨氏十峒'，

---

① 欧潮泉，姜大谦.侗族文化辞典[M].南京：华夏文化艺术出版社，2002：7.

在楚王马殷的分封下，拥有今湘西南大部分地域，政治中心亦由'武攸之西'改镇'渠河之阳'（今靖县东二十里）。西道二合都、黄疆都、横冲都、乐土都、天口都，南道武占都（界杨梅、粤西义宁县），北道竹溪都、安南都、保安都、应显都、转光都，东道百胜都、横水武安都、石井定胜都、武强都，大安、大荣、梅口、长滩、下黎坪、木渣寨、京凉、赤水、清溪、武德、大竹坪、深洞、扶丛皆属焉。它的大体位置是东道于邵，南达于融，北至于沅。则包括今湖南省的靖县、会同、通道、城步、绥宁等县及贵州省的天柱、锦屏、黎平、从江等县和广西壮族自治区的龙胜、三江等县地。"①"绥宁及城步下六都、下八都五峒及新宁八峒，则飞山蛮地也。"②

从地理区划来看，上堡是"飞山蛮"的属地。但有一点需要说明，"飞山蛮"并非仅指侗族，也并非只有"杨"姓才是"飞山蛮"后裔。"唐末宋初的'飞山蛮'地域正处于晋代荆州极西南界。到唐朝时，'僚'的力量日趋强大，《唐书·南蛮下》载：'（贞观）十二年（638），巫州（即叙州）僚叛。'道光《宝庆府志·大政纪》载：'唐元和七年（812），武冈僚作乱。'《唐书·邓处纳传》又载：'唐光启二年（886），梅山十峒僚断邵州道。'《宋史·地理志》载：'全、邵屯兵，以扼蛮僚。'《宋史·蛮夷二》又载：武冈军溪峒'蛮僚日强'。这也说明'飞山蛮'地是'僚'人之地……'飞山蛮'原本'僚'人，后因历史的发展，在与其他民族的相互影响中，出现了地域性的变化，于今湖南省境，在渠水流域为侗，在巫水流域为苗，在资水流域为瑶。据城步《兰氏墨谱》所载，'飞山蛮'被吕师周讨伐之后，出现了以杨再思为首领的七个豪族大姓，即杨、蒙、李、潘、蓝、秦、邓七个姓氏。综上所述，唐末宋初的'飞山蛮'曾拥有今湖南省邵阳地区和怀化地区南境的广阔地域。'飞山蛮'的先民为'僚'，其后裔则包括今湘西南、黔东南、桂西北的侗、苗、瑶等民族。"③

现在的上堡村，除了侗族以外，还有一部分苗族。上堡和赤板的苗族，被学界认定为"坝哪苗"，是古苗族的一个支系。据相关学者统计，我国的坝哪苗只有3万多人。"坝哪话"很特别，只有语言，没有文字，正在面临失传的危险。上堡的坝哪苗，会说坝哪话的人已经不多。因为这个村落中，现在是侗族、苗族、

① 胡起望，李廷贵.苗族研究论丛[M].贵阳：贵州民族出版社，1988：138－139.

② 湖南省少数民族古籍办公室.湖南地方志少数民族史料（下）[M].长沙：岳麓书社，1991：401.

③ 胡起望，李廷贵.苗族研究论丛[M].贵阳：贵州民族出版社，1988：141－142.

汉族杂居的状态。尤其是近些年，为了发展"侗族村寨"特色，在侗族文化越来越受关注的同时，对当地苗族文化的保护工作稍显不足。所以，珍贵的坝哪话在上堡已经缺少传承的条件。而赤板的情况则不同，它是一个苗族村落，族群内部的日常交流，给村民们提供了很好的坝哪话语境，村内倒是还有相当一部分人会讲坝哪话。除此之外，原生态的坝哪古歌，也成了赤板苗族的一大特色。这种濒危的语言和古歌，无疑是当地坝哪文化的活化石，对它们的传承、保护、研究迫在眉睫。

1.3 古国传说

众所周知，苗族是中国少数民族里面颇为古老的一个民族，拥有属于本民族自己的语言、服饰和生活习惯等。然而，很少人知道苗族在历史上曾经还建立过一个国家政权，这个政权的首都就位于现在湖南省绥宁县黄桑坪苗族乡境内。这个古苗王国的首都遗址所在地就是现在绥宁县境内的上堡村，如今人称"上堡古国"。上堡村至今还保存有明代的金銮殿遗址、演兵驯马场遗址、点将台遗址、3处烽火台遗址、迴龙桥、王城辕门、王城辕门旗杆石桩、拴马树桩、忠勇祠遗址、"天高地厚"摩崖石刻、"天王"摩崖石刻以及清代的中堡护林碑。从某种角度来说，这些古代遗迹是明清时期湘南地区苗族、侗族和瑶族等少数民族反压迫、反征讨斗争的历史见证。不仅如此，至今在"上堡古国"还流传着关于这个苗族政权首领"武烈王"李天保（亦名李添保）的历史传说。作为苗族历史上第一个国家政权，它显然具有十分重要的历史意义和研究价值。而"武烈王"李天保无疑是这个苗族政权的核心人物，同时也是上述历史传说的主人公，为此笔者仅就李天保其人其事略作考述。

初入上堡，会让人有一种世外桃源的感觉（图1-9）。这里三面环山，山清水秀，现在一般人恐怕很难将这里与古时候农民起义的大本营联系在一起。在对当地村民进行采访的时候，我们发现许多人都能对李天保领导农民起义并且当了皇帝的故事说上几句。其中，一位当地尊称为谢老的长者就是这样给我们讲述了传奇人物李天保的故事：

在唐朝衰败的时候，有一小部分的皇亲国戚流落到了民间。流落民间之后，他们这一支系生下了一个叫李天保的人。这个李天保是唐朝李世民的后代，但是毕竟经历了这么多代，所以，虽然李世民是汉族，但是他的子子孙孙中有很多都是跟着母亲定族系的，到李天保就成了侗族了。李天保有一个搭档，叫蒙能。

图 1-9　上堡远景

当时李天保是住在怀化的麻城，那个时候他已经有了不少兵力。后来，朝廷听说他有很多士兵，就开始围剿他。就是在被围剿的过程中，李天保的搭档蒙能死掉了。李天保就另外选择了一个地方，就是我们这里。来到上堡以后，李天保这个人就想展示祖宗的威武，开始招兵买马。一共经过了十多年，他的士兵就超过十万人了。士兵越来越多，上堡这个地方已经容纳不了了。这十万多人，大部分是从湖南、广西、贵州三个省十八个县找来的。后来李天保就想着要当皇帝，就在上堡建立了一个金銮殿，成为他这个政权系统的政治、军事、文化中心。虽然只有十万多人，但是金銮殿内有很齐全的行政编制。上堡下面是界溪省、巴流府、雪林州、赤板县，上堡距离界溪省有 1.5 公里，距离赤板 7 公里。就是李天保一心想着要当皇帝，那个时候我们这里很辉煌的。朝廷知道消息以后，分四次派兵围剿李天保。李天保的王城内有 26 万亩森林，朝廷派兵围剿的时候，李天保的十万士兵像麻雀一样躲在那 26 万亩森林里面不出来，朝廷拿他没办法。后来在第五次围剿的时候，已经到了明朝，朝廷派了一名大将，名叫李震。李震换了一种方式来围攻他，先是找来周围五个省的一些官兵，一步步慢慢来，花了四年时间好不容易缩小了围剿范围，最后剿灭了李天保。那个时候来围剿李天保的官兵里头，有一些与主力部队失散了，觉得我们这个地方很好，就决定不回去了，于是就住下来了。这些人的子孙后代，主要集中在绥宁李熙的于家大院里。在几次围剿李天保的战争中，为了纪念那些死了的官兵，就地建了一个"忠勇祠"。在离上堡1.5公里的地方，有个"臭泥田"，我们一直都是这么叫的。这块田里有很大的臭味，是因为当年有很多的官兵尸体就是埋在那里的。李天保在抵抗第五次围剿的时候，战斗过程中流了很多血，有一块地面都被染成红色了，为了纪念他，当时被血染红的地方，就叫"赤板"。（受访时间：2015年7月）

事实上，在上堡关于李天保的故事我们听到的版本还有很多，不过基本上大同小异。在历史研究者看来，传说口述通常并不是很可靠，自然也未必全部可信。随着时间的久远，通过口耳相传的历史故事往往会逐渐变形，甚至完全走样。但是，自从有了文字之后，有了传世文献作为依据的历史传说就不一样了。这种传说或故事虽然依然少不了说者和听者有意或无意的改编，但应不至于完全不可信。而且，当同一个故事或传说在一个地方广为流传的时候，我们应该相信这不可能完全是凭空捏造的。

在我们看来，"上堡古国"的"李天保"就是这样一个传说。在我们听到这个故事之后，自然会对这个传奇人物心生好奇，不过心中不免还是会有一些疑问。比如，究竟是"李天保"还是"李添保"？因为这两个名字的读音完全一样。这个苗民领袖"李天保"到底是苗族还是侗族？因为有的说是苗族，有的又说是侗族。再比如，李天保是什么时候发动苗民起义的？又是如何当上皇帝的？为此，我们翻检《明史》等相关史料文献，接下来分两部分即李天保其人与其事来进行讨论。

首先，我们从文献来分析李天保的身份。文献记载有"李天保"与"李添保"之分。

《大明英宗睿皇帝实录》卷三百二十四记载："湖广妖贼李天保潜入贵州鬼池及绞洞苗寨，扇惑诸苗攻劫中林长官司及隆里所。总兵官都督李震率兵剿捕，擒天保送京师。诛之。"

《孙奇逢集·中州人物考》记载："震者，南阳人，左府都督金事谦之子也……天顺四年，充总兵，镇守武冈州。是年，擒伪称太宗妖贼李天保。五年，复平西延连山、道州诸冦,斩馘八千六百有奇。"①

《明史》卷一百六十六中有载:"初,麻城人李添保以逋赋逃入苗中。伪称唐太宗后,众万余,僭王,建元'武烈',剽掠远近。震进击,大破之。添保遁入贵州鬼池诸苗中,复诱群苗出掠。震擒之,送京师。寻破西堡苗。五年春,剿城步瑶、僮,攻横水、城溪、莫宜、中平诸寨,皆破之。长驱至广西西延,会总兵官过兴军,克十八团诸瑶,前后俘斩数千人。"②

《中华历史纪年考》中也记载有:"武烈王李天保,名又记作'李添保'。湖广麻城人。初参与蒙能领导的苗民起义。蒙能阵亡后,于明英宗天顺四年(1460),自称'武烈王',改元'武烈',以蒙能子蒙聪为总兵官,遗之银印敕书。拥众万余。次年,兵败,被俘,送京师,斩。余众瓦解。"③

不难看出,"李天保"与"李添保"应该是同一人,那么为什么会有两种写法呢?除了作为通假字解释之外,也许还有另外一种原因。有学者曾针对清代的刑事档案名录作出论断,说是在清代的刑事档案中,常会把犯人的名字改为带有三点水部首的同音字(中国政法大学副教授张小也)。而李天保是被朝廷派重兵围剿的对象,自然是重犯。所以,"添保"很有可能是出于这样一种原因,而替代了"天保"。

关于李天保的籍贯,文献均记录为"麻城人"或是"湖广麻城县人"。

《钦定续文献通考》卷二百四十四记载:"明史土司传曰:初,麻城人李添保以逋赋逃入苗中。诡称唐后,聚众万馀。僭称王,建元武烈。署故贼首蒙能子聪为总兵官,遗之银印勅书,纵兵剽掠。至是为李震所败,馀贼大溃。添保潜入鬼池及绞峒诸寨,复煽诸苗劫攻中林、龙里,亦为震禽,伏诛。"

《廿二史劄记》卷三十六载:"天顺中,麻城人李添保以逋赋逃入苗中,伪称唐太宗后,聚众万余,僭称王,建元武烈,掠远近,总兵官李震大破之,添保逃入贵州,复诱群苗出掠,震擒之。"④

《明英宗天顺实录》卷三百一十九有云:"湖广、贵州总兵官都督李震等率官军追截妖贼李添保,斩获首级三百七十五级,遣人以功状来上。添保,湖广麻城

① 张显清.孙奇逢集(中册)[M].郑州:中州古籍出版社,2003:220-221.
② 张廷玉,等.明史[M].长沙:岳麓书社,1996:2422-2423.
③ 于宝林,等.中华历史纪年总表[M].北京:社会科学文献出版社,2010:873.
④ 赵翼.廿二史劄记·明史(卷三十六)[M].上海:上海古籍出版社,2011.

县人，初因逋赋税，假以卖药为由，逃入苗境，伪称唐太宗之后，僭王号，立故贼首蒙能子聪为总兵官，得能所遗银印，伪作敕书，纠集苗兵万余，筑将台高九丈余，悬黄、白旗，服红袍，戴银顶帽，改元武烈。屡率苗兵攻城堡，声言欲攻武冈，直抵湖广至南京登殿。至是，为震等所败，添保仅以身免。兵部言：'渠魁未歼，难以升赏，乞命震等用心剿捕，并行巡按御史核实所获功次以闻。'从之。"

那么麻城是哪里呢？在上堡村访谈过程中，有人说李天保祖籍是怀化市的麻城，隶属以前的沅州，也就是现在的芷江县。《中国少数民族史大辞典》和《中国少数民族简史丛书》也说李天保是湖南芷江麻城人，但是笔者确实未能找到依据。

《中国少数民族史大辞典》对"李天保"的解释是："【李天保】（？—1461）明朝天顺年间苗民起义首领，又作李添保，湖南芷江麻城人，苗族。初因逃赋税，以卖药为名，自湖广入贵州苗境。景泰年间（1450—1456），曾参加蒙能率领的苗民起义。天顺四年（1460），自称武烈王，改元武烈。以蒙能之子蒙聪为总兵官，筑将台，悬黄、白旗，服红袍戴银顶帽，以城步长安坪为根据地，聚苗兵攻武冈、中林、龙里等地。五年，被贵州总兵官都督李震所俘，械送京师，遇害。"①

《中国少数民族简史丛书》也提："贵州大部分地区的苗族人民起义虽然失败了，但湘西南的苗族人民起义，却正方兴未艾。他们早在正统元年（1436），就以蒙能为首，在广西蒙顾洞（今龙胜县境）和湖南城步的横岭洞起义，一度攻下新宁、绥宁、新化、靖州、会同等州县。到正统十四年（1449），起义扩大到今贵州黎平、天柱等地。景泰元年（1450）十二月，明政府派都御使王来总督湖广军务，以总兵梁玉缶、参将李震等领兵镇压，迫使蒙能退往广西。景泰五年（1454）二月，蒙能率军五万余人，浩浩荡荡打回黔东，屡败官兵。次年二月，蒙能攻打平溪卫牺牲，由芷江麻城苗族农民李天保继为首领，称'武烈王'，以城步长安坪为根据地。从此，李天保就成了湘西南苗族人民世世代代歌颂的英雄。同年十一月，明廷命南和伯方瑛为总兵官，调兵七万余人'围剿'，复屡战多年，直到天顺四年（1460）才算平息，李天保被俘后在北京遇害。这次起义几起几

---

① 高文德.中国少数民族史大辞典［M］.长春：吉林教育出版社，1995：1024.

落，长达二十四年，是苗族人民古代斗争史中最壮丽的篇章之一。"[1]

明代的沅州，属湖广布政使司，辖卢阳、黔阳、麻阳县。如果说文献中的麻城是指"麻阳"，那么我们可以说李天保是怀化芷江人。但是为什么文献都说是"湖广麻城"呢？除了李天保是"芷江麻城人"之说，也有人说李天保本是湖北麻城李氏家族的，是因为逃税才由麻城迁徙走的。湖北麻城，"明太祖甲辰年（1364）属湖广行省黄州府。洪武九年（1376）属湖广布政司，寻随府划属河南。洪武二十四年（1391）还属湖广。崇祯十六年（1643），张献忠率部攻占麻城，改麻城县为长顺州。七月，引兵入蜀，名复其旧。清代，麻城属湖北布政司黄州府"。[2] 从文字表面来看，这种说法似乎是没有问题的。但如果李天保是湖北麻城人，那么他是少数民族之说又怎么解释呢？关于麻城移民的问题，一直都是很多专家学者关注、研究的对象，学者们普遍认为，麻城境内居住的最早人类当属苗蛮族部落。[3]"由（凤凰）县城南达麻城，北迄乾城、永绥、保靖、永顺，皆为苗疆，每隔一二里，辄置烽火台，镇市皆有城壁，为防制苗民而设也。"[4]所以，如果李天保是湖北麻城人，他是少数民族之说也是成立的。笔者认为，这种说法更合理一些。

但是，关于李天保的身份，还有一个问题：李天保到底是苗族还是侗族呢？追问一些上堡村的老人，有人说是苗族，有人说是侗族。据文献记载，一般都是说李天保是苗民。我们先从疆域历史方面来分析，李天保因逃避赋税而潜入的苗境，属于"武陵五溪蛮"地区。北魏郦道元所著《水经注》有云："武陵有五溪，谓雄溪、满溪、无溪、酉溪、辰溪……夹溪悉是蛮左所居，故谓此蛮五溪蛮也。"《荆州记》云："县南临沅水，水源出牂牁且兰县，至（武陵）郡界分为五溪，故云五溪蛮。"后来，到唐宋以后，"苗"作为族称被普遍应用，常见"苗峒""苗瑶"等记载。昔日的"五溪蛮"地区，也逐渐被称为"苗疆"。也就是说，最初的"苗"作为族称，其实并不单指我们现在所定义的"苗族"，而是包括了当今的苗、瑶、侗、土家等多个少数民族。我们只能说"古三苗"疆域、"五溪蛮"地和"古苗疆"

① 国家民委《民族问题五种丛书》编辑委员会，《中国民族问题资料·档案集成》编辑委员会. 中国民族问题资料·档案集成（第2辑）. 中国少数民族简史丛书（第9卷）[M]. 北京：中央民族大学出版社，2005：109.

② 湖北省麻城市地方志编纂委员会. 麻城县志[M]. 北京：红旗出版社，1993：55.

③ 孙晓芬. 麻城祖籍寻根谱牒姓氏研究[M]. 成都：四川大学出版社，2008：10.

④ 傅角今. 湖湘文库湖南地理志[M]. 长沙：湖南教育出版社，2008：490.

都是以苗族及其先民为主体的少数民族。至于李天保是侗族人的说法，笔者认为是没有依据的。也许只是因为考虑到李天保称王的"金銮殿"遗址是在上堡，而上堡村因侗族人居多而被定义为侗族村寨，所以，村内的很多人都认为李天保也应该是侗族。

综上，我们认为李天保的族系只能被定义为少数民族，并不能以当今的族系划分标准来断定，如果要说他是苗族，须注明"当时的苗族，系以苗族及其先民为主体的少数民族的统称"。

第 2 章
自然环境

2.1 地形地貌

绥宁有"神奇绿洲"的美誉,曾被联合国教科文组织称为"一块没有被污染的绿色宝地"(图2-1)。它位于湖南省西南部,地处云贵高原东部、雪峰山脉南端、八十里大南山西北面。绥宁县境内地貌以山地为主,可分为山地、丘陵、岗地、平原四大类。其中,山地面积2135.06平方公里,占全县总面积的72.95%。总体而言,东、南、北三面高山环抱,中部纵向隆起,将全县分成东、西两大部分。县境属于亚热带山地型季风性湿润气候区。在这里,夏无酷暑,冬少严寒,比同纬度区域的气候更加宜人。

图2-1 绥宁

上堡地处绥宁这块"绿色宝地"之中,自然也是依山傍水、美不胜收。上堡是典型的阶梯状山形地貌,层次感分明(图2-2,图2-3)。在地质构造上属于北北东向构造带,是由板溪群上亚群至志留系下统岩层组成的北北东向褶皱与断裂共同构成的。褶皱山脉的高低起伏相当明显,向斜褶皱和背斜褶皱的弯曲幅度大,其间多有断裂带。

大兴安岭—太行山—巫山—雪峰山是我国第二、三阶梯的分界线,湘西南的上堡侗寨则是在我国第二、三阶梯过渡东缘地带,位于雪峰山脉南端和南岭山系八十里大南山西南面的交界处。上堡境内的土壤主要是黄壤性土、黄棕壤性

图 2 - 2　梯田

图 2 - 3　梯田

土以及山地草甸土。黄壤性土(图2-4,图2-5)的有机质与全氮含量较为丰富,林、草地土壤的有机质含量可达到12%,且富含磷、钾。黄棕壤性土含有较多的岩石碎块,碎石含量一般会达到10%～50%且有机质含量通常低于5%,所以多分布在次生灌丛和疏林草地,不太适宜种植粮食作物。山地草甸土的有机质和腐殖质含量较高,化学组成以硅、铝、铁的氧化物为主,土体湿润,利于草甸植被生长且有涵养水源、保持水土的积极作用。

图2-4 农田

图2-5 农田

上堡属于亚热带山地型季风性湿润气候，据统计，其年均气温为 14.6℃，
最热 7 月的月均气温在 21.7℃ ~ 22.5℃ 之间；1 月的平均气温为 3.2℃。年均相
对间断湿度是 78% ~ 80%，最冷月份的相对湿度为 80%，最热月份的相对湿度
为 71%。年均降水量为 1210.6 ~ 1400 毫米，相对变率 10.6%。降水量最多的
月份是 5 月，为 140 毫米，12 月降水量最少，仅为 36.2 毫米。年均气压为
780.2 百帕，比低山地区低 180 ~ 210 百帕，气压明显随地势升高而降低。年均
风速 2.3 m/s，因山势造成东亚季风环流圈而致使风速缓减。年平均日照时间为
1160 小时。从全年日照分布量来看，7 月份最多，2 月份最少。年均降雪 14 ~ 16
天，积雪 6 ~ 8 天。年均无霜期一般有 292 天左右。因地势升高，雾日增多，可
达 130 ~ 136 天。①

　　夏季，上堡是可以作为避暑胜地的。这里虽然草木繁茂(如图 2 - 6，图 2 - 7)，
但是昼夜温差较大，所以很少有蚊子。即使是在一年当中最热的时期，夜里睡
觉都是需要棉被的。笔者曾于暑假期间好几次到上堡村考察，借宿在不同的地
方，都不曾见有人家里用过风扇或是凉席。

图 2 - 6　崇山密林

---

① 绥宁县侗寨遗产地文化研究与保护组于 2014 年编写的《上堡·大团侗寨文化遗产资料汇编》。

图 2 - 7 崇山密林

2.2 植被物种

　　上堡村植被繁茂，是"神奇绿洲"的核心地带，有纯天然的次生林（图 2 - 8 ～图 2 - 10）。次生林主要物种有：古杉木、长苞铁杉木、青钱柳树、闽楠木、伯乐树、黑松树、杜鹃树、鹅掌楸木、红花木莲以及高山灌草等（图 2 - 11 ～图 2 - 13）。

图 2 - 8 次生林

图 2 - 9　次生林

图 2 - 10　次生林

图 2 - 11 植被

图 2 - 12 植被

图 2 - 13 植被

杉木，又被称为沙木、沙树等，是我国长江流域、秦淮以南地区栽培范围最广、生长速度快、经济价值高的树种。杉木适宜于温暖湿润、多雾少风的环境，对土壤的要求比一般的树种要高，适合在酸性土壤中生长。

长苞铁杉是我国特有的珍贵树种，主要分布于少数亚热带地区，福建、江西、湖南、广东、广西以及贵州等地可见。该树种比较适宜在山脊地带岩石裸露的石山地区生长且天然更新能力弱，因此已被列为国家三级保护渐危树种。

青钱柳树，又被称为摇钱树、青钱李、山麻柳、麻柳、山化树等，是国家二级保护树种，主要生长于南方地区。青钱柳具有很高的食用和药用价值，被誉为植物界的大熊猫、医学界的第三棵树。我们知道，被称为医学界第一棵树的柳树，产生了具有消炎杀菌、抗血栓作用的阿司匹林；第二棵树是红豆杉，产生了防治癌症和肿瘤的紫杉醇；而这第三棵树青钱柳所制成的茶叶，富含多糖、氨基酸和黄酮等有机营养化合物以及人体必需的锌、硒、锗等微量元素，被证实有防治高血糖的功效，适用于高血糖、高血脂和高血压人群。青钱柳也可作为日常的养生保健品，有清热消渴、解毒消炎、止痛祛风等作用。上堡村的村民都很敬重青钱柳树，该树种枝叶舒展、果如铜钱，每一串果梗上有十几个果实，呈金黄色，宛如串串铜钱，颇具观赏性，且寄托了人们对财富和美好生活的向往。图2－14为村民采制青钱柳的情景。

闽楠木是国家二级珍稀渐危树种，其木材致密坚韧、纹理美观且芳香耐久，是上等的建筑、家具木料。闽楠木适宜于温暖湿润的中亚热带常绿阔叶林地带，初期生长较慢，后期生长快，一般不会受到病虫害，比较容易生长成大径材。

伯乐树，别名钟萼木、山桃花，是我国一级保护树种，被视为"植物中的龙凤"。其生长周期相当缓慢，种子要在枯枝烂叶下覆盖一年以上才会发芽，且初期长不出发达的根系。伯乐树开花时，形如倒吊的钟，因此得名钟萼木。

黑松树，又称白芽松，适宜于土层深厚、疏松，富含腐殖质的砂质土壤。黑松有很强的抗病虫能力，四季常青，是荒山绿化及道路绿化的极佳树种，也可经过加工造型，打造成斜干式、曲干式、悬崖式等颇具观赏性的园林和盆景树种。

鹅掌楸木，为落叶大乔木，因为叶形如马褂，又被称为马褂木。鹅掌楸，被誉为"中国的郁金香树"，该树种的花瓣单生枝顶，花朵体积大，底部有黄色条纹，与郁金香花极为相似，是非常珍贵的观赏树种。此外，鹅掌楸还有一定的药用价值，将树叶和树皮一起入药，有祛风除湿、散寒止咳的功效，可用来医治风湿痹痛以及风寒咳嗽等。

红花木莲，即红色木莲，已被列为国家三级保护植物。红花木莲是珍贵的观赏树种，树形优美，枝叶繁茂呈长圆形。花期在五六月份，花色艳丽，气味芳香。红花木莲的树叶可入药，煎汤内服可以燥湿健脾，主治脘腹痞满胀痛、宿食不化、恶心呕吐、泄泻痢疾等。

村内种植有山榆树、棕榈树等，山榆树属落叶乔木，有很强的生命力。树叶的滞尘能力强，入秋以后会变红，成为上堡古寨内一道亮丽的风景。村内有一棵古榆树(图2-15)，有400年树龄，被称为湖南省最年长的榆树。该树高达38米，胸径有138

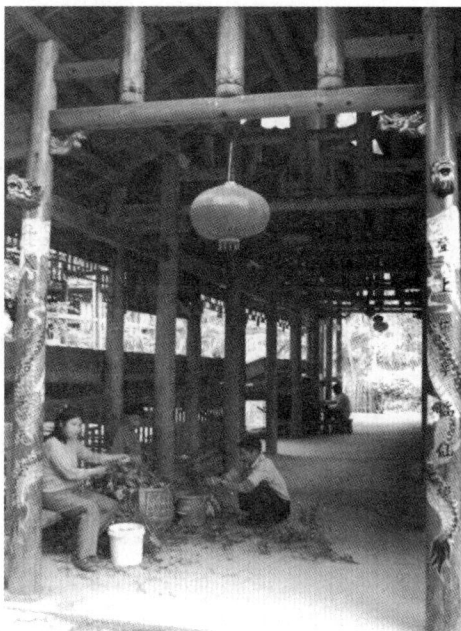

图2-14　采青钱柳

厘米，冠幅425平方米。村落中的人们认为该树是通灵的，且能反映出相关农业生产的一些气候特征。初春时节该树若是发叶较早，人们会认为这一年里将会风调雨顺，可以按时播种插秧；若是此树发叶很晚，预示着将会出现倒春寒，则需要谨慎看护秧苗，防止烂秧。正是因为这棵古榆树能反映出气候特征，所以村民们又将它称为报春树。村寨内的道路旁种植有棕榈树，棕榈是最耐寒的棕榈科植物之一，它对烟尘、氟化氢及二氧化硫等有害气体具有较强的抵抗性且具有吸收功能，因此对净化空气有很好的作用。日常生活中，棕榈还有多种用途，其树干质地紧密、耐潮防腐，是上等的建材；树皮可以制成绳索；叶子可以用作遮雨的棚盖；叶鞘纤维又可加工成扫帚、毛刷、蓑衣、床垫、枕垫，等等。此外，棕榈树的花、果、根均可入药，能防治金疮、疥癣、带崩、便血、痢疾等。

上堡侗寨内种植有多种经济与药用植物，比如青钱柳树、核桃树、沙梨树、胡椒、三七、黄连、杜仲、黄柏、人参等。如前文所述，因为青钱柳被称为医学界的第三棵树，对高血糖、高血压和高血脂的"三高"有很好的预防和改善作用，所以在上堡古村内，青钱柳茶已被包装成商品出售，有稳定的产业链。

核桃，别名胡桃、羌桃，长久以来一直被誉为万岁子、长寿果，它和扁桃、腰果、榛子一起被称为世界著名的四大干果。核桃有极高的营养价值，平均每100克果仁就含有15~20克的蛋白质，富含人体必需的钙、铁、磷等多种微量元素，以及含有胡萝卜素及核黄素等多种维生素，具有补气养血、强筋健骨、补肾填精、止咳平喘以及润燥通便等功效。《本草新编》记载有："胡桃肉，味甘，气温，无毒。入肾经。润能生精，涩能止精，更益肾火，兼乌须发，愈石淋。实温补命门之药，不必佐之破故纸始愈腰疼。尤善安气逆，佐人参、熟地、山药、麦冬、牛膝之

图 2 – 15　古榆树

类，定喘实神。世人但知为食物，而不知用入于补剂，其成功更奇也。"随着上堡村被越来越多的人关注，村内的核桃(图 2 – 16)在每年果实成熟之季，也是供不应求，给村民带来了可观的经济收入。

沙梨树适合在温暖而多雨的地区生长，对土壤没有特殊的要求，砂土、壤土或是黏土都可以栽培。因此，上堡古村内的沙梨树都成长得枝繁叶茂、硕果累累，不仅供村内人食用，亦可以对外出售。沙梨的果肉、果皮有清热生津、化痰润燥的功效，能有效缓解喉痛咳嗽、痰热口干、便秘多汗等症状。

侗族同藏族、蒙古族、苗族、壮族等少数民族一样，是十分重视草药的，种植草药是历代侗民的传统。侗药有悠久的发展历史，是无数侗族先民为了生存和繁衍而不断与疾病抗争的经验总结。侗族草药一般分为根茎类、全草类、花叶类、藤木类、皮类以及果实种子类等。根茎类侗药有土茯苓、葛根、土党参、魔芋、芙蓉根、仙人掌、川芎、玉竹、当归、土大黄、百合、麦冬、山药、土人参、桔梗、菊叶三七、蕨、韭菜根、何首乌、生姜、板蓝根、天麻、紫草、满山红、水

图 2-16 核桃树

仙、兰花草根等。全草类侗药也有很多，比如蒲公英、藿香、鱼腥草、穿心莲、绞股蓝、凤尾草、紫苏、灯芯草、益母草、薄荷、土荆芥、水杨柳、铁苋菜、金钱草、虎耳草、浮萍、红叶草、马齿苋、通草等。花叶类侗药有菊花、金银花、月季花、鸡冠花、玫瑰花、桑叶、核桃叶、松叶、荷叶、枇杷叶、大青叶、艾叶、苦瓜叶等。藤木类侗药有鸡血藤、过山虎、爬山虎、常春藤、葡萄藤、桑枝、五叶藤等。皮类侗药有冬瓜皮、陈皮、杜仲、桂皮、肉桂、丝瓜络、石榴皮、西瓜皮、椿树皮、杨梅树皮等。果实种子类的侗药也极为常见，有刀豆、山楂、车前子、白扁豆、女贞子、小茴香、赤小豆、薏苡仁、南瓜子、莲子、绿豆、韭菜子、栀子、黑芝麻、无花果、蓖麻子、佛手、罗汉果、枸杞子、樟树子、白果、向日葵、山胡椒等。

上堡村内的草药医师，一般都是祖传的技术，自种、自采、自制、自用草药，这种花钱少甚至是不花钱的简易疗法是人们生病时候的首选。比如外感发热头痛时，用葛根、板蓝根、荆芥、紫苏叶和贯众水煎内服即可。两面针、川芎、红藤、血三七同时入药，或者直接将韭菜根捣烂以后外敷，均可治疗跌打损伤。土党参、麦冬配五味子煎服，可以缓解肺虚喘咳、汗出不止。将映山红的花朵研磨成细末，与鸡蛋清调和以后，外敷可以治疗烧伤烫伤。常见的风热头痛、咽喉肿痛可以用薄荷、牛膝、桔梗、菊花及连翘水煎内服。阴暗潮湿地带极易生长的虎耳草，将其捣烂取汁，直接滴入耳内，可以治疗急性中耳炎、鼓膜炎。肺炎咳嗽用鱼腥草搭配矮地茶、金银花、连翘及黄连一起水煎内服。肺热咳嗽则用灯笼草、黄芩、麦冬、矮地茶水煎内服。核桃叶水煎内服，具有活血散结和消肿止痛的功效。香樟木的根、木、子，取干品水煎内服，可以治疗风湿性关节炎，且可以缓解腹痛腹泻、宿食不消等症状。胎动不安可用紫苏、黄连、砂仁、陈皮入药。

上堡村所处的黄桑坪自然保护区于1985年首次发现了野生的绞股蓝。绞股蓝味苦性寒，被证实有清热解毒、止咳祛痰以及补脾益气等功效。长期开水冲服绞股蓝，对高血脂、高血压有很好的疗效。绞股蓝配金银花、黄芩、半夏一起服用，可治疗支气管炎。绞股蓝搭配远志、旋覆花，可用于治疗支气管哮喘。绞股蓝配柴胡、茵陈可治疗肝炎。绞股蓝配虎杖、秤杆星根对乙肝也有很好的疗效。绞股蓝配臭牡丹、桑树根和淮山，又可治疗胃溃疡。实践证明，绞股蓝在人们的日常生活中功不可没，是纯天然的保健品兼药品。黄桑坪自然保护区内在发现了野生绞股蓝之后，分别采用了播种、扦插和移栽等多种方式试种，于1987年试种成功，且达到了亩产1500公斤的好收成。随后，湖南省科委批准将绞股蓝系列产品的开发列为重点科研项目。由省中医药研究院和绥宁县中药饮片厂一起合作，从绞股蓝干品中成功提取了绞股蓝总皂贰，研发出了绞股蓝冲剂、绞股蓝保健茶、绞股蓝刺梨汁、绞股蓝蜂乳口服液以及绞股蓝灵芝酒等一系列保健产品。其中的绞股蓝保健茶和绞股蓝总皂贰于1988年被中国优质保健产品评选委员会评为了中国优质保健产品，又于1989年分别荣获了银鹤杯奖与新星杯奖。

草药除了用于治疗人的各种疾病之外，还可以用来治疗动物疾病。笔者在考察的过程中，恰巧遇到一位婆婆正在给鸡喂食草药。询问之后得知，喂食的草药，名叫五行草，也就是我们常说的马齿苋，又叫长命菜、长寿菜。具有清热解毒、利水祛湿、止痛消炎、散血消肿、杀菌除尘以及止血凉血的功效。它主要用来治疗痢疾、肠炎、肾炎以及妇女产后出血、乳腺炎等病症。婆婆用五行草来喂鸡,用她的话说是"鸡发烧了",把五行草剁碎之后喂入鸡口中,很快就会见效。上堡当地人,在身体上火的时候,一般都会用五行草煮水喝。端午节前后,是采摘草药的好时机,尤其是端午当天采摘到的,效果最好。据上堡的老人们说,端午当天出门采药,采回来的随便什么草,都可以治病的。有一些懂草药的老人家,平日里闲了,就会去附近的山上采草药,然后自家用不完的,就拿到县城里去卖,也算是家庭的一种收入来源。因为黄桑地区植被丰富,草药种类齐全,县城里有很多人做草药生意,所以,村里的人采了草药,不用担心没有地方收购。图2-17为村民制草药的情景。

图2-17 制草药

2.3 人与自然

上堡风景如画(图2-18),身入其中,给人最大的感触,是人与自然的和谐相处。在这里,人们默默遵循着大自然的生存原则,保护着大自然的系统循环。人类的生产生活,丝毫没有成为大自然的负担,反而相互依存。

我们知道,人类与自然的关系最初是由"敬畏自然"继而转变为"征服自然",人们将自然视为改造对象。在我国进入农业社会以后,自然物及自然力不再那么遥不可及,人类对于自然的改造趋于规模化。随着人类对粮食的需求的不断增加,耕地面积也逐渐扩大,在很长的一段时间内,人类享受着这种征服与改造自然的成就感。一直到工业文明出现以后,人类更是前进了一大步,大自然的神秘面纱逐渐被层层揭开,人类更加大规模地开发和利用自然。但是久而久之,这种模式带来了一系列的环境问题,人类不得不承受自然与生态环境恶化所带来的后果。接下来进入到现代生态文明的建设期,人们开始遵循可持续发展战略,倡导人与自然和谐相处,主动地对资源、能源、生态环境进行可持续发展评估,通过各种思考与行动,达到防灾减灾的效果。事实证明,进行生态文明建设是有现实效益的,可以说是功在当代、利在千秋之举。所以,从敬畏自

图 2 - 18   上堡民居

然，到征服自然，再到与自然和谐相处，是人类认识自然、了解自然的过程，也是人类完善自身的过程。但是在上堡，似乎不存在这种观念改变的过程，生活在这崇山密林中的淳朴的人们，感恩着大自然赐予他们的一切（图 2 - 19，图 2 - 20），秉承着最原生态的"人与自然和谐发展"原则。这一点，是外界的我们所羡慕并深感惭愧的。

图 2 - 19   农田与群山

图 2-20　农作物与林木

　　在上堡，人们一般不会为"吃"的原材料发愁，也不会专程大老远地跑到县城里去买各类吃食。如若有人真的缺少什么了，一般都会选择在村寨内解决。因而，人们就形成了默契的"自产自销"模式（图 2-21）。比如开客栈的人家，客人多的时候，如果哪样蔬菜不够了，就直接到种有这种菜的人家的田里去摘，摘完以后给点钱就是了。有养殖户杀猪宰羊了，村子里需要的人也都会主动去买。因为都是同村，你来我往的事情很多，所以大家都会执行钱物交换，只是相比外面的市场经济，这种交换模式就显得很随意了。

　　因为田产丰富，在上堡，一般每家每户都会种植有相当多的蔬菜瓜果，满足每个季节的饮食需要。有时候自家吃不完的东西，遇上好奇的外来游客，就索性半卖半送。游客们看村民们这么热情，当然也不能输了礼数，一般都会按外面市场上的价格给钱。时间久了，这就为农产品丰富的人家带来了收入，也成为了一种导向。人们开始意识到这种方式是可以坐在家里赚钱的，于是，在种植和养殖方面，就变得格外认真起来。

　　笔者在上堡村内发现有很多的核桃树，问及村民，说这么多的核桃树，到成熟了以后会不会拿到集市上去卖。一个村民很骄傲地说："哪用得着拿出去卖咯？我们的核桃还在树上的时候，就已经有好多人指着要啦，很抢手的。"看着村民满足的微笑，让人觉得简简单单的生活真好。外来者对他们当地物产的喜欢，对于村民们来说，是多了一份自信，一份满足，一份动力。

图 2 – 21　自产自销

第 3 章
建筑规划

上堡村的建筑分布情况跟其他传统的侗族村落相似,体现出聚族而居和依山傍水这两个基本特点(图3-1)。整个村落以鼓楼为重心,周围分布有单座的吊脚楼,最外圈是谷仓、寨门楼、凉亭和风雨桥等。民居建筑大多依山临水,整个建筑群落与自然环境和谐统一,建筑的材料之美、工艺之美以及形式之美,被上堡村的山山水水、花草树木衬托得格外突出。

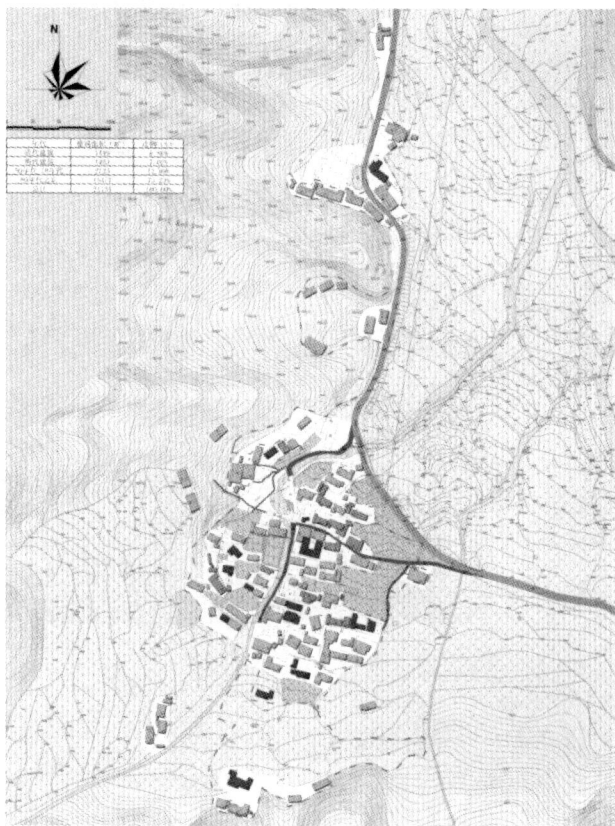

图3-1　上堡建筑分布

　　建筑,是村落整体环境的重要组成部分。它是村寨内一切文化形态的综合。从建筑的整体布局规划到村民生产生活的局部空间,这些大大小小、形形色色的空间环境及其物质存在,在一定程度上是各种村落文化形态的载体,都有着它们各自所对应的文化内涵。上堡村内的建筑与环境是很和谐的,现在村寨内主要的对外联系的道路,是村寨北侧通往黄桑坪乡的道路。在村寨东侧也有一条路，是通往城步县的，但是这条路尚未与村寨北侧的那条主道相连。村寨内的主要干道是从龙潭溪东侧纵向贯穿整个村寨的。最初，这条主干路都是石板路，现今已逐渐被水泥覆盖。村寨内部有很多小巷道，有少量路段还是由老石板铺装的，其余大多是泥土或者灰渣路面。村内有很好的给水排水系统，溪流沿主干道蜿蜒而下。村子内的建筑，被道路和溪流划分为若干个建筑群，疏密有别、错落有致。

历史上，侗族建筑的发展经历了从"依树积木"的巢居时代到"雕梁画栋"建筑的过渡。这个过程，见证了侗族社会历史文化的变迁，大致可以分为四个阶段：

第一个阶段被称为巢居时代。最早期的侗族先民们，生活方式以采食野果为主，基本的生活环境是相当恶劣的，时常有一些毒蛇猛兽之类的凶猛动物来袭。先民们为了躲避这些祸患，从鸟筑窝巢的现象得到启发，开始依照树木的自然形态来垒巢居住。先是以木架积，然后表面用树叶和茅草来遮挡、覆盖，从而达到遮风挡雨、防御野兽的目的。这种"依树积木"的形式，可以说是侗族建筑史的开端。

第二个阶段是半巢居时代。所谓的半巢居形式，就是在几棵相邻的大树之间搭架横木，用竹篾和葛藤之类的东西捆绑系牢，然后在上面铺树干、树枝或篾笆，编制草排和树叶来覆周边，顶部覆树皮、树叶和茅草。这种半巢居的形式，仍然像鸟巢，所以后人称这一阶段的建筑是"构木为巢"，相比前一阶段的"依树积木"，显然是一种进步。

前面两个阶段的过渡是从远古到原始社会初期，第三个阶段是从原始社会中期开始的干栏式时代。从原始社会中期以来，人们的生产生活技能已经有所提高，已经不再只是满足于以采食野果为生了，而是逐渐学会了扑鱼捞虾和狩猎。居住的环境也不再局限于树林，开始向溪河旁边发展。但是野兽虫蛇类的动物侵害依然存在，而且潮湿的环境很容易让人患病。所以，侗族先民们不得不重新规划居住形式。他们开始探索着用土石等材料在平地上筑造高台，在沼泽地里打下木桩，然后在高台或者是木桩上建造房屋。于是，出现了一种新的建筑形式，即木楼或者是竹楼，这样的楼式建筑，被人们称为"干栏式"。《旧唐书·南平僚传》有云："人并楼居，登梯而上，号为'平阑'。"但是，干栏式建筑最初并不是我们现在所见的"吊脚楼式"样式，而是最简单不过的平房样式。人们只是用四根木桩落地，上下打眼之后用木板相连，构造出四方形的框架，然后用木板、竹板围合起来，再以树皮和茅草覆顶。这样的建筑样式不仅可以防御野兽，还达到了防潮湿的效果。最初的这种平房式样的干栏式建筑，人们来回出入，都是从屋内走来走去，难免会有不方便。后来，人们再建造房屋的时候，就做了改进。即把木板留长向外伸出去，然后和屋顶之间立起不落地的柱子。如此一来，便有了过道，这种样式，便是"吊脚楼"的雏形了。

第四个阶段是集"实用性"和"艺术性"于一体的综合建筑时代，大约是从封建社会初期开始的。在封建社会初期，人们发明并开始使用铁器。铁器的应用，给农业带来了很大的进步，农业发展的同时带动了饲养业的兴起。所以，人们在解决居住场所的时候，必须顺带考虑饲养家禽牲畜的场地。于是，人们对建筑有了"实用性"的需求。一种方式是在人居住房的旁边搭建禽畜栏圈，另一种方式是把人住的木楼抬高，人住在楼上，把禽畜养在底下。再到后来，随着社会的发展进步，人们的实用性需求越来越多，寨门、鼓楼、凉亭、风雨桥、萨坛、庙宇宫观等建筑类型应运而生。这些建筑类型最初都是为了达到实用的目的，所以建造得比较粗糙。但是在长期被自然界之美熏陶以后，侗民们逐渐有了美的追求，开始通过绘画、雕刻、染色等方式对建筑进行装饰处理。一直到现在，侗民们始终没有放弃对建筑的探索，在兼顾"实用性"和"艺术性"的道路上，不断地注入新的元素。

3.1 民居建筑

上堡村内的民居主要为干栏式建筑(图3-2，图3-3)，俗称吊脚楼，又被称为干兰、高栏、阁栏、葛栏等。干栏式古建筑的一大特点是一楼架空，二楼及二楼以上才住人，这也是得名"吊脚楼"的主要原因。《魏书·僚传》有云："依树积木以居其上，名曰干栏。干栏大小，随其家口之数。"南宋范成大在《桂海虞衡志》中也记载有："民居苦茅为两重侧，谓之麻栏，上以自处，下蓄牛豕，棚上编竹为栈，不施椅桌床榻，惟有一牛皮为菌席，牛豕之秽，升闻栈罅，彼习惯之。亦以其地多虎狼，不如是，人畜俱不安，深广居民，亦多如此。"宋朱辅的《溪蛮丛笑》中也有关于干栏式建筑的内容，在记载湖南、贵州仡佬风俗的篇幅中有这样的描述："仡佬以鬼禁，所居不着地，虽尊长之富，屋宇之多，亦皆去地数尺，架巨木排比，如省民羊栅，杉叶盖屋，名羊楼。"此外，闵叙在《粤述》中记载了西南仡僚风俗："大木一支，埋地作独角楼，高数丈，上覆瓦铺板，男歌唱者，夜则缘宿其上，谓之罗汉楼。"贝青乔著的《苗俗记》一书中也有记述："女子年十三四，构竹楼野处之，苗童聚歌其上，情稔则合。黑苗谓之马郎房，壮人谓之麻栏，僚人谓之干栏。"

图 3-2　干栏式民居(近景)

图 3-3　干栏式民居(全景)

《中国考古学大辞典》把干栏式建筑定义为："中国古代建筑形式之一。在木(竹)柱底架上建筑的高出地面的房屋。即以木柱和连接其间的木梁为骨架，于木梁上铺垫地板，形成高出地面的建筑基础，再在此基础上架设房屋梁柱，以木、竹席等围墙盖顶。木构件之间以榫卯接合，地板间以企口拼接。河姆渡遗址的干栏式建筑是迄今中国发现最早、最完整的该类建筑，为史前时代中国南方干栏式建筑的代表。通过河姆渡遗址成排的桩木和木构件，可近似地复原当地流行的一种干栏式长屋。其功用在于不使居住面直接接触地表，以便房屋下面通风防潮；同时，还可以避免虫、蛇及其他野兽的侵扰。至迟在进入新石器时代之时，不同的地区就已形成风格各异的建筑形式，这类独具特色的干栏式建筑是与南方多湿的环境条件相适应的，至今仍在华南的一些少数民族地区流行使用。其与北方的土木建筑一样，也成为一种源远流长的中国传统建筑形式。"①

湖南地区的"板竹覆屋"类干栏式建筑颇具特色(图3-4，图3-5)。"板竹覆屋，昔皆峡山阻毂，依林架木以为之居。五溪俗夸辰州斗屋，今皆连薨接栋，或覆以板竹竿，盖富贵不同也。斗屋及板竹覆屋，昔诚有之。今则惟贫者多结草为庐蔽风雨，富者所居则皆瓦屋也。观所居正屋，多采长方形，横列于上，四牌三间。其中之两牌，中柱不着地，皆以抬梁抬之。周围装壁而不铺地板。其左或右，为火床。惟火床，铺以地板为之。高二三尺，长宽不一。有一平方丈余者，有二平方丈余者。床中央，皆留有方穴。每约一十六个平方尺许大，中置撑架为炉，早晚炊于兹，冬腊围炉烤火亦于兹。火床中柱下，相传为其祖先所在地，为人所不能不可坐者。"②

上堡村内干栏式建筑(图3-6～图3-9)普遍存在的原因可以概括为以下几种：其一，造屋的材料来源丰富。上堡有得天独厚的自然环境，森林覆盖面广且材源多。各类用于建造房屋的原材料相当丰富，樟木、梓木、楠木、柚木、松木、杉木以及楠竹杂木等应有尽有。这些木材经久耐用，质地细腻、纹路优美，是建造房屋的上等材料。所以，自古以来，这里的村民就秉着就地取材、取材所长以及因材施艺的原则，一直以木材为主来建造房屋，使得干栏式建筑得以延续。木结构建筑是我国古建筑形制的一种典型代表，上堡处于丰产林木的山区，

<hr>

① 王魏总.中国考古学大辞典[M].上海：上海辞书出版社，2014：14.

② [明]沈瓒编撰，[清]李涌重编，陈心传补编，伍新福校点.五溪蛮图志[M].长沙：岳麓书社，2012：70-71.

图 3 - 4　覆树皮民居

图 3 - 5　覆屋顶树皮

为这种建筑形制的保护、发展、延续提供了重要保障。

　　其二，干栏式建筑对上堡的自然地理环境有很强的适应性。上堡村的干栏式建筑主要有两种，一种是在平地上建的，还有一种是建于山坡上的（图 3 - 10）。平地上建的吊脚楼，最下层的各排前柱之间是不装板壁的，从第二根承重柱开始，各排柱子之间才会装上板壁。这样，第一排前柱和第二排板壁之间以及上层的挑出部分，组合在一起，便成了走廊。山坡吊脚楼为了避免水土流失的问题，最下层的地基要因坡制宜。因有坡度，所以承重柱长短不一，视空间而定，但要保证承重柱全部落地。上层的挑出部分，借助山坡的支撑力，人们来回进出，都是

图 3 - 6　干栏式民居

图 3 - 7　干栏式民居

图 3 – 8　干栏式民居

图 3 – 9　干栏式民居

经过山坡。支撑于山坡上的挑出部分，一般会用栏杆围合出走廊。上堡的地形结构比较复杂，村内有一些山坡，构建山坡吊脚楼便灵活地避开了这样的问题，这是现代的砖石结构建筑很难做到的。

图 3-10 建在山坡上的干栏式民居

其三，干栏式建筑具有防潮防虫害的功能。因为上堡植被很多且潮湿多雨，所以人们对建筑就有了既要防潮又要防虫害的要求。干栏式建筑一般是将一楼架空的，二楼通风透气，有效避免了潮湿和虫害的问题。

此外，有一点需要说明：如今上堡村的民居建筑相比以前，在原有的"一楼架空，二楼及以上住人"的程式上有了改进。有部分民居的一楼也跟楼上的布局是一样的，可以正常居住。首先，这是因为人们现在对卫生条件以及房屋规划的标准有所提高，一般会把牲畜放养。比如耕田所用的牛，在农忙时期，都是放在田间的吊脚粮仓里，而不用的时候，则是放养在附近的山上。所以，家里一般不用专门留出一楼来饲养禽畜。其次，是因为村内的人均居住密度提高了，人们对于动物类侵害的担忧程度明显降低了，居住在一楼，没有了虫害方面的隐患。再次，随着近些年上堡作为传统古村落，越来越受到村落文化研究者及旅游爱好者的青睐，村内增加了很多有特色的客栈，以带动当地的经济发展。这些客栈，为了增加房间数量，大多是把地面修平之后才修建的，所以一楼自然会被合理地利用了。

干栏式建筑既具备了中国木结构的穿斗式、抬梁式以及井干式三种传统建筑方式的优点，又与现代建筑的排架结构和框架结构类似，都是主要由梁柱承重，具有很好的整体性和稳定性。干栏式建筑作为少数民族地区的典型建筑，是少数民族地区人们精湛的建筑技艺和民族智慧的结晶。建筑是有语言的，上堡村内很多古老的建筑，是我们考证当地建筑艺术文化的重要依托。用梁思成先生的话说："建筑之规模、形体、工程、艺术之嬗递演变，乃其民族特殊文化兴衰潮汐之映影；一国一族之建筑适反鉴其物质精神，继往开来之面貌。今日之治古史者，常赖其建筑之遗迹或记载以测其文化，其故因此。盖建筑活动与民族文化之动向实相牵连，互为因果者也。"①

上堡村内的干栏式民居，从屋檐流水的形状来看，可以分为一字型（图3-11）和八字型（图3-12）两种。一字型的民居，从屋脊至檐口是一条直线。这种屋面容易施工，最简单的做法是用一根木料从中柱架接到檐口。这根木料被称作人字木或者是流水木。为了防止下滑且增加人字木的承重力，要在人字木上按一定的间距钉上木骨，摆放一些桁木，再在人字木下面钉上与地面垂直和斜拉的支撑木。八字型的民居与一字型民居相比，屋檐是如"八"形状一样上翘的。这种翘起的屋檐，被人们形象地称为"鹅毛翘"。这种八字形的屋面，要掌握好逐层翘起的幅度，否则如果中间有一些位置翘起的幅度较大，雨水很容易从瓦背流进房屋内。

从屋面的前后对应情况来看，上堡的民居又有抬头屋（图3-13）和伞型屋（图3-14）之分。抬头屋的屋面是不对称的，前面的距离会比后面的短，且前面的檐口会略高于后面的檐口，也就是说前面屋檐的流水面会比后面少。这种类型的屋檐，形状犹如张开的虎口，所以又被人们称为虎口屋。这种抬头屋，有一个很明显的好处是屋内采光好。因为这种房屋前面的檐口高一些，光线就更容易射进屋内。所以考虑到房屋的透光度，有很多人都是倾向于建造这种房屋。

---

① 梁思成.中国建筑史[M].北京：生活·读书·新知三联书店，2011：1.

图 3 - 11　一字型民居

图 3 - 12　八字型民居

另外，关于虎口屋还有一个传说，很久以前侗族先民们居住的地方常有老虎出没，人们担心受到伤害，就尝试各种办法避害。后来，就有鲁班仙人帮他们解决了这个问题，建造起比老虎口高大很多的虎口屋，如此一来，就压制住了老虎的邪威。所以，就出现了"人怕虎三分，虎怕人七分"之说。人们也因为这种情结，习惯并喜欢上了这种虎口屋的造型。伞型屋的前后屋面，从中柱到檐口的长度是一样的，且前后屋檐的檐口高度也相同。这样的屋面犹如一把大伞覆盖于建筑之上，所以被称为伞型屋。这样的房屋，一般内部结构也是均等的，各个房间大小一致，使用起来更加方便。

图 3 - 13 （抬头屋）民居

图 3 - 14 （伞型屋）民居

从民居每排落地柱子的个数来看，可以分为奇柱屋和偶柱屋。顾名思义，奇柱屋的每一排落地柱子都是奇数，这种屋型还有一个名字是单爪屋。奇柱屋的落地柱子有三、五、七、九不等。如果房屋的进深比较长，落地的柱子就会多一些，如果进深较短，落地的柱子就用得少。为了使房屋建筑得更加牢固，各个柱子之间的间距，一般不会超过4米。偶柱屋的每一排落地柱子都是偶数，也叫双爪屋。这种屋型有一个明显的特点，是中柱不落地。把中柱架在两边柱子的横枋上或者是抬楼枋上，然后再用一两根枋将中柱串起来，这样中柱便能立得牢稳。因为中柱是不落地的，所以这种屋型，中间就有了过道，方便来回进出两边的房间。

从民居的屋脊线是否成一根直线来看，我们又可以把上堡的民居分为平梁屋和二梁屋两种。平梁屋，也就是平脊屋。整栋房子内的每个房间都是紧凑相连的，屋脊是一条直线。二梁屋的屋脊是分为两层的，屋脊不成直线，但是上下两层屋脊的间距不大，只有一尺左右，下层的屋脊边会钻进上层屋脊下。一般四间屋以上的房子才会把后边的一间房做成矮屋脊。这种形式的二梁屋是有说法的。人们相信"左青龙右白虎"，在生活中秉承"宁愿青龙高万丈，不让白虎来抬头"的做法。一般认为龙虎相斗，自然是青龙占上风。

从我们田野考察的调研结果以及绥宁县申遗办提供的档案材料来看，上堡侗寨有52栋民居是建于1979年以前的，其中还有清代修建的古民居，民国时期修建的民居有3栋。现将上堡主要的民居情况摘录如表3-1所示。

表3-1 上堡村主要古民居

所有权人	刘道勇	位置	上堡村15号
建造年代	20世纪70年代	结构形式	木结构
面积	225 m²	层数	2
保护等级	省级	公布机关	湖南省人民政府
功能用途	居住、农家乐	保存状况	好
主要材料	屋顶：小青瓦	墙体：木材	装修：木质
简介	穿斗式全木结构民居，坡屋顶，背面单层檐口，正面两层檐，木墙青瓦		

续表 3 – 1

所有权人	刘道芳	位置	上堡村 16 号
建造年代	20 世纪 60 年代	结构形式	木结构
面积	236 m²	层数	2
保护等级	省级	公布机关	湖南省人民政府
功能用途	居住、农家乐	保存状况	好
主要材料	屋顶：小青瓦	墙体：木材	装修：木质
简介	穿斗式全木结构民居，坡屋顶，背面单层檐口，正面两层檐，木墙青瓦		
所有权人	秦明松	位置	上堡村 17 号
建造年代	20 世纪 60 年代	结构形式	木结构
面积	168 m²	层数	2
保护等级	省级	公布机关	湖南省人民政府
功能用途	居住	保存状况	好
主要材料	屋顶：小青瓦	墙体：木材	装修：木质
简介	穿斗式全木结构民居，坡屋顶，背面单层檐口，正面两层檐，木墙青瓦		
所有权人	刘道楠	位置	上堡村 18 号
建造年代	20 世纪 60 年代	结构形式	木结构
面积	164 m²	层数	2
保护等级	省级	公布机关	湖南省人民政府
功能用途	居住	保存状况	好
主要材料	屋顶：小青瓦	墙体：木材	装修：木质
简介	穿斗式全木结构民居，坡屋顶，背面单层檐口，正面两层檐，木墙青瓦		

续表 3 - 1

所有权人	秦杨兵	位置	上堡村 21 号
建造年代	20 世纪 50 年代	结构形式	木结构
面积	285 m²	层数	2
保护等级	省级	公布机关	湖南省人民政府
功能用途	居住	保存状况	好
主要材料	屋顶：小青瓦	墙体：木材	装修：木质
简介	穿斗式全木结构民居，坡屋顶，背面单层檐口，正面两层檐，木墙青瓦		
所有权人	舒凤鸾	位置	上堡村 22 号
建造年代	20 世纪 50 年代	结构形式	木结构
面积	264 m²	层数	2
保护等级	省级	公布机关	湖南省人民政府
功能用途	杂房	保存状况	好
主要材料	屋顶：小青瓦	墙体：木材	装修：木质
简介	穿斗式全木结构民居，坡屋顶，背面单层檐口，正面两层檐，木墙青瓦		
所有权人	刘让斌	位置	上堡村 23 号
建造年代	20 世纪 80 年代	结构形式	木结构
面积	283 m²	层数	2
保护等级	省级	公布机关	湖南省人民政府
功能用途	居住	保存状况	好
主要材料	屋顶：小青瓦	墙体：木材	装修：木质
简介	穿斗式全木结构民居，坡屋顶，背面单层檐口，正面两层檐，木墙青瓦		

续表 3－1

所有权人	刘让彪	位置	上堡村 24 号
建造年代	20 世纪 60 年代	结构形式	木结构
面积	198 m²	层数	2
保护等级	省级	公布机关	湖南省人民政府
功能用途	居住、农家乐	保存状况	好
主要材料	屋顶：小青瓦	墙体：木材	装修：木质
简介	穿斗式全木结构民居，坡屋顶，背面单层檐口，正面两层檐，木墙青瓦		
所有权人	杨芳群	位置	上堡村 25 号
建造年代	20 世纪 70 年代	结构形式	木结构
面积	161 m²	层数	2
保护等级	省级	公布机关	湖南省人民政府
功能用途	居住、农家乐、计生、活动室	保存状况	一般
主要材料	屋顶：小青瓦	墙体：木材	装修：木质
简介	穿斗式全木结构民居，坡屋顶，背面单层檐口，正面两层檐，木墙青瓦		
所有权人	舒易均	位置	上堡村 26 号
建造年代	20 世纪 90 年代	结构形式	木结构
面积	169 m²	层数	2
保护等级	省级	公布机关	湖南省人民政府
功能用途	居住	保存状况	好
主要材料	屋顶：小青瓦	墙体：木材	装修：木质
简介	穿斗式全木结构民居，坡屋顶，背面单层檐口，正面两层檐，木墙青瓦		

续表 3 – 1

所有权人	舒振胤、舒振义	位置	上堡村 27、28 号
建造年代	100 多年历史	结构形式	木结构
面积	556 m²	层数	2
保护等级	省级	公布机关	湖南省人民政府
功能用途	居住、农家乐	保存状况	好
主要材料	屋顶：小青瓦	墙体：木材	装修：木质
简介	穿斗式全木结构民居，坡屋顶，背面单层檐口，正面两层檐，木墙青瓦		

所有权人	舒平	位置	上堡村 29 号
建造年代	20 世纪 80 年代	结构形式	木结构
面积	139 m²	层数	2
保护等级	省级	公布机关	湖南省人民政府
功能用途	居住	保存状况	好
主要材料	屋顶：小青瓦	墙体：木材	装修：木质
简介	穿斗式全木结构民居，坡屋顶，背面单层檐口，正面两层檐，木墙青瓦		

所有权人	邓相权	位置	上堡村 30 号
建造年代	20 世纪 70 年代	结构形式	木结构
面积	182 m²	层数	2
保护等级	省级	公布机关	湖南省人民政府
功能用途	居住、农家乐	保存状况	好
主要材料	屋顶：小青瓦	墙体：木材	装修：木质
简介	穿斗式全木结构民居，坡屋顶，背面单层檐口，正面两层檐，木墙青瓦		

所有权人	曾自学	位置	上堡村 31 号
建造年代	20 世纪 70 年代	结构形式	木结构
面积	173 m²	层数	2
保护等级	省级	公布机关	湖南省人民政府
功能用途	居住	保存状况	好
主要材料	屋顶：小青瓦	墙体：木材	装修：木质
简介	穿斗式全木结构民居，坡屋顶，背面单层檐口，正面两层檐，木墙青瓦		

所有权人	杨芳柏	位置	上堡村 32 号
建造年代	20 世纪 70 年代	结构形式	木结构
面积	161 m²	层数	2
保护等级	省级	公布机关	湖南省人民政府
功能用途	居住、农家乐	保存状况	一般
主要材料	屋顶：小青瓦	墙体：木材	装修：木质
简介	穿斗式全木结构民居，坡屋顶，背面单层檐口，正面两层檐，木墙青瓦		

所有权人	曾立松	位置	上堡村 33 号
建造年代	2000 年	结构形式	木结构
面积	116 m²	层数	2
保护等级	省级	公布机关	湖南省人民政府
功能用途	居住	保存状况	一般
主要材料	屋顶：小青瓦	墙体：木材	装修：木质
简介	穿斗式全木结构民居，坡屋顶，背面单层檐口，正面两层檐，木墙青瓦		

续表 3 - 1

所有权人	刘连吉	位置	上堡村 34 号
建造年代	20 世纪 60 年代	结构形式	木结构
面积	165 m²	层数	2
保护等级	省级	公布机关	湖南省人民政府
功能用途	居住	保存状况	一般
主要材料	屋顶：小青瓦	墙体：木材	装修：木质
简介	穿斗式全木结构民居，坡屋顶，背面单层檐口，正面两层檐，木墙青瓦		

所有权人	刘道良	位置	上堡村 35 号
建造年代	100 多年历史	结构形式	木结构
面积	181 m²	层数	2
保护等级	省级	公布机关	湖南省人民政府
功能用途	居住	保存状况	一般
主要材料	屋顶：小青瓦	墙体：木材	装修：木质
简介	穿斗式全木结构民居，坡屋顶，背面单层檐口，正面两层檐，木墙青瓦		

所有权人	杨进良	位置	上堡村 37 号
建造年代	20 世纪 80 年代	结构形式	木结构
面积	298 m²	层数	2
保护等级	省级	公布机关	湖南省人民政府
功能用途	居住	保存状况	一般
主要材料	屋顶：小青瓦	墙体：木材	装修：木质
简介	穿斗式全木结构民居，坡屋顶，背面单层檐口，正面两层檐，木墙青瓦		

所有权人	刘道松	位置	上堡村 38 号
建造年代	20 世纪 40 年代	结构形式	木结构
面积	222 m²	层数	2
保护等级	省级	公布机关	湖南省人民政府
功能用途	居住	保存状况	一般
主要材料	屋顶：小青瓦	墙体：木材	装修：木质
简介	穿斗式全木结构民居，坡屋顶，背面单层檐口，正面两层檐，木墙青瓦		
所有权人	杨进朝	位置	上堡村 40 号
建造年代	2000 年	结构形式	木结构
面积	203 m²	层数	2
保护等级	省级	公布机关	湖南省人民政府
功能用途	居住	保存状况	一般
主要材料	屋顶：小青瓦	墙体：木材	装修：木质
简介	穿斗式全木结构民居，坡屋顶，背面单层檐口，正面两层檐，木墙青瓦，杂房砖砌		
所有权人	龙仁生	位置	上堡村 41 号
建造年代	20 世纪 90 年代	结构形式	木结构
面积	170 m²	层数	2
保护等级	省级	公布机关	湖南省人民政府
功能用途	居住	保存状况	一般
主要材料	屋顶：小青瓦	墙体：木材	装修：木质
简介	穿斗式全木结构民居，坡屋顶，背面单层檐口，正面两层檐，木墙青瓦		

所有权人	杨先强	位置	上堡村 45 号
建造年代	20 世纪 80 年代	结构形式	木结构
面积	131 m²	层数	2
保护等级	省级	公布机关	湖南省人民政府
功能用途	居住	保存状况	一般
主要材料	屋顶：小青瓦	墙体：木材	装修：木质
简介	穿斗式全木结构民居，坡屋顶，背面单层檐口，正面两层檐，木墙青瓦		

所有权人	杨进品	位置	上堡村 46 号
建造年代	20 世纪 60 年代	结构形式	木结构
面积	283 m²	层数	2
保护等级	省级	公布机关	湖南省人民政府
功能用途	居住、农家乐	保存状况	一般
主要材料	屋顶：小青瓦	墙体：木材	装修：木质
简介	穿斗式全木结构民居，坡屋顶，背面单层檐口，正面两层檐，木墙青瓦		

所有权人	杨进章	位置	上堡村 48 号
建造年代	清代	结构形式	木结构
面积	220 m²	层数	2
保护等级	省级	公布机关	湖南省人民政府
功能用途	居住	保存状况	差
主要材料	屋顶：小青瓦	墙体：木材	装修：木质、玻璃
简介	两栋房屋呈 L 形。穿斗式全木结构民居，坡屋顶，背面单层檐口，正面两层檐，木墙青瓦		

所有权人	陈孝勇	位置	上堡村 49 号
建造年代	20 世纪 90 年代	结构形式	木结构
面积	212 m²	层数	2
保护等级	省级	公布机关	湖南省人民政府
功能用途	居住	保存状况	一般
主要材料	屋顶：小青瓦	墙体：木材	装修：木质、玻璃
简介	穿斗式全木结构民居，坡屋顶，背面单层檐口，正面两层檐，木墙青瓦		
所有权人	谢乐清	位置	上堡村 51 号
建造年代	20 世纪 80 年代	结构形式	木结构
面积	265 m²	层数	2
保护等级	省级	公布机关	湖南省人民政府
功能用途	居住	保存状况	一般
主要材料	屋顶：小青瓦	墙体：木材	装修：木质、玻璃
简介	穿斗式全木结构民居，坡屋顶，背面单层檐口，正面两层檐，木墙青瓦		
所有权人	谢长贸	位置	上堡村 52 号
建造年代	20 世纪 40 年代	结构形式	木结构
面积	220 m²	层数	2
保护等级	省级	公布机关	湖南省人民政府
功能用途	居住	保存状况	一般
主要材料	屋顶：小青瓦	墙体：木材	装修：木质、玻璃
简介	穿斗式全木结构民居，坡屋顶，背面单层檐口，正面两层檐，木墙青瓦		

所有权人	谢乐长	位置	上堡村 55 号
建造年代	2010 年	结构形式	木结构
面积	272 m²	层数	2
保护等级	省级	公布机关	湖南省人民政府
功能用途	居住	保存状况	一般
主要材料	屋顶：小青瓦	墙体：木材	装修：木质
简介	穿斗式全木结构民居，坡屋顶，背面单层檐口，正面两层檐，木墙青瓦		
所有权人	杨进树	位置	上堡村 64 号
建造年代	2000 年	结构形式	木结构
面积	329 m²	层数	2
保护等级	省级	公布机关	湖南省人民政府
功能用途	居住、农家乐	保存状况	好
主要材料	屋顶：小青瓦	墙体：木材	装修：木质、玻璃
简介	穿斗式全木结构民居，坡屋顶，背面单层檐口，正面两层檐，木墙青瓦。村委所在地		
所有权人	杨寄堂	位置	上堡村 66 号
建造年代	20 世纪 60 年代	结构形式	木结构
面积	333 m²	层数	2
保护等级	省级	公布机关	湖南省人民政府
功能用途	居住	保存状况	差
主要材料	屋顶：小青瓦	墙体：木材	装修：木质
简介	穿斗式全木结构民居，坡屋顶，背面单层檐口，正面两层檐，木墙青瓦		

续表 3 - 1

所有权人	杨进强	位置	上堡村 67 号
建造年代	20 世纪 40 年代	结构形式	木结构
面积	80 m²	层数	2
保护等级	省级	公布机关	湖南省人民政府
功能用途	居住	保存状况	差
主要材料	屋顶：小青瓦	墙体：木材	装修：木质
简介	穿斗式全木结构民居，坡屋顶，背面单层檐口，正面两层檐，木墙青瓦		

所有权人	肖明亮	位置	上堡村 70 号
建造年代	2000 年以后	结构形式	木结构
面积	159 m²	层数	2
保护等级	省级	公布机关	湖南省人民政府
功能用途	居住	保存状况	差
主要材料	屋顶：小青瓦	墙体：木材	装修：木质、铝合金、玻璃
简介	穿斗式全木结构民居，坡屋顶，背面单层檐口，正面两层檐，木墙青瓦。底层为砖砌		

所有权人	杨芳四	位置	上堡村 72 号
建造年代	清代	结构形式	木结构
面积	144 m²	层数	2
保护等级	省级	公布机关	湖南省人民政府
功能用途	居住	保存状况	一般
主要材料	屋顶：小青瓦	墙体：木材	装修：木质、玻璃
简介	穿斗式全木结构民居，坡屋顶，背面单层檐口，正面两层檐，木墙青瓦		

所有权人	肖明军	位置	上堡村 75 号
建造年代	20 世纪 80 年代	结构形式	木结构
面积	179 m²	层数	2
保护等级	省级	公布机关	湖南省人民政府
功能用途	居住	保存状况	好
主要材料	屋顶：小青瓦	墙体：木材	装修：木质、玻璃
简介	平面呈 L 形。穿斗式全木结构民居，坡屋顶，背面单层檐口，正面两层檐，木墙青瓦。底层为砖砌		

所有权人	肖明学	位置	上堡村 76 号
建造年代	20 世纪 80 年代	结构形式	木结构
面积	248 m²	层数	2
保护等级	省级	公布机关	湖南省人民政府
功能用途	居住	保存状况	一般
主要材料	屋顶：小青瓦	墙体：木材	装修：木质、玻璃
简介	南北两栋，并列布置，南栋穿斗式全木结构民居，坡屋顶，背面单层檐口，正面两层檐，木墙青瓦。北栋底层为砖结构		

所有权人	刘忠胜	位置	上堡村 93 号
建造年代	2000 年	结构形式	木结构
面积	247 m²	层数	2
保护等级	省级	公布机关	湖南省人民政府
功能用途	居住	保存状况	一般
主要材料	屋顶：小青瓦	墙体：木材	装修：木质
简介	穿斗式全木结构民居，坡屋顶，背面单层檐口，正面两层檐，木墙青瓦		

续表 3—1

所有权人	杨进勇	位置	上堡村	
建造年代	20 世纪 90 年代	结构形式	木结构	
面积	94 m²	层数	2	
保护等级	省级	公布机关	湖南省人民政府	
功能用途	居住	保存状况	好	
主要材料	屋顶：小青瓦	墙体：木材		装修：木质
简介	穿斗式全木结构民居，坡屋顶，背面单层檐口，正面两层檐，木墙青瓦			

所有权人	杨进松	位置	上堡村	
建造年代	20 世纪 80 年代	结构形式	木结构	
面积	191 m²	层数	2	
保护等级	省级	公布机关	湖南省人民政府	
功能用途	居住	保存状况	好	
主要材料	屋顶：小青瓦	墙体：木材		装修：木质
简介	穿斗式全木结构民居，坡屋顶，背面单层檐口，正面两层檐，木墙青瓦			

所有权人	杨发强	位置	上堡村	
建造年代	20 世纪 50 年代	结构形式	木结构	
面积	119 m²	层数	2	
保护等级	省级	公布机关	湖南省人民政府	
功能用途	居住	保存状况	差	
主要材料	屋顶：小青瓦	墙体：木材		装修：木质
简介	穿斗式全木结构民居，坡屋顶，背面单层檐口，正面两层檐，木墙青瓦			

续表 3-1

所有权人	李茂松	位置	上堡村
建造年代	20 世纪 80 年代	结构形式	木结构
面积	154 m²	层数	2
保护等级	省级	公布机关	湖南省人民政府
功能用途	居住	保存状况	差
主要材料	屋顶：小青瓦	墙体：木材	装修：木质
简介	穿斗式全木结构民居，坡屋顶，背面单层檐口，正面两层檐，木墙青瓦		

所有权人	李茂长	位置	上堡村
建造年代	20 世纪 30 年代	结构形式	木结构
面积	288 m²	层数	2
保护等级	省级	公布机关	湖南省人民政府
功能用途	居住	保存状况	差
主要材料	屋顶：小青瓦	墙体：木材	装修：木质
简介	东、西两栋，西栋为 30 年代建筑（176 m²），东栋为 80 年代建筑（112 m²）。穿斗式全木结构民居，坡屋顶，背面单层檐口，正面两层檐，木墙青瓦		

所有权人	蒋思宜	位置	上堡村
建造年代	20 世纪 90 年代	结构形式	木结构
面积	415 m²	层数	2
保护等级	省级	公布机关	湖南省人民政府
功能用途	居住	保存状况	一般
主要材料	屋顶：小青瓦	墙体：木材	装修：木质、玻璃
简介	穿斗式全木结构民居，坡屋顶，背面单层檐口，正面两层檐，木墙青瓦。烟囱为砖砌		

续表 3 - 1

所有权人	蒋思荣	位置	上堡村
建造年代	20 世纪 80 年代	结构形式	木结构
面积	309 m²	层数	2
保护等级	省级	公布机关	湖南省人民政府
功能用途	居住	保存状况	一般
主要材料	屋顶：小青瓦	墙体：木材	装修：木质、玻璃
简介	穿斗式全木结构民居，坡屋顶，背面单层檐口，正面两层檐，木墙青瓦		
所有权人	杨发日	位置	上堡村
建造年代	20 世纪 90 年代	结构形式	木结构
面积	186 m²	层数	2
保护等级	省级	公布机关	湖南省人民政府
功能用途	居住	保存状况	一般
主要材料	屋顶：小青瓦	墙体：木材	装修：木质
简介	穿斗式全木结构民居，坡屋顶，背面单层檐口，正面两层檐，木墙青瓦		
所有权人	刘道树	位置	上堡村
建造年代	20 世纪 80 年代	结构形式	木结构
面积	220 m²	层数	2
保护等级	省级	公布机关	湖南省人民政府
功能用途	居住、农家乐	保存状况	好
主要材料	屋顶：小青瓦	墙体：木材	装修：木质
简介	穿斗式全木结构民居，坡屋顶，背面单层檐口，正面两层檐，木墙青瓦		

所有权人	刘杨清	位置	上堡村
建造年代	20 世纪 80 年代	结构形式	木结构
面积	227 m²	层数	2
保护等级	省级	公布机关	湖南省人民政府
功能用途	居住	保存状况	好
主要材料	屋顶：小青瓦	墙体：木材	装修：木质
简介	穿斗式全木结构民居，坡屋顶，背面单层檐口，正面两层檐，木墙青瓦		

所有权人	杨芳松	位置	上堡村
建造年代	2000 年	结构形式	木结构
面积	111 m²	层数	2
保护等级	省级	公布机关	湖南省人民政府
功能用途	居住	保存状况	一般
主要材料	屋顶：小青瓦	墙体：木材	装修：木质
简介	穿斗式全木结构民居，坡屋顶，背面单层檐口，正面两层檐，木墙青瓦		

所有权人	王再民	位置	上堡村
建造年代	20 世纪 60 年代	结构形式	木结构
面积	172 m²	层数	2
保护等级	省级	公布机关	湖南省人民政府
功能用途	居住	保存状况	一般
主要材料	屋顶：小青瓦	墙体：木材	装修：木质
简介	穿斗式全木结构民居，坡屋顶，背面单层檐口，正面两层檐，木墙青瓦		

所有权人	龙喧	位置	上堡村
建造年代	20世纪70年代	结构形式	木结构
面积	195 m²	层数	2
保护等级	省级	公布机关	湖南省人民政府
功能用途	居住	保存状况	一般
主要材料	屋顶：小青瓦	墙体：木材	装修：木质
简介	穿斗式全木结构民居，坡屋顶，背面单层檐口，正面两层檐，木墙青瓦		
所有权人	龙啸	位置	上堡村
建造年代	20世纪80年代	结构形式	木结构
面积	205 m²	层数	2
保护等级	省级	公布机关	湖南省人民政府
功能用途	居住	保存状况	一般
主要材料	屋顶：小青瓦	墙体：木材	装修：木质
简介	穿斗式全木结构民居，坡屋顶，背面单层檐口，正面两层檐，木墙青瓦		
所有权人	喻长松、李享凌	位置	上堡村
建造年代	20世纪90年代	结构形式	木结构
面积	480 m²	层数	2
保护等级	省级	公布机关	湖南省人民政府
功能用途	居住、农家乐	保存状况	一般
主要材料	屋顶：小青瓦	墙体：木材	装修：木质
简介	穿斗式全木结构民居，坡屋顶，背面单层檐口，正面两层檐，木墙青瓦		

续表 3 - 1

所有权人	夏长华	位置	上堡村
建造年代	20 世纪 80 年代	结构形式	木结构
面积	324 m²	层数	2
保护等级	省级	公布机关	湖南省人民政府
功能用途	居住	保存状况	一般
主要材料	屋顶：小青瓦	墙体：木材	装修：木质
简介	穿斗式全木结构民居，坡屋顶，背面单层檐口，正面两层檐，木墙青瓦		

所有权人	段保庭	位置	上堡村
建造年代	2000 年	结构形式	木结构
面积	236 m²	层数	2
保护等级	省级	公布机关	湖南省人民政府
功能用途	居住	保存状况	一般
主要材料	屋顶：小青瓦	墙体：木材	装修：木质、玻璃
简介	穿斗式全木结构民居，坡屋顶，背面单层檐口，正面两层檐，木墙青瓦		

所有权人	舒振业	位置	上堡村
建造年代	20 世纪 40 年代	结构形式	木结构
面积	155 m²	层数	2
保护等级	省级	公布机关	湖南省人民政府
功能用途	空置	保存状况	一般
主要材料	屋顶：小青瓦	墙体：木材	装修：木质
简介	穿斗式全木结构民居，坡屋顶，背面单层檐口，正面两层檐，木墙青瓦		

续表 3－1

所有权人	杨芳赞	位置	上堡村
建造年代	清代	结构形式	木结构
面积	348 m²	层数	2
保护等级	省级	公布机关	湖南省人民政府
功能用途	空置	保存状况	差
主要材料	屋顶：小青瓦	墙体：木材	装修：未装修
简介	无人居住，房屋仅剩穿斗式框架		
所有权人	刘道良	位置	上堡村
建造年代	20 世纪 90 年代	结构形式	木结构
面积	182 m²	层数	2
保护等级	省级	公布机关	湖南省人民政府
功能用途	空置	保存状况	差
主要材料	屋顶：小青瓦	墙体：木材	装修：未装修
简介	无人居住，房屋仅剩穿斗式框架		
所有权人	龙吟	位置	上堡村
建造年代	20 世纪 50 年代	结构形式	木结构
面积	205 m²	层数	2
保护等级	省级	公布机关	湖南省人民政府
功能用途	居住	保存状况	好
主要材料	屋顶：小青瓦	墙体：木材	装修：木质
简介	穿斗式全木结构民居，坡屋顶，背面单层檐口，正面两层檐，木墙青瓦		

所有权人	公用	位置	上堡村
建造年代	20 世纪 90 年代	结构形式	木结构
面积	19 m²	层数	1
保护等级	省级	公布机关	湖南省人民政府
功能用途	打米房	保存状况	一般
主要材料	屋顶：小青瓦	墙体：木材	装修：木质
简介	穿斗式全木结构杂房		
所有权人	杨发东	位置	上堡村
建造年代	20 世纪 40 年代	结构形式	木结构
面积	294 m²	层数	2
保护等级	省级	公布机关	湖南省人民政府
功能用途	居住	保存状况	一般
主要材料	屋顶：小青瓦	墙体：木材	装修：木质
简介	两栋整体呈 L 形，长边为 40 年代所建(154 m²)，短边为 60 年代所建(140 m²)。穿斗式全木结构民居，坡屋顶，背面单层檐口，正面两层檐，木墙青瓦		

3.2 公共建筑

1. 鼓楼

鼓楼是侗族的标志性建筑(图 3-15，图 3-16)，主要是作为人们日常集会议事的场所或者在特殊时期击鼓传递信息之地，同时也是村寨中人们进行歌舞娱乐的地方。它是侗族村寨中最高的建筑，承载村寨的灵魂。民间有"未立寨子先建鼓楼"之说。重檐叠上的鼓楼(图 3-17)，耸立于村寨之中，如一位母亲呵护着簇拥在她周围的每一个孩童。鼓楼的存在，无时无刻不在提醒着侗民们所应具备的族群凝聚力和民族认同感，体现出侗族人向往亲和、团结的文化内涵。

图 3 - 15　鼓楼

图 3 - 16　鼓楼顶

　　相传古时候有一个侗寨,寨子里面的人都尚武好义。如果附近有村寨被强盗抢劫,他们也都会纷纷伸出援手。这个寨子里有一位特别美丽又聪慧的姑娘,名字叫姑娄娘。她的美丽,远近闻名。有一个土匪头子就心生歹意了,想要霸占姑娄娘。土匪头子让人传话给寨老,要他在规定的期限之内交出姑娄娘等10

位女子，另外还要贡献出一定数量的猪、牛、糯米、银两等。如果到期交不出这些，土匪们就会烧寨杀人。寨子里的人听说这个消息以后，都乱了手脚。最终，姑娄娘心生一计，寨老和村民们按计行事，回复土匪，答应如期交人，并邀请土匪们前来赴宴。土匪们听闻以后，喜笑颜开，以为就快要抱得美人归了。按照约定的时间，他们毫无防备地进了寨子。但是刚走到寨子里的鱼塘边上，突然就听到鼓声大作，意识到中了埋伏，觉得对方来势凶猛。土匪们慌乱中都往黑处跑，正好中计，一个个全都被村寨内英勇的人制服了。原来这如天雷滚滚的鼓声，是姑娄娘率领姑娘

图3-17 鼓楼一角

们模拟出来的。她们用手掌猛击装满水的蓝靛桶，制造出击鼓的声音，迷惑了所有的土匪，才最终保全了村寨。这件事情以后，人们商议着以后遇事要事先击鼓报警，于是建楼置鼓，鼓楼便由此而生。

因为侗族是一个没有文字的民族，所以鼓楼最早的起源我们无从考证。但是根据侗族地区相关的方志记载，鼓楼至少自明代开始兴盛于侗族居住区。比如《玉屏县志》有云："南明楼，即鼓楼，明永乐年间建。""其始基以坚础，竖以巨著，其上栋桷题栌之类，凡累三层。"又比如《沅州厅志·艺文志》中张扶翼所撰的《鼓楼记》有载："邑治旧有鼓楼，创自弘治（1488—1505）年间，规模宏壮，巍然为一，现岁久倾颓。"这些都是有明确建造年代的记载。

侗族鼓楼主要分为歇山顶式和攒尖顶式，二者的区别在于：歇山顶式鼓楼是屋顶形，攒尖顶式是伞顶或者尖顶。鼓楼是全部用木头凿榫衔接的，一般会选用杉木，整体结构不用钉铆，也没有木楔，颇具特色。侗族鼓楼的层次感分明，从几层到十几层不等，整体高度一般都会在十多米以上，视觉效果类似

宝塔。

上堡侗寨内的鼓楼，初建于清代，总共有九层高，层层飞檐翘角，有花草纹和玄鸟做装饰，造型相当美观。外观鼓楼，如一棵巨大的杉树，由楼脚、楼身和楼顶共同组合成一栋宝塔式造型的建筑。关于鼓楼与杉树和宝塔的关系，学界有多种说法。

其中鼓楼与杉树的关系，有这样一个传说：古时侗民们围坐在大杉树下面商议重大事情，一边烤火一边谈论，后来由于烤火不小心烧死了杉树，侗民们便依照杉树的样子，建造出了一座鼓楼。所以一直到现在，如若侗族村寨遭遇水灾火灾中房屋被摧毁的情况，即使短时间内无力重建一座鼓楼，也要先立上一株杉木来象征鼓楼。另外还有一种说法：侗族人是因为崇拜杉树，一直把杉树视为村寨的保护神，所以在建造最重要的具有族群象征意义的建筑的时候，才会选择杉树为原型。这种说法体现出侗族先民们的自然崇拜情结，是这种崇拜自然物的情怀决定了他们的思维方式，从而建造了以杉树为原型的鼓楼建筑。

关于鼓楼与宝塔，有学者认为鼓楼的形制特征是受到佛教的影响。佛教宝塔由塔基、塔身和塔刹组成，分别对应鼓楼的楼脚、楼身和楼顶，从结构到造型都有很多相似之处。还有一个重要的相通之处是，鼓楼和宝塔的顶部一般都有宝葫芦造型的装饰，也就是我们通常所说的"葫芦顶"。基于此，有人认为鼓楼是佛教文化流传到侗族地区以后，与侗族文化彼此渗透、融合的产物。

因为鼓楼是一座侗寨的主要标志，所以一定要建在引人注目的位置。这个位置经过族人们反复商议选定之后，后人必须依从。如若鼓楼很久之后需要重修，一般都是按原址修建。

鼓楼的建造是以四根主承柱为主体的，据说是代表了一年四季。这四根主承柱都是由巨大的优质杉木制成的，然后与几层排枋连接起来构成较大矩形的平面，作为鼓楼的主干。每根主柱周围，再由三根衬柱一起组成较小的矩形，这样四根主柱就搭配了十二根衬柱，代表着一年四季的十二个月。主柱立好之后，在一定的高度，用枋片榫头连接起每一根衬柱，鼓楼的骨架就搭好了。四方矩形是十分稳固的几何形状，鼓楼的骨架是多个四方形的叠加，所以鼓楼的框架是无比坚实的。

图 3-18 为绥宁县文物管理局提供的测绘图。测绘图描绘了鼓楼的详细结构。

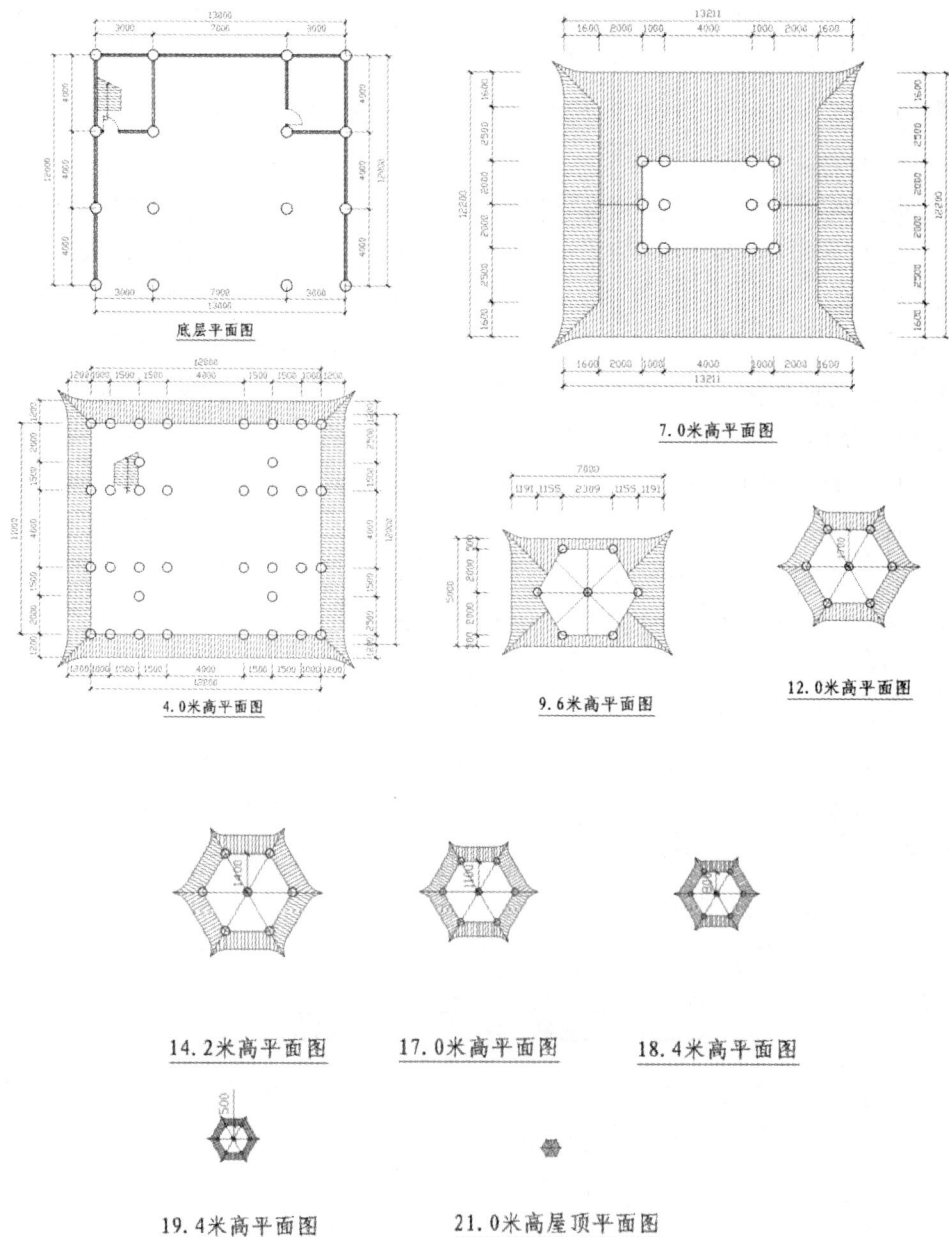

底层平面图

7.0米高平面图

4.0米高平面图

9.6米高平面图

12.0米高平面图

14.2米高平面图　　　　17.0米高平面图　　　　18.4米高平面图

19.4米高平面图　　　　21.0米高屋顶平面图

图 3-18　鼓楼测绘图(由绥宁县文物管理局提供)

2. 桥

风雨桥(图3－19,图3－20)是侗族的典型建筑之一,在建筑史上被称为廊桥或者是楼桥。"风雨桥"之名的由来,据说是因为1965年郭沫若针对程阳桥而写的"艳说林溪风雨桥"的著名诗句,从此,凡是这种集桥、廊、亭于一体且方便行人躲风挡雨的建筑就被称作"风雨桥"了。这种桥始于汉末,有悠久的发展历史,与侗族鼓楼和侗歌一起,被称为侗族三宝。在侗族人的心目中,它不仅仅是避风遮雨、方便交通的场所,还有镇邪和留财之意。人们认为,修了风雨桥,就可以堵住风雨、造福村寨,从而避免财源外流。基于此,风雨桥在民间也被称作"福桥",取幸福与吉祥之意。

图3－19　风雨桥(全景)

图3－20　风雨桥(近景)

关于风雨桥，民间还有一个传说：在很久之前，侗族的村寨内有一个很深的水潭，潭内有一条青龙和一条乌蟒。青龙总是帮助村民们把潭底的污泥运上岸，放到田里作肥料。而乌蟒则是帮倒忙，把砂石运到田地里，影响农作物生长。人们为了讨好乌蟒，不让它做坏事，便在每年的八月十五都要把一匹大水牯赶到深潭里喂乌蟒，同时还要往潭内倒九桶上等的好米酒，贡献出这些东西以后，乌蟒才会安分一些。后来，乌蟒又看上了村寨里的一个能歌善舞、心灵手巧的漂亮姑娘。有一天，这个姑娘到河岸边采棉花，乌蟒为了靠近姑娘，就把自己变成了一个英俊青年，提着一个花篮，走向姑娘。但是姑娘看到他留着口水，同时又挤眉弄眼，不像是个正经人，赶紧离开了棉花田。乌蟒丝毫没有死心。待姑娘有一天早上到潭边洗衣服的时候，乌蟒又变成了一条红鲤鱼，准备跳出水面去咬姑娘的裙子。这时，被青龙发现了，青龙立即变成墨鱼，用墨汁挡住了乌蟒的视线。乌蟒没能得逞，接下来又冲出来，准备扑向姑娘。青龙则又变成了一个青年，拿着宝剑跳出水面，直接劈向了乌蟒。姑娘被吓坏了，跑回家里以后卧病在床，但是心里一直惦记着那个救她的青年。青年也因为担心姑娘，就变成木匠拿着珍珠粉来到村子里。他用珍珠粉治好了姑娘的病，还帮助村民们建鼓楼，搭桥梁，造凉亭。在人们感激青龙的同时，乌蟒对青龙以及村民们怀恨在心。春节到了，寨子里的人们载歌载舞地欢度节日，乌蟒却在这时候兴风作浪，发起洪水欲冲垮村寨。在最后关头，青龙化作长桥救了大家，后来又变回木匠，帮人们重建寨子。乌蟒终于对青龙忍无可忍了，要跟青龙决一死战。在正月三十的正午时分，青龙应战。最终乌蟒战败而死，但是青龙也因负伤太重而亡。从此，深潭里恢复了平静。人们为了纪念对他们有恩的青龙，建起了一座桥。桥上画有栩栩如生的龙，象征青龙；长长的桥身，如一条青龙；桥楼的式样，是仿造当年青龙教他们建的鼓楼。这座桥，被视为青龙的化身，寄托着人们祈求龙神庇佑的心意。因为人们对青龙的感激和思念，这座桥的名字叫作"回龙桥"，也就是我们现在所说的"风雨桥"。后来，各地的侗民们便一直依照这个样式来修建风雨桥。

　　进入上堡侗寨，最先映入眼帘的是外门楼旁边的一座楼亭式风雨桥，造型丝毫不比鼓楼逊色，顶部的宝葫芦和飞檐翘角上的鸟雕塑以及层与层之间的花草纹装饰样样俱全。村内也有简易的风雨桥，有亭有廊（图3-21，图3-22），置于溪流之上，连接起村内主道与田地，是人们耕作劳累时很好的休憩、乘凉场所。

图 3 - 21　风雨桥

图 3 - 22　风雨桥

　　风雨桥的构建都是颇为讲究的(图 3 - 23),整体全部由木材构成,没有一钉一铆,均由木料凿榫衔接,横竖穿插。风雨桥由桥墩、桥身、桥廊和桥亭共同组成。其中,桥墩是风雨桥的根基,它牢固地屹立于溪河之上,日日年年经受着水流的冲击。所以,桥墩的坚固与否,决定着整座风雨桥的安危。为了使桥墩更加稳固,基脚一般都要深入到生根岩,在生根岩上面用大青石块垒砌,然后再用水泥浆或者是更现代的钢筋水泥填充岩缝，形成一个坚固的整体。桥墩的形状是上窄下宽的，这样不仅更加牢固，也更加美观一些。一座风雨桥所需要的桥墩数量是由桥长决定的，进深长则桥墩多，进深短则桥墩少。桥身，是一座风雨桥的主体躯干，起到支撑桥梁重量的作用。桥廊，是指人们来回行走的走廊，包括了桥板和桥檐屋架。桥板通常是采用优质、粗大的老油杉树制成的厚木板铺装而成。桥檐屋架的结构比较复杂，包括了桥门、桥柱、桥凳、栏杆、檐口等。桥柱是桥屋的支柱，由桥柱和枋片榫卯衔接在一起，便组成了长长的桥廊。两边设有栏杆和长凳，方便人们休憩聊天。桥亭，是一座风雨桥中最能体现工艺之美的部分，所以，这一部分的构造设计，都是颇为讲究的。常见的桥亭有三种类型，一是四方的歇山顶式的殿形。殿形桥亭是通过一些以四根为单位的桥柱，采用抬梁的方式，把这种四方形由下到上逐层缩小，然后收拢为歇山顶式的梁盖顶。这种屋顶的最下面一层是最大的四方形檐面，由四根主柱和抬梁枋组成。二是六角或者八角攒尖的塔形桥亭。塔形桥亭的屋檐，从下到上逐层缩小，但中心重叠，最上面以攒尖式收顶。三是殿形和塔形的混合型桥亭。这种类型的桥亭下面几层是采用四方殿形样式，到了上面基层才转换成塔形结构。所以，这种混合型式样，既拥有四方殿形的传统大方，又有塔形建筑的优美曲线，是建造风雨桥最常用的桥亭类型。在风雨桥建成之后，外露面都会涂抹上防腐的桐油，以保障其久经风雨依旧坚不可摧。

图 3 - 23　风雨桥内部结构

上堡的风雨桥，从外观来看，其中的塔和亭都是飞檐翘角的多层建筑，顶部有宝葫芦。此外，我们留意到，上堡风雨桥的桥亭，无论是哪一种样式，在层数和个数上都为奇数。这与侗族人民长期以来的信仰文化是分不开的。奇数属阳数，寓意吉祥。把奇数运用于建筑中，是人们重阳抑阴的表现，是内心深处趋吉避邪的信仰意识在起作用。但是，建筑构造喜奇数，并不代表生活中人们就不喜欢偶数了。偶数，作为阴数，在日常生活中的运用也是十分广泛的。比如，每逢有人家遇到喜事，需要送礼的时候，所送礼物的数量就必须得是偶数，代表好事成双、双喜临门等。

上堡还有很多别有意蕴的小桥（图 3-24 ~ 图 3-27），比如砖石结构的拱桥、木质围栏的石板桥、鱼形石板桥、树干独木桥等。这些各式各样的桥，为人们的生活提供了很大的便利。

图 3-24 拱桥

图 3-25 鱼形石板桥

3. 寨门

上堡侗寨的寨门宽阔、高大，底层都是由四排柱子架空的，屋顶覆瓦（图 3-28）。最初，寨门主要有两大功用。一是防御外敌的侵扰，有敌军来袭的时候，人们可以登上寨门望敌报警。二是防止有家禽家畜跑出寨子破坏庄稼。寨门相当于牲畜的警戒线，人们看到有牲畜出了寨子，都会帮忙驱赶回去。现在随着社会的和谐发展，寨门的存在，成为加强聚落群体的地域感及民族凝聚力的载体，也是迎宾送客的最佳场所。上堡的村民们迎送客人举行仪式的时候，场地一般会选择寨门口。

图 3 - 26　桥

图 3 - 27　树干桥

图 3 - 28　寨门

上堡的第一道寨门，造型似鼓楼，有五层重檐叠上。底层的柱子上贴有对联：

河水欢笑小鸟吟唱欢迎您作客古国，

姑娘柔情阿哥有意祝福您鹏程高远；

您进来总览绥宁细览黄桑,

我出去面向中国走向世界。

这对联是上堡作为旅游村落,对外界的欢迎词。这第一道门,就成为了外来者入上堡的第一座地标。二道寨门,即辕门(图3-29,图3-30),为干栏楼阁式建筑,辕门旁边即是一座风雨桥,风雨桥入口的柱子上,绘有龙图腾,蜿蜒的龙图腾间隙间,刻有对联(图3-31):

登上桥亭临仙境;

入堡方知是天堂。

过了辕门,就算是真正地进入了上堡侗民们的真实生活区了。

图3-29 辕门

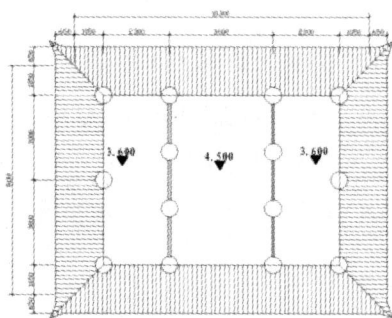

6.0米高平面图 1:100

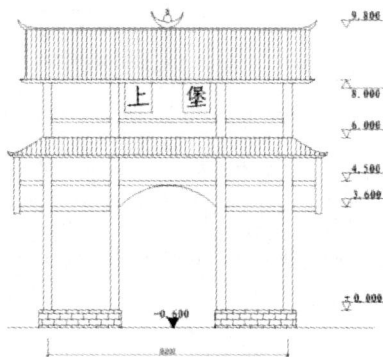

正立面图 1:100

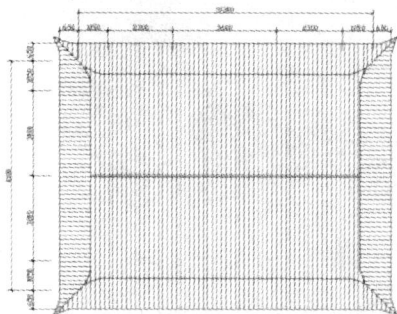

屋顶平面图 1:100

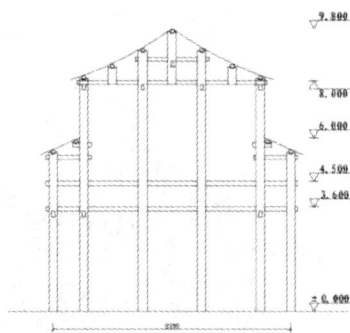

1-1剖面图 1:100

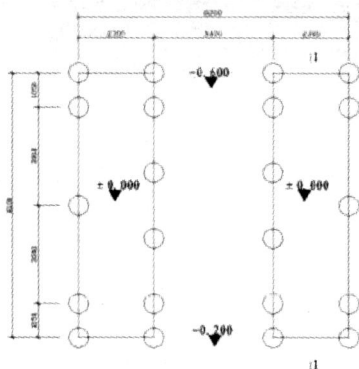

底层平面图 1:200

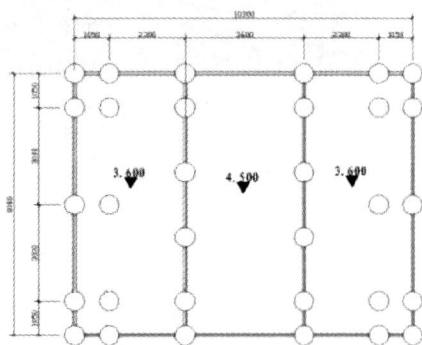

二层平面图 1:200

图 3-30　辕门测绘图(由绥宁县文物管理局提供)

图 3 - 31　风雨桥对联

4. 亭台

上堡侗寨的亭台，一般都是建在田间的，供人歇息乘凉之用，所以一般统称为"凉亭"（图 3 - 32）。侗族人一直都是热心于公益事业的，荒凉的山间古道，每间隔几里路，通常都会建造一座凉亭。凉亭的外观，没有风雨桥那么雄伟壮观，也不像民居那样连排相接，但是它如婉约的少女，或者静静地立于路边，或者处于溪水河畔，或者站在田坎中央，又或者等候在桥头。它总是出现在侗乡人们最需要的地方，让人感受丝丝清凉。

凉亭的构建材质，以杉木最多。凉亭大小不等，依人流量的多少而定。上堡的凉亭，有两种形式。一是歇山顶式的凉亭。这种凉亭在侗乡是很普遍的，因为屋脊似山顶，所以叫歇山顶。结构样式都跟风雨桥的桥廊大同小异，只是凉亭的进深小些。二是厅堂式的凉亭，也称殿堂式（图 3 - 33）。这种凉亭呈矩形，一共有四根落地柱子，有点像古时候人们经常用到的轿子。这两种类型的凉亭，都是用瓦遮顶的，亭内一圈围合有长凳。亭内无任何彩漆绘饰，只有简单的镂空木雕，凸显出凉亭的材质和纹路之美。凉亭的周边都是不装占板的，这样可以四面通风，成为真正的过风凉亭。

图 3 - 32　凉亭

图 3 - 33　凉亭

5. 仓

上堡侗寨内有多处杉木搭建的吊脚粮仓(图 3 - 34 ~ 图 3 - 36),零星分布于田地中间,方便人们晾晒谷物,有防火、防鼠以及防潮的功能。谷仓下面一般是用作牛棚,农忙时期就把牛都关在里面,从不担心会被偷。等到不用牛耕田了,过完端午节之后,就会把牛放到山上去,不用管的。只是每个月派一个代表,过去看一下有没有意外死亡的。这是侗民们历代不变的传统。

侗族和苗族有一个区别,苗族的首领叫苗王,侗族的首领被称为款首。款首议事的时候,会选择一个专门的地方,也就是鼓楼。如果是村子里有人拿了

图 3 – 34　仓

图 3 – 35　仓

别家的东西，主家发现了以后，就会找款首到鼓楼里面评判。款首坐在上面，参与议事的长老坐在周围，大家一起评说这件事情，做出裁决。这是侗族款首的权力。就是因为有款首对人们行使这种职权，对人们产生了很大的行为约束力，有效地遏制了很多不良行为。祖宗们世代相传着这样一套严苛的行为准则，老人们时常用这样的话提醒着孩童们，"从小偷瓜，长大偷牛，以后要被火烧掉的。"久而久之，成了村子里每一个人深入骨髓的行为禁忌。所以，一直到现在，上堡村子各家各户的牛不用专门看管，放在离家很远的地方，也从来不会担心会被偷走。这一点，很好地体现了侗族人民的淳朴品质。

图 3 - 36　仓

6. 水井

水是万物之源，在人们的生活中有举足轻重的地位。上堡的人们，对于水井的要求和建造都是十分讲究的。在安居建屋的选址过程中，首先考虑的就是井水水源(图 3 - 37 ~ 图 3 - 39)的问题。一般来说，侗寨内都有本村寨饮用水井和过路行人饮用的路边水井，二者都是为了满足生活的需要，受到同样的重视。老龙潭是上堡侗寨的天然水井，堪称完美的自然环境成就了最好的水质。为了更好地保护水源，水井周围建有护潭设施。

图 3 - 37　水源

图 3 - 38　水源

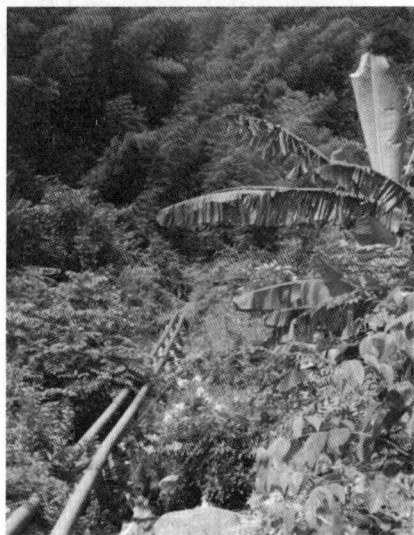
图 3 - 39　主水管

7. 观音庙

在距离上堡 16 公里的黄桑集市，即往返于绥宁、上堡的班车中途唯一的停靠点边上，有一条路通向黄桑坪大桥，在大桥一侧的山坡上，建有一座观音庙（图 3 - 40），是黄桑乡信仰观音的人们公开祭拜观音的地方。该观音庙是一个建筑群，有好几个部分组成，其中有些空间经过重修整修之后，已经是木石混合结构了。最主要的建筑依然是纯木质结构，飞檐青瓦，屋顶均有两条卧龙。

图 3 - 40　观音庙

3.3　工艺与装饰

上堡随处可见工艺精美的建筑构件(图 3 - 41)，展现了民间工艺的技法与民众的审美取向，包含有丰富的民俗乡情和文化内涵。

上堡村寨内各栋建筑的门，大致分三种形式。一是边门。它是用一块转杆枋、几块门板和两根木尖梢组合而成的。这种门的转动主要是依靠门转杆两端的门转心，其中上门转心需要配置门头转枋，下门转心要配置门墩。只有将门头转枋和门墩全都定在其他固定的枋上，门才可以正常转动。二是映门。映门的四周是用枋片搭建的框架，框架内再加几根横竖相间的小枋，当然也可以不加小枋，然后剩余的空间装上木板。这种门有几种转动方式，可以像边门一样，上下留门转心，把两边的框枋加工成转杆式样；还可以另外找一些很小的枋加工成转心杆以后，直接钉在门框的边枋上；另外还可以靠门合页来转动。三是推门。这种门的构造相对简单，不需要专门的转杆枋，只需要用两根木尖梢把几块门板拼合起来即可，但是要把门板的上下两端加工成能够在枋槽里推拉的条状榫头。因为这种门就只能够左右推动，所以被称为推门。

现代侗族建筑中的窗都是很讲究工艺之美的。在早期，窗子的构造相对简单，一般只是在窗户的框架中安装几根横的或者竖的木棒，达到通风透气的效果即可。后来，随着人们审美意识的提高，出现了格子窗和花卉窗两种形式。格子窗，并不单指四四方方、规规矩矩的四方格子形状，上堡村内就有很多极为精致的格子窗。这种窗子大多是以木条和木块为基本元素，通过各种排列组合，恰到好处地镶嵌于窗框内。花卉窗的制作，需要精湛的雕刻工艺，各种花卉图案都可融入其中，雕刻成牡丹窗、荷花窗、梅花窗或是菊花窗等。

图 3 - 41 - 1　建筑构件

上堡民居建筑的走道里都是装有栏杆的（图 3 - 42，图 3 - 43）。栏杆的形状有方形的、圆形的，也有葫芦形的，既达到了安全的实用性能，同时又尽量追求工艺之美。能工巧匠们把一些方的圆的木料拼合在一起，组成各种形状。常见的有井字形、米字形、工字形、格子形以及花草形等。

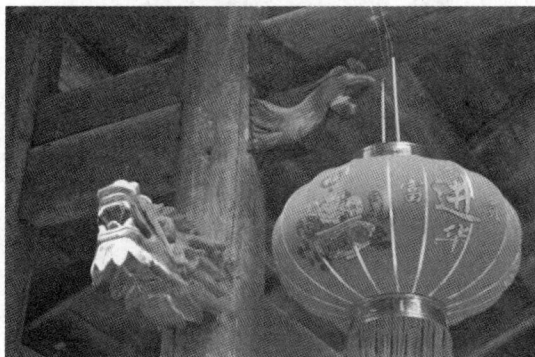

图 3 - 41 - 2　建筑构件

侗族建筑中，木梯是很重要的组成部分，它有很多种类型，各具特色。一是锯齿形梯子。这种是最简单的式样，按照楼层的高度计算出梯子所用树木的长度，然后用斧头、柴刀等工具将这根树干砍成一级级的锯齿形状即可。二是桥板梯，因为形状似桥板而得名。这种梯子是用几根条木支架，然后再用一些横木固定起来。三是单梯，用两根长短相同的条木支撑，再用一些短木枋做横挡，其中要有两三根横挡做通榫，由

图 3 – 42　栏杆

图 3 – 43　民居

此固定好两根条木不至于散开。单梯的横挡数目为单数,这也是此类梯子得名单梯的原因。四是人字梯,也被称为七字梯。这种梯子是由两架单梯组成的,最上面用一块厚实的木板通过合页将两架单梯连起来,这种梯子的梯脚是可以活动的。梯脚板拉开以后即成人字形和七字形,故而得名。五是踩板梯。这种梯子的做法，比前面几种类型要复杂一些。具体做法是，在两根长度相同的大木枋上凿出一个个的斜槽，斜槽内固定踩板，踩板与地面保持平行。斜槽的长度是踩板的宽度，斜槽的宽度是踩板的厚度。各个踩板之间的宽度要适中，太大或太小都不实用，最合适的间距是五寸左右。同时，做踩板梯也要像单梯一样，用三块踩板做通榫，再用钉子固定牢，避免两边的大木枋散开。六是踩踢板梯。这种式样只是在踩板梯的基础上，多加了踩板之间竖起的薄板，这些薄板，被称作楼梯的踢板。加装踢板之后，安全性更好一些。七是三角梯。三角梯的中间部分，基本与踩踢板梯类似，只是两端不同。在踩板、踢板与楼梯的大木枋之间，固定了小三角板，形成了锯齿形状，然后再将踩板和踢板分别装钉在小三角板上。现在上堡侗寨内的梯子，以带扶手的三角梯居多，仅有少数人家的阁楼里还存有前面几种类型的梯子。

侗族建筑在建筑构件的造型处理和装饰图案的运用方面，是很讲究形式美法则的。

首先，是变化与统一的和谐法则。变化与统一是装饰图案需要满足的最基本的总法则。各个装饰元素必须要做到既彼此对立又相互依存，仅追求变化多样或者是一味强调统一，只会使整个画面或杂乱无章，或单调呆板。各个构成要素的关系应该是有对比又有调和的。所谓对比，是指元素之间具有差异，比如造型的大小、长短、粗细、疏密、曲直、凹凸，色彩的明度、色相、纯度以及构图的方向、虚实、聚散等差异。而调和是指各个元素之间没有显著差异的统一，一般是只有量的变化，是一种逐渐加强或是减弱的渐变式的协调。如果说对比是为了突出自身特点而在各元素之间特意引起强烈的对照，那么调和则是为了达到拨乱反正的目的而在各元素之间形成的不同程度的共性。

其次，是对称与均衡的平衡法则。对称，是指将两个以上相同或者相似的元素，以一条直线为中轴线进行偶性的组合排列。有上下对称、左右对称、辐射对称等方式。构成对称关系的元素，并不一定是完全相同的。所以，对称有绝对对称和相对对称之分。绝对对称，强调的是中轴线两边的元素必须在造型和色彩方面完全相同。相比之下，相对对称没有那么严谨，是指在形成对称关系的各元素之间，允许有少量不对称的现象，比如其中某个形状或是某一处色彩的不完全一致。相对对称的构成元素虽然在形式上允许有少量的变化，但是在量度方面一定是均等的，这样才不至于打破整体的平衡感，实现静中求动、统一但不呆板的视觉效果。

再次，是节奏与韵律的节律法则。节奏是指在形状与色彩方面的一种连续性的有规律的周期性变化，最明显的特征是有条理的反复，即某个相同的元素反复出现。节奏有单一节奏、交替节奏、对称节奏、发射节奏和反转节奏之分。单一节奏是其中最简单的表现形式，是指把某一要素进行上下或左右方向的反复排列，比如常见的二方连续或四方连续形式。交替节奏，是指把元素进行交替反复，即间隔出现。对称节奏是指通过镜像方式达到的上下、左右反复。发射节奏是指按照直线发射的线状布局所构成的反复结构，比如花瓣的装饰造型。反转节奏，则是在同一个平面内将两个相同的元素进行上下或者正反位置的调换。形式美所讲究的韵律是指以节奏为前提，在此基础上所形成的一种规律性的变化。韵律跟节奏相比，最大的特征在于元素之间或起伏或近似或渐变或呼应的关系。起伏韵律是一种波浪式的表现形式，比如卷草纹样，就呈明显的连续起伏状。近似韵律，是指将一个元素的各种相似表象反复排列出现。渐变韵律，是造型元素按规律递增或递减。呼应韵律是指造型元素之间形成内外、左右或者前后呼应。

最后，还有数字与比例的数理法则。数字与人们的日常生活是密不可分的，数字所内含的数字文化，潜移默化地影响并支配着人们的思想感受。久而久之，人们除了被动地接受数字的影响，也开始在各种日常活动中支配数字，形成了习惯性意识。比如，"喜相逢"这样的传统图案，一定会是用偶数表现的，以此来象征吉祥。但是在做建筑规划的时候，很多时候会取奇数。《周易·系辞传下》有云"阳卦多阴，阴卦多阳，其何故也？阳卦奇，阴卦偶"。奇数是天数、阳数，偶数是地数、阴数。比例，是指各个元素之间或者个体与整体之间所形成的一种量比关系。比例的协调与否，对审美对象有着极大的影响。装饰元素的比例处理，有两种方式：一种是真实的自然比例关系，另外一种是经过特殊处理的比例。根据特殊情况按需安排的比例关系，通常是为了突出某种被放大的元素，而其他元素只是被作为参照物存在。这种处理方式，会有更浓厚的装饰意味。

第 4 章
民 风 民 俗

4.1 生产生活

上堡村的人们生活节奏相对较慢，除去农忙时期，人们还是比较悠闲的，对经济创收的概念不很强烈。对他们来说，生活中主要有三件大事：一是种田（图4-1），也就是种植水稻、玉米等粮食作物（图4-2，图4-3）。村内的田地按人口分，每人有一亩多田地。二是种菜，满足生活所需。这里的人，没什么事是很少去县城的，距离比较远，来回坐车也不方便。以前上堡村到县城需要翻山越岭，没有公路。后来修了公路以后，一直到现在，每天有一趟班车开往绥宁县城，早上五六点钟就出发，所以，去县城办事的村民们，一般都是天不亮就起床去搭班车。三是砍柴，有了粮食、蔬菜，还需要有柴来烧火做饭。这三件大事，是出于最基本的生存需要。对于生活在密林中的村民来说，再没有比这些更重要的事了。

图4-1　种田

除此之外，村内也还有一小部分人喜欢打猎，但是随着政府部门各种保护生态、保护野生动物规定的出台，近些年打猎的人越来越少了。从1982年4月，湖南省人民政府批准在绥宁县建立黄桑坪自然保护区开始，县人民政府一直在努力做好保护野生动植物的工作。为了进一步巩固宣传教育的效果，林业局在1989年曾一次性印刷1200本《野生动植物保护法规文件选编》，发送到县境内

图 4 – 2　玉米

图 4 – 3　农田

的每个村落；1990 年 3 月，县人民政府又接着颁发了《关于保护野生动植物资源的通知》；多年以来，县政府及相关部门一直在加强保护工作。上堡的村民们接收到这些信息，一般不会再到附近打猎。但偶尔会有人翻山到广西那边去打猎，只是一来一回需要半个月到一个月的时间，确实比较辛苦，时间久了，坚持的人自然也就少了。

上堡境内，读书的人数相对较少。在十多年以前，身居大山内的这些淳朴的村民们，世世代代延续着种田、种菜、砍柴的简单生活模式。他们不会想着去看看外面的世界，生活整体上是封闭的，包括婚姻也基本是本地联姻。从20世纪80年代开始，上堡开始出现年轻人外出打工的现象，90年代为外出务工的人数最多的时期。而现在，已经基本上没什么年青人出去打工了。上堡成了旅游名村，人们在村内总能找到一些事情做。村内有很多人开起了客栈，餐饮、住宿一起做，再顺便销售一些当地的土特产，收入相当可观。相比之下，背井离乡出去打工，对村内的年轻人来说，已经完全没有什么吸引力了。

上堡的民风是很淳朴的，即使是为了经济收入开起客栈的人家，身上一样有着淳朴的品性。为我们的田野考察工作提供了很大帮助的谢老，家里就是开客栈的。他的祥松客栈（图4－4，图4－5），有着一个关于善良与感恩的小故事。谢老是这样给我们讲述的："我们家这个客栈，建造起来真的是很辛苦的。那个时候，建造房子不可能去请很多工匠来帮忙，家里也根本拿不出多余的钱来。怎么办呢？就是一家人一起，或者是有闲着的亲戚来帮忙，大家就什么事情都自己做。找材料、搞建设，都是我们自己。我们没有多少钱，中间停工了很多次。什么时候有钱了，就接着建屋，没钱了就停掉。我们农村建房子都是这样的，不像城里一下子就建好了。我们没有那个条件的。我们这个客栈建了有十年，中间不断地停工。到最后就快建成的时候，突然就又没有一点点钱了。眼看着着急呀，但是没有办法。这个时候突然遇上一个好多年不见的老朋友。他是在外面城里的，知道了我的情况，什么都没说，留下一些钱就走了。我都不知道他是在哪里，做什么的，就这样直接走了，也没有电话，找不到他人。后面我就是用他留下的钱把房子盖好了。我这个客栈叫这个名字，就是因为他。祥松，分别是我们俩名字中的一个字，我就是在等着他。但是客栈都开了那么多年了，他都没有再来过。我们一家都很感激他的，如果没有他，我这个客栈还不知道什么时候能够开起来。"

从这个小故事里，我们感受到了人类纯美的本性。这种品性一定是可以彼此影响的，所以，如今的谢老虽然是外人眼里的客栈老板，是个经营生意的人，但他在对人对事上一直有自己的坚持。比如说在旅游旺季，客栈收入最高的时期，如果有清贫些的研究员或是学生到上堡考察，谢老一定坚持要优先招待这些人。房源紧张的时候，经常有想要入住的游客，给出比平时高出很多的价钱，但谢老为了保证学生们有地方住，都婉言谢绝了。久而久之，他的家里人也习

图4-4 祥松客栈

图4-5 祥松客栈

惯他这种态度了。谢老的儿子说:"无论是生意多么好的时候,他都要紧着那些老师、学生们住的。其他生意他都不过问,但如果来的是搞研究的,都是他说了算。我们不能讲他的，都是他做主。"谢老是深深地记住了那位帮他的朋友，所以想要在力所能及的情况下，也给需要帮助的学者们一些帮助，将这种温暖的情意传递出去。在上堡，很多人都像谢老一样。我们去做采访，村民们都很热情，招呼着大家进屋里坐，丝毫不会有不耐烦的情绪。这种人与人之间温暖的感情，是上堡的一种精神，让每一位来到村寨内的人，都深深地记住了这种精神。

湖南曾一度被视为粮食生产大省，其中有着自然环境优势的上堡，在各种农产品的种植与加工方面，自然也有突出表现。比如上堡的西红柿产业，远近闻名。当地以种植延季西红柿来增加经济收入。除了村民自己对外销售，县政府也帮助村民们寻找销路，将一车车的西红柿远销至广州、深圳等沿海城市。30余亩的延季西红柿，成为很多种植户一年到头最大的经济来源。此外，上堡还种植有200多亩的纸皮核桃和5000多棵青钱柳树，这些都有效带动了上堡的经济发展。

图4-6、图4-7为上堡村农产品种植景象。

图4-6 西红柿

上堡村地处黄桑自然保护区内，因为特殊的地理位置，人们一直肩负有保护森林、发展林业的使命。为了充分贯彻落实林业生产要"修养生息，恢复和发展"的指导方针，绥宁县人民政府曾在1981年的绥宁县第八届人民代表大会第

图4-7 反季种植基地

二次会议中通过并颁布了《绥宁县关于保护森林发展林业的若干规定》：

森林属于社会主义全民所有和社会主义劳动群众集体所有。国家和集体所有的山林树木，单位和个人使用的林地及所有的林地，凭山林权证管山管林，经营使用，长期不变，任何单位和个人均不得侵占。

林业建设实行"以营林为基础，封、造、管并举，造多于采，采育结合，综合利用"的方针，做到青山常在，永续利用。

认真贯彻县委文件精神，建立健全各种林业生产责任制，加速发展林山。

区（镇）、社、大队要建立健全林业管理机构，确定一名主要负责人专管林业；镇、社要配备林业员，负责管理本地区的林业建设事业。公安机关、县人民法院和人民检察院要加强森林保护工作，并分别成立林区派出所和林业法庭，检察院要配备林业检查员。

国营林场、社队林场和大队都要配备护林员，由县人民政府颁发执照。护林员的职责是：巡护山林，监督采伐，预防火灾，预报森林病虫害，进行护林宣传教育，制止和报告一切可能引起破坏森林的行为。所有单位和各级干部都要支持护林员行使职权。

各级政府和有关部门必须采取有效措施，防止森林火灾，保护好森林。要继续坚持"预防为主，积极消灭"的方针，坚决贯彻执行"六烧六不烧"和"五不准"的原则，加强防火设施，严格控制林区火源，搞好火源管理，严禁烧看牛坡。在重点防火期内（每年的一至四月和十至十二月），各级护林员要加强巡护，林内严禁一切生产、生活用火。一旦发生火灾，任何单位和个人都要服从当地政府的统一指挥，全力以赴扑灭山火。对在灭火中伤亡的非公职人员，由所在社、队和有关部门协同给予治疗和抚恤；公职人员由所在单位负责治疗和抚恤。

禁止毁林开荒，禁止在林地、水土保持地带铲除草皮，禁止在幼林地放牧，禁止在非采伐区砍杂木棒，禁止在未计划采伐的松林强度采脂，禁止滥挖竹笋，禁止砍伐珍贵稀有树木，禁止用木材烧砖瓦，禁止一切乱砍滥伐等破坏森林自然资源的行为。

水土保持林、风景林、名胜古迹林、国防林、革命圣地林、公路绿化林，除经县人民政府批准，由管理单位进行抚育、卫生采伐外，其他单位和个人不得砍伐。

大力发展社队集体造林，积极营造国有林，鼓励社员多植树造林，开展全民植树运动。农村社、队每年都要安排一定时间，组织劳力从事造林育林。凡年满十一岁的中华人民共和国公民，除老、弱、病、残者外，每人每年植树造林三至五株，保证成活。

植树造林，要因地制宜，适地种树，严格执行技术规程，大力提倡营造混交林和人工促进天然更新林，大搞封山育林。花岗岩处和坡度在二十五度以上的山坡，采取大穴造林，防止水土流失。

造林抚育，林业部门要及时验收付款。凡是集体造林一亩以上，成活率达百分之八十五以上，除按上级规定付款外，有条件的地方，从一九八二年元月起，造林补助费可酌情增加，增加部分由青山价款交付。

城镇建设和修建公路、水库、工厂、电站、学校等各项工程，要把造林绿化作为工程的一部分，统一规划设计，统一列入预算，统一施工验收。

修建工程设施和开采矿藏需要占用林地，必须与山林权属单位协商，并按省的规定报经有关部门批准。

森林采伐后，要采取人工更新或人工促成天然更新的方式，在采伐的当年或次年内，按照规定及时更新。如不按规定及时更新的，每年每亩罚款一元。罚款由公社收存，用于造林。

大面积封山育林区域，应设立瞭望台，竖好护林宣传碑，砍好防火线。经费如有困难，林业部门给予适当扶助。

各级林业部门要加强种苗工作，办好国营苗圃，培育良种壮苗。国营林场和社、队林场都要建立苗圃，自育自造，并积极支持社、队和社员造林，鼓励社员个人育苗，允许自行销售。

坚持采伐量不超过生长量的原则，实行合理采伐，严格控制采伐量，以利森林休养生息。国家分配材、地方用材（包括木制成品、半成品用材），社队民用材、国营林业单位自用材等，都要严格执行"全县一本账"，坚持按计划采伐。不论集体或个人，一律不得超计划采伐。社员砍伐自留山的树木也必须经公社批准。采伐木、竹，由县林业局按县计划委员会下达的计划指标发给采伐证。凡是无证采伐和不按规定采伐的，林业行政部门、公社林业员、大队护林员有权制止。

社、队集体和社员个人用材，由单位和个人申请，经大队审查报上级批准。凡是砍伐木材五立方米、楠竹五十根以下的，由公社林管会批准；凡是砍伐木材十立方米、楠竹一百根以下的，由区林管小组批准；凡砍伐木材十立方米、楠竹一百根以上的，由县林业局批准。以上均需向山林权属单位按国家规定的山价付款，领取砍伐证，到护林员指定山场号树后，才能砍伐。经过检查才准起运。违者以乱砍滥伐论处。

机关单位和居民、社员，要努力改烧大材为烧茅柴和树枝或煤。大力发展沼气，并逐步改纯木结构房屋为砖木结构。

社、队竹林加工厂，由社队企业管理局会同林业局和工商行政管理局组织力量全面整顿，按照规定发给营业证，逐级落实生产任务和材料计划，但不准雇请外来副业人员加工；凡是产品质差价高，浪费原料或本身没有竹木资源的，不许开业。禁止私人加工竹木产品出售，违者实行经济处罚。

无论实行哪种形式的林业生产责任制，大宗林副产品（木炭、杂木棒、松脂、竹笋、玉兰片、竹筒、竹片、竹麻）按县的统一计划，由集体组织生产和销售。数量较大的柴火，也要由集体统一经营。

坚决关闭竹木自由市场，竹木不准议购议销，不准非计划收购，不准压级压价。

对贯彻执行林业方针、政策和法令，保护森林，发展林业生产做出显著成绩的单位和个人，要给予精神鼓励和物质奖励。

因工作失职，造成森林资源、林业资金严重浪费或木竹积压变质、水冲沉河等重大损失的；不按国家计划办事，擅自增加采伐任务，严重破坏森林资源的；拖欠、拒缴、截流、挪用、贪污育林基金和其他林业经费的；利用职权，接受贿赂，徇私舞弊，非法开砍伐证和运输证明的以及其他失职行为给林业生产造成严重损失的，按照情节轻重，分别给予经济制裁，纪律处分，直至追究刑事责任。特别是利用职权指使怂恿他人破坏森林资源的，除追究直接当事人的责任外，还要追究指使怂恿者的责任，按照情节轻重，从严处理。

对违反森林安全用火规定，烧毁森林的；侵占国家、集体、个人林木，盗窃和抢劫林木的；买卖青山，乱砍滥伐，毁坏幼林的；煽动山林纠纷，进入有争议的山林砍伐树木的；非法进入林区收购木、竹和木、竹制品以及进行木、竹投机倒把的，都应按照情节轻重，分别给予经济制裁，纪律处分，直至追究刑事责任，绳之以法。①

绥宁县政府及相关部门为保护森林、发展林业做了很多的工作，保护兼顾发展的理念也早已深入人心。黄桑自然保护区的维护，离不开任何一个黄桑人的努力。

对上堡的人们来说，新建一座房屋，是家里的头等大事。程序是很讲究的②：首先选日子请木匠进场。进场当天，主人请掌墨师傅带着酒肉、香纸和斧锯、尺子，上山选一棵茂盛粗壮挺直的杉树做新屋的中柱。砍树前，木匠师傅要向杉树的根部捋酒掐肉以示祭祀，并念道："哪棵树最大？哪棵树最高？这棵树最大！这棵树最高！大有九抱九，高到九霄九，今朝把你砍，起屋万年牢。"吉语念完，木匠师傅先砍三斧，交给主人砍三斧，然后由帮忙的人将树砍倒。树倒的方向也不能随便，要想方设法将树倒向东方。树砍倒后，木匠师傅按中柱尺寸锯断、剥皮。运到家中刨光后，掌墨师傅开始"发墨"，烧香点烛，杀鸡敬鲁班师祖，再在柱头虔诚地弹上一条中墨线，表示新屋动工。木匠们把柱、枋、梁做好后，主家再选日子兴排上梁，那天才是正式建房子。图4-8、图4-9显示了上堡村民建房子的场景。

侗民喜欢丑、亥、巳、未、酉、卯等吉日良辰。吉日择定，木匠们便将柱枋等构件一榀一榀缧成排扇，立在一旁等待兴排。

————————————

① 绥宁县志编纂委员会.绥宁县志[M].北京：方志出版社，1997：830-832.

② 建房的过程，参见绥宁县侗寨遗产地文化研究与保护组于2014年编写的《上堡·大团侗寨文化遗产资料汇编》。记录人：杨进汉。

图4-8　建房子1

图4-9　建房子2

兴排前，主家要在新屋地基中堂位置摆好香案，供上两把用红布包好的木槌和香纸、香米等供品，点燃香烛，斟满酒盅，请风水师做法事。

风水师在做法事时要杀一只雄鸡，绕新屋地基一圈，把鸡血洒在四周及新屋的各个角落，边洒边唱："鸡血落地，大吉大利，百无禁忌。东方有煞借南方，南方有煞借西方，西方有煞借北方，北方有煞借中央，中央有煞丢下万落悬空。道法不用多，总在五个字，一正压千邪。"唱完后回祭桌用手势作法，比画出一个"符讳"字来，以示驱邪保平安。

兴排时，掌墨师傅高喊"兴得好呀""兴得快呀"，掌墨师傅每喊一句，其他帮忙的人齐声高呼"喔嗬"。

新屋兴排后就是上梁。上梁在侗家起新屋过程中最为隆重。梁木要选一棵多杈的杉树，表示子孙兴旺。砍梁木也要挑选有儿有女的壮丁，上梁的那天清早选吉时进山偷砍，落斧前要上香烧纸敬奉山神，梁木须顺山倒且不能落地。

梁木砍好后用红布包裹，抬到主家，主家备鞭炮迎接。做梁木时，掌墨师傅要在梁木中间凿一个小洞，放入金银茶米后用铜钱钉上封好，再用红布包裹笔墨缠上，寓意主家子孙功名不断、富足荣昌。

梁木做好后杀鸡祭梁，掌墨师傅边把鸡血淋到梁木上边唱祭梁歌："王母赐我一只鸡，生得头高尾又低；头戴凤冠配彩云，身穿锦缎五色衣。此鸡不是平常鸡，鲁班先师祭梁鸡；千年基呀万年基，红血洇梁大吉利。"吉时升梁，木工齐唱："日吉时良，天地开张。鲁班做屋，大吉大昌。"

随着歌声，鞭炮齐鸣，梁木徐徐上升，掌墨师傅也沿着斜靠正柱的长梯往上爬，边爬边唱："主家请我来上梁，走进堂屋四四方，脚踏云梯步步高，登上新屋亮堂堂，仙桃堂中累累挂，主家富贵万年长。上一步一举成名，上二步双凤朝阳，上三步三多吉庆，上四步四季发财，上五步五子登科，上六步六六大顺，上七步七星高照，上八步八仙飘海，上九步九州同庆，上十步十全十美。"梁木落榫后，有的还要踩梁，踩梁师傅脚穿主家专做的新布鞋，手端米尺，边在梁上走边唱踩梁歌："一踩梁头，子孙封侯；二踩梁腰，世代坐朝；三踩梁肚，大展宏图；四踩梁尾，荣华富贵。"

踩梁完毕，掌墨师傅还要在上面喝"梁上酒"，一手端杯，一边吟唱："一杯酒、敬上天，上天降下鲁班仙，鲁班仙人齐到此，主家发达万万年。"然后选四个糍粑放在篮子里，用绳子放下来送给主家，并对主人高唱："赐你元宝一双，买田又买庄；赐你元宝一对，荣华又富贵。"主人在下面一边接应一边道谢。之后，梁上的工匠将主家准备的彩色糍粑、花生、糖果、钱币先按东西南北方向从梁上撒下，然后遍地开花。在屋场的大人小孩蜂拥抢捡，喜庆满堂。

新屋落成(图4-10，图4-11)后，先上大门，再安神龛。上大门那天，族里德高望重的老人要穿新衣新鞋包新头帕，准备一个装米的木盘，米上放有彩线、银器和钱币，以及大人小孩新装各一套。安神龛也是很严肃的事，俗话说："神龛高过堂屋门，子孙发在自家门。神龛低于大门口，荣华富贵往外走。"所以侗家堂屋的神龛都高于大门门槛。

图 4 - 10　新屋落成 1

图 4 - 11　新屋落成 2

1. 饮食习俗

民以食为天，上堡侗寨的人们有着本民族丰富多彩的饮食文化和独特的饮食习俗。

首先是饮品类，有客人到家里，上堡侗寨的人一般是用豆子茶、油茶、青钱柳茶或者是蜜饯茶招待。豆子茶的做法是，先把干黄豆放入冷水中充分浸泡，等到黄豆泡好以后，按照一斤豆子配一斤白糖的比例放到锅里煮，直到把豆子煮烂且把水分耗干，然后晾后待用。泡豆子茶的时候，放入糖豆，直接用开水冲泡即可，味道香甜，颇受人喜爱。

油茶在侗族人的生活中是不可缺少的，是对亲朋好友的一种礼节性招待。制作油茶之前，要事先将糯米蒸熟晒干。做油茶的时候，先把老茶叶捣碎冲泡，取汁待用，然后油爆干辣椒，加入茶汁煮沸，再加入晒干的糯米、花生米、糍粑、酥黄豆等配料，香味四溢的油茶便做好了。油茶的配料也因个人口味而定，比如不喜辣的人可以不放辣椒，习惯浓茶的人可以多加些茶叶取汁，也可以加入炒熟的猪肝、粉肠或是葱、姜等调味品。如若到侗家做客，被主人以油茶招待，一般是不能推脱不喝的，否则会被认为是对主人的不恭敬。此外，侗家人喝油茶一般会讲究成双，以表达吉祥之意，比如喝四碗，即代表四季发财。喝油茶的时候，主人会给一根筷子，客人不想再喝的时候，就把这根筷子横放到碗上，主人便不会再劝喝了。

青钱柳茶甘甜滋润、生津止渴，是上堡侗寨的特色。此茶因含有天然的药用成分，具有降血糖、血压、血脂的功效，成为村民们的日常饮品。远道而来的客人，得知青钱柳具有抗氧化、抗衰老、增强人体免疫力作用之后，也都纷纷喜爱上了这种天然饮品。

上堡侗寨蜜饯茶的原料一般是未成熟的嫩柚子皮。把柚子皮切成块状，再用花刀雕刻出纹路（图4-12）。雕花方法有平雕、浮雕、透雕和圆雕之分，花样应有尽有，相当美观。将雕刻好的柚子皮洗净待用，按照一斤柚子皮搭配八两白糖的比例，加水煮沸，直到完全把水分炒干即可。白糖粉末附在雕刻成花草形状的柚皮上，名副其实的色、香、味俱全，且有化痰清肺、健肝养胃等功效。待到有客人登门，泡上这样一杯花果茶，必然神清气爽、身心愉悦。

上堡侗寨的饮品类饮食除了各种茶之外，土酒也是一大特色。侗族人待客一般少不了喝酒，流传有"请客吃饭没有酒，席上山珍也空有"之说。侗族的成年男子一般都能喝上几大碗土酒，每逢宴席总要开怀畅饮一番。土酒一般有米

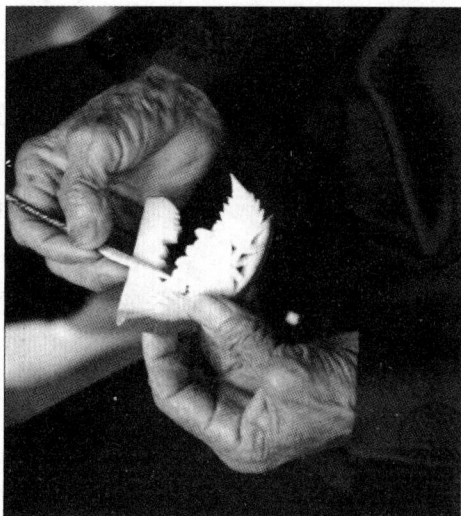

图 4 – 12　雕花(由绥宁县文物管理局提供)

酒、苦酒、甜酒以及套缸酒等。

米酒,也就是侗家的烧酒,是以大米为原料制作的。米酒的制作颇为讲究,酿酒时的温度、发酵的时间和制酒的工艺等,都会影响到出酒率以及酒的口感。侗民们认为最佳的酿酒时间是在夏季和秋季,因为冬季和春季的气温相对较低,此时酿酒容易因发酵不彻底而影响米酒的质量,而且出酒率也不高。酿米酒的最佳米种是籼米,籼米的黏性比较小,蒸熟以后出饭率高。制作米酒时,先把籼米用大锅煮熟,出锅以后摊开使其自然冷却。等到温度降至 35 摄氏度左右时,将米饭放进木桶或者缸内,加入烧酒曲搅拌均匀,直至发酵到有酒水。然后大火烧开酒糟,酒蒸汽液化以后即成米酒。酒的度数是可以自由控制的,在烧酒糟的时候少烧几锅水,酒的度数就高一些,反之,便酿成了低度酒。侗家除了最常见的米酒之外,还有高粱酒、苞谷酒、红薯酒或黄粟酒等,制作方法均与米酒相同,只需要将原料换成高粱、苞谷、红薯或黄粟烧制。

苦酒,主要是依靠酒糟自然发酵而成的,一般会选用糯米制成。糯米的糯性越好,酿制成的苦酒质量也就越好。发酵得比较好的苦酒,在几个月之后会逐渐变成淡黄色浆状,这样的苦酒被侗民们称为土茅台,用来招待贵客。制作苦酒时,要先把糯米浸泡一整天以后再蒸熟,待其自然冷却至微热时按照一定的比例加入甜酒曲，搅拌均匀以后放进大缸里发酵，直至酒糟在酒水中漂浮起来，表明头道酒已酿好。如若是夏天酿制，一般十几天即可，冬天则需要一个月左右。头道酒酿好以后还要经过二次发酵，即是把纯酒水和凉开水对半混合之后，再密封发酵半个月至一个月。发酵的时间越久，酒的度数越高。所以苦酒虽味道甘甜但后劲很大，容易醉酒。上堡侗寨的人们习惯在重阳节当天酿苦酒，称之为重阳酒，一直发酵到过年才拿出来招待宾客。重阳酒是民间的一种节日饮酒风俗，被视为祛灾祈福的吉祥酒。

甜酒，是侗族男女老少皆宜的饮品。炎热的天气里，侗民们会用冰凉的泉水冲兑甜酒，消暑解渴。天气寒冷的时候，又可以煮甜酒冲蛋御寒。甜酒也是由糯米发酵制成的，对糯米的糯性要求较高。糯性好的糯米酿成的酒，甜度高且口感细滑。甜酒的制作比较简单，先是将糯米浸泡一天，然后沥干水分蒸熟，等到冷却以后加入甜酒曲搅拌均匀，置于容器中密封发酵三五天即可。

套缸酒，是一种混合酒水，取烧酒与苦酒各一半，密封酿制一个月左右即成。在酿制套缸酒时可以加入适量的冰糖，酿成的酒便更加甘甜。套缸酒的度数介于米酒和苦酒之间，高于米酒，但低于苦酒，口感较好，是侗民们招待客人的常用酒。

上堡侗寨内，几乎家家户户都有吃腌熏类食品的习惯，如若招待客人，总少不了用腌熏食品做几道菜，比如各种腌菜以及腊鱼腊肉等。常见的腌菜有腌肉、腌鱼、腌鸭、腌蛋、腌萝卜、腌豆角等。做腌菜需要一些坛子罐子，这是上堡侗寨家家必备的厨房用具。腌制肉类食品时，先用盐和米酒涂抹肉体，再将辣椒、姜、蒜等配料和肉分层放入坛子，放一层配料放一层肉，最后密封储存。腌肉类食品，腌得越久味道越香。尤其是腌鱼，一般能存放很久，甚至传说有人做的腌鱼存放了一辈子，即在一个人出生时做了腌鱼，等到此人去世时才吃。上堡村凡是丧事宴席，腌鱼是必备菜品，因此，到去世的人家吊唁烧香也被称为"呷腌鱼"。腊肉类食品的制作与其他腌制类食品相比，多了一道程序，需要用火熏干。具体做法是先将鲜肉用盐浸渍一两天，然后悬挂在火塘上方用烟火熏干，一般会从年前的腊八前后一直熏到来年的三四月份。如果保管得当，可以吃到下一个腊八节。

制作和食用各种干菜，也是上堡村民的饮食习俗之一。村内有足够的地方种植蔬菜，所以，每到蔬菜成熟之际，便是供大于求之时。为了方便长时间储存蔬菜，等到蔬菜缺乏的季节食用，人们会将短期内吃不完的蔬菜制成干菜存放。

生活中较为常见的干菜有梅干菜、干蕨菜、干豆角、干盐菜、干萝卜以及干笋等。干菜的一般做法是，先将新鲜蔬菜洗干净焯水，然后在太阳下充分晒干即可（图4－13，图4－14）。其中，灌辣椒也是上堡的一道特色菜。常规做法是先把辣椒用水煮过，把藠头、韭菜、紫苏、米粉（在上堡，一般每家每户都会打些米粉，晒干以后收着，平时可以做粑粑吃。米粉容易回潮，所以经常需要拿出来晒晒。）等塞进辣椒腹内，然后拿到室外晒干（图4－15，图4－16）。等到吃的时候，用油煎炸即可食用。为了使辣椒更加松脆可口，在油炸的时候，通常会在辣椒壁上钻几个洞，这样充分浸油之后，更入味些。

图4－13　晾晒

图4－14　晾晒

图4-15　制作灌辣椒

图4-16　晾晒灌辣椒

喜庆饮食，通常包括红喜、白喜、寿宴、建屋上梁、新居完工等饮食活动。侗族人习惯把一些值得纪念的生活事件称为红喜，因此，日常生活中每个人一生都会经历很多场红喜。从表现形式来看，红喜一般都会设宴庆贺，来表达人们的各种美好祝愿。

三朝酒。首先是侗族妇女刚生完孩子的前两天，主人要煮一碗甜酒蛋给第一个进门的生人（即侗族人所说的"踩生客"）吃。然后在产妇生完孩子三天以后，村寨内的亲戚邻里都会主动送去一只鸡或者一些鸡蛋到产妇家里道喜，这时主人便会煮甜酒蛋给前来贺喜的人吃，以表示感谢。在新生儿满月之前，主人还要选择吉日邀请亲戚、邻里、朋友到家里喝喜庆酒，酒席从十几桌到几十桌不等。这一天，前去吃三朝酒的亲戚朋友一般会带些酸鱼、肉、鸡、糯米、甜酒、鸡蛋或者一些送给小孩的衣服等。宴席的菜肴数量必须是偶数，通常是12或者16碗，鸡、鸭、鱼、肉缺一不可。吃完酒席以后，主人会为客人们准备回篮的物品，一般是一包糯米、一包酸鱼或者酸肉、一包糖。三朝酒结束，亲戚、邻里便都知道了新生儿的名字，从此以后人们不再对孩子父亲直呼其名，而是称呼其为"某某父亲"。

周岁酒。顾名思义是指孩子满周岁时办酒庆贺。去吃周岁酒的客人中，有很多人会送小孩鞋子，象征着孩子满周岁可以走路了，同时是祝愿孩子以后的人生路上一帆风顺。此外，还有客人会送些大米，即"添粮"，祝贺孩子成为家族中不可或缺的一分子。周岁酒的时候，客人进屋要喝油茶。油茶是用侗家大饼茶、糯米饭以及炒黄豆或者炒猪肝粉肠一起制作而成的，是独特的民族美食，既充饥又解渴。

婚嫁酒。分为定亲酒、接亲酒和出嫁酒。定亲的时候，男方叫"送篮"，女方叫"吃篮"。所谓"送篮"，是说男方要邀请家族内的长者或者平日里关系要好的兄弟，一起挑着礼品去女方家里定亲。礼品一般包括一二十斤大米、三四只鸡、三四只鸭、一二十斤鱼、一二十斤肉、一二十斤米酒、两条香烟、四五斤糖果以及油盐酱醋和一些小菜等。这一天，男方去"送篮"的人要亲自下厨煮饭做菜，而女方只需要负责邀请亲戚前来"吃篮"。接亲酒通常是在定亲酒过后的一两个月内操办。接亲酒的规模较大，每桌宴席上至少有十几道菜，荤素搭配，极为丰盛。接亲酒席忌讳使用豆腐做菜，因为按照侗族习俗是在老人过世的时候要吃豆腐酒，所以喜庆的接亲酒席中，人们都会避开豆腐。接亲酒是从中午一直操办到晚上的，晚宴后人们开始闹新房。闹新房的时候要喝糖豆茶，吃糖果瓜子等。出嫁酒是在定亲酒和接亲酒之间，主要由女方负责操办的。女方邀请亲戚、邻里前来参加宴席，在正式嫁进男方家之前表达难舍难分之情。

2. 岁时节日民俗

【春节】每年从腊八节开始，一直到元宵节，这段日子里，上堡侗寨的人们都在为过年忙碌着。过完腊八节，人们便开始杀猪宰鸡、酿米酒、打糍粑等。然后到腊月二十三这一天，要送灶神。备好供品把灶神送回天府，到年三十再接回来。灶神本是汉族民间祭祀的神灵，但是随着少数民族文化与汉民族文化的不断渗透、融合，上堡的村民们也将灶神视为了保护神。传说灶神会在农历腊月二十三至除夕之间到天府去禀告善恶，人们通过祭灶神来表达祛邪、避灾等各种美好的愿望。除夕吃年庚饭之前，要先敬祖先，饭后守岁，等待在新年交接之时，抢先开门放鞭炮。然后从初一开始拜年。

【除夕封井】侗族人认为大年初一就开始从井里打水是很不吉利的事情，所以，在除夕这一天，家家户户都会把自家的水缸水桶装满水，备够未来三天的水。待水缸水桶都装满水以后，人们便会用一个竹筛将水井口盖住，并在竹筛上贴红纸，红纸上写有吉利的祝福语。随后，村民会在水井边烧香，同时供奉刀头糍粑等祭品，这种仪式被侗民们称为"封井"。

【二月二蓑衣节】在民间，人们有句古语："二月二，龙抬头。"家里有小孩的，习惯在这一天给孩子剃头，象征一切美好的开始。而在上堡侗寨，这一天是蓑衣节，村民们要喝蓑衣酒。从气候上来说，农历的二月初二以后，会迎来雨季，大地回暖，万物复苏。这个时候，一年的农事即将拉开帷幕，预示着村民们要披上蓑衣带上斗笠，去田地里干农活了。过蓑衣节，人们首先会祭祀神灵，以祈求神灵保佑人口平安、六畜兴旺、五谷丰登等。整个祭祀仪式一般是由家里较为年长的长辈主持，地点设在自家的堂屋门口。祭祀仪式开始之前，人们先在供桌上摆放刀头、糍粑、米酒以及水果等祭品，然后上三炷香，再烧纸钱、放鞭炮，继而念口诀请各路神灵前来享用，并向神灵表达各种诉求。祭祀仪式之后，会举行家族聚餐，表示结束了农闲，人们都要开始为春耕忙碌了。聚餐的酒席是相当丰盛的，席间晚辈们要敬酒祝福长辈们，并向长辈们报告自己接下来的打算。而长辈们则是对晚辈们提出要求和希望，提醒大家过了蓑衣节就要打足精神开始农耕了，呼吁大家要齐心协力争取好收成。此外，农历的二月初二以后，一直冬眠中的蛇、虫逐渐开始苏醒了。所以，在蓑衣节这一天，人们还要"封蛇口"，以免在下地务农的时候被蛇咬伤。封蛇口，要用到一种东西，叫黄蒿糍粑。黄蒿，俗称鼠曲草，也被称为清明香、佛耳草、追骨风、绒毛草、菠菠草、白头草等。具有止咳平喘、除风祛湿以及降血压等功效，外用还可以治疗跌打损伤或是毒蛇咬伤。制作黄蒿糍粑，要将新鲜的黄蒿洗净切碎，再混合糯米做成团子，然后用箬叶包裹起来，蒸熟即可食用。但是在吃黄蒿糍粑之前，必须先敬奉祖先、神灵，再用一个糍粑堵住石磨眼，便象征封了蛇口。人们在田地里干农活，便不担心被蛇咬了。

【清明节】清明节这天，儿孙们要备好酒、肉、糍粑等，到老祖坟和新祖坟前焚香烧纸、祭祀祖先，谓之扫墓、挂坟或是挂青等。一般会为祖坟添新坟顶，然后在坟顶上挂纸幡，还有的会在祖坟周围栽种新树苗。未来若是树苗生长得很旺盛，人们会认为是祖先显灵，能够很好地庇佑后世子孙成才。清明祭祖，是人们与祖先交流、表达诉求的好时机。给祖先烧纸钱的同时，儿孙们一般会给祖先报告最近家里新发生的事情，然后祈求祖先保佑家人。此外，村民们会在清明节前后采集艾叶，切碎之后冷冻收藏，用于制作艾叶粑粑，也叫蒿子粑粑。如果保存得当，这些新鲜的艾叶可以一直冷冻收藏一年以上。

【四月八姑娘节】这主要是一个苗族节日，因为上堡村内除了侗族以外，还有部分苗族人，所以这一天也就成了大家共同庆祝的节日。四月八姑娘节，又被称为黑饭节、乌饭节，是苗族人用黑米饭祭祖的日子。所谓的黑米饭，是将杨峒木的叶子捣出汁，用汁液浸煮糯米制成的。关于姑娘节的来历，苗族流传有这样一个传说：古时候有一位飞山峒蛮女英雄，名叫杨黎娘。她有一个哥哥是因为反抗官府的镇压，起义失败被关进了广西柳州境内的大牢里，官府宣布秋后便会将其处斩。杨黎娘为救兄长到处奔波，在去探监的时候得知，兄长的双脚被钉上重重的铁链,且每次的牢饭都被狱卒或是其他的囚犯抢去,已经全身无力、反抗不得了。哥哥说,若是能吃上一顿家乡杨峒的乌米饭,便能恢复神力了。杨黎娘听了以后,立马回去准备做乌米饭。做乌米饭需要杨峒叶,此叶有轻身健体、耐饥祛湿等功效。为了加大杨峒叶的效用,杨黎娘召集了众姐妹,围着杨峒树虔诚地唱歌跳舞,同时还脱下衣裙给杨峒树披红挂彩以增加杨峒树叶的神力。直到大家都筋疲力尽了,杨黎娘这才收起被大家歌舞献祭请到的杨峒树叶,回家为兄长做乌米饭。杨黎娘装好乌米饭,将两把柳叶刀藏在乌米饭下面,前去探监。狱卒们看到黑黑的米饭,怕饭内有毒,都不敢再抢去吃了。于是,杨黎娘的哥哥终于吃了一顿饱饭,很快恢复了神力,挣断了铁链。兄妹二人一起抽出柳叶刀,杀出了大牢。随后,杨黎娘冲上城头,射出一支响箭,事先埋伏在外的人看到信号,一起杀了过来,打得官兵落荒而逃。后来,人们为了纪念这位女英雄,便把这一天定为姑娘节,乌米饭也就成了姑娘节必备的美食。关于姑娘节的传说,还有一种说法是:被关在大牢里的是宋朝大将杨文广,送乌米饭救他的是胞妹杨金花,故事情节大致相同,也是兄妹二人在四月八日这一天杀出柳州城。后人定下姑娘节以作纪念。

【端午节】端午节的时候,人们习惯用艾草驱虫辟邪。艾草有很好的抗菌作用,它有一种独特的香味,这种香味可以驱蚊虫。人们认为,端午节临近夏至,正是蛇、蝎、蜈蚣、壁虎、蟾蜍等出没之季,因此,需要在端午节当天驱虫辟邪。一般做法是在室外挂上艾草,并用艾叶煮水洒于房前屋后,一方面被认为可以辟邪,另一方面确实有驱逐蚊虫的功效。为了加大驱虫功效,除了艾叶,还有人会采集菖蒲与大蒜同用。艾草、菖蒲和大蒜,被人们称为"端午三友"。有小孩的家里,会把菖蒲根截成小段,用线串连起来,给小孩子戴在脖子上和手腕上。也有人家是直接将菖蒲缝入布袋子,给小孩装在衣服口袋里。这些做法也都是为了避免毒虫邪物等靠近孩子。在饮食方面,端午节不可或缺的美食是粽子,几乎家家户户都会自己动手包粽子。

【六月六】农历的六月初六,田地里的稻谷已经灌浆成熟,在这一天,上堡侗寨的村民们会在田头烧香敬土地,感谢田头土地对稻谷的看护。同时,人们还会祈求田头土地在接下来的日子里,看管好老鼠等各种动物,以免成熟的稻谷被偷吃。在田头摆好祭祀用的供品以后,人要离开,等待土地神前来享用供品。在敬完土地神以后,村民们还会扎草龙,然后到田间地头舞草龙。整个过程由巫师导引,舞草龙的时候敲锣打鼓,热闹非凡,目的是驱虫避害、喜迎丰收。当然，感谢完土地神以后，人们不忘感谢祖先。家家户户都会用自己的方式来祭祖，最主要的祭品一般是糯米饭或是糯米糍粑。还有一些村民，是取来即将成熟的稻穗，去壳以后磨成浆，用来煮饭，然后用这样的"新米饭"来祭祀祖先。苗族人的家里，在用新米饭祭家先的同时，还要装一碗新米饭给狗吃。

【中元节】农历的七月十五，俗称鬼节，人们在中元节之前都会祭祀亡灵，也称为"接祖"。一般从七月初十左右，上堡村的人们就会开始准备接祖了。户主带儿孙们一起，准备好祭祀用的供品，到户外烧纸接祖先亡灵回家。把祖先接回家以后，要一日三餐敬奉，开餐之前祖先先吃，还要按规矩敬茶、敬酒。祖先在家期间，每顿的饭菜都是比较丰盛的，有款待祖先之意。有些户主会请来道士作法以慰藉亡灵，提前写好最新的家谱，在道士作法的时候烧给祖先看。还有人家会用彩纸剪裁衣服、搭建房子、制作生活用品等模具，在祭祖的时候烧掉，希望祖先在另一个世界里过得舒适一些。所有仪式举行完以后，在七月十五之前，儿孙们要将祖先亡灵引至户外，送亡灵归阴。

【中秋节】这是一个典型的全家团聚的传统节日，因为时间处在秋季的中期而得名。因为中秋节的主要活动都是与"月"有关的，所以又被称为月节、月夕等。中秋节，与古时人们对月的崇拜情结密切相关。人们相信月亮中是有月神存在的，在过节的时候，一般会上香敬月神。此外，因为八月十五的月亮分外圆满、明亮，象征着团圆，所以，一直以来人们是把中秋节当作团圆节来过的，这个节日也都会更加热闹一些。家中如有未归的游子，在此时也就倍感凄凉了。在中秋这一天人们都有吃月饼的习俗，月饼作为该节日特有的美食，寄托着人们对美好生活的热爱和向往。明代的《西湖游览志余》有云："八月十五谓中秋，民间以月饼相送，取团圆之意。"因此，既然被赋予了团圆吉祥之意，中秋月饼也就非食不可了。

【冬月吃冬节】每年冬至前后，上堡的村民们都要热热闹闹地过"冬节"。吃冬节会延续好几天，在这段时间里，村子里要挨家挨户地轮流请客，谁家的客人最多，这家的主人会越高兴，预示着这一家将会人兴财旺。冬至前后，人们还要忙着准备冬至茶、冬至肉。村民们一致认为冬至节采摘的茶叶最入味，拿来做油茶是最好的。吃冬节的时候，村子里一定会有人杀猪，然后宴请村里的人一起吃冬至肉。杀猪之前，首先要敬猪栏土地。主人备好三根香，三杯茶，一沓纸钱，一根蜡烛。然后在猪栏门前一边焚香烧纸、放鞭炮，一边念经给猪超度。杀猪的时候，杀口不能正对着太阳，否则会被认为是犯煞，是很不吉利的事情。而且杀猪要一刀到位，复刀也是不吉利的。待人们将猪肉分割、清理完毕之后，要开始敬神。需要准备一斤左右的新鲜猪肉，把猪尾插到猪嘴里面，再用三根香、三杯酒、一升米、一对蜡烛和一套纸钱，鸣炮敬祖先。敬过祖先之后，主人要把猪尾放到锅里煮熟，把煮熟的猪尾拿到猪栏门前去回敬猪栏土地，同时也要焚香烧纸、放鞭炮。至此，杀猪过程算是完整结束了。主家开始摆宴席招呼亲戚、邻里吃冬至肉。

【打铜钱】①打铜钱(又叫打花棍、铜钱舞)，是自编自演、即兴发挥的音乐舞蹈。以两人或多人手握"铜钱棍"载歌载舞，舞时棍中铜钱碰击声响亮，舞者节奏分明、热情欢快、动作干练。

逢年过节，上堡、大团侗寨民间艺人自发组织，走村串户打铜钱，演变成现在的铜钱舞。如结婚寿诞、开工剪彩、开业庆典、乔迁新居、红白喜事等，都邀请打铜钱表演者进行表演。打铜钱，融音乐舞蹈于一体，是一种简朴、精练、形象、快活的本土文化。主要以祝福歌、四季歌、劝世歌为主要内容。

【逗春牛】②"牛"是侗人心中的"农神"。为祈求"农神"庇佑年年风调雨顺，五谷丰登，团寨四时清泰，人丁兴旺，上堡侗寨要祭祀"农神"。在迎春仪式上(以前是当年正月初一后立春才逗春牛，现在有所改变)，由两人扮春牛，其中一人拱戴牛头，一人拱戴牛身。牛头、牛角是用竹篾扎成的，用纸糊好，涂上颜色。牛尾是用棕扎成的，看上去活灵活现。另有掌犁人、送春牛的、叫化子、满姑娘、送饭的婆婆、"蚌壳仙子"(以前都是男扮女妆)、打渔郎、提鸟笼的后生、乌龟等数人相拥。他们随着音乐(铜锣、铜钹、鼓)走团串户。团团寨寨各家各户都摆香案、放鞭炮迎接"春牛"的到来。春牛每到一处，先选一空场地做舞台，进行"逗春牛"中的表演。掌犁人既是舞蹈的配角又是表演的实际指挥者，他一扬鞭，表演便进入高潮。"春牛"便逗耍开来。"送春牛的"挂白胡子，手提筛子，上放黄历、春牛(用萝卜雕的)，演唱二十四节气。其他配角如"叫化子"(脸上涂锅墨黑)手打快板，调戏"满姑娘""蚌壳仙子"，"送饭的婆婆"手提瓜碗保护"她们"，"提鸟笼的后生"在旁边讨好卖乖，打渔郎撒网捕鱼，乌龟吊上渔网

---

① 参见绥宁县侗寨遗产地文化研究与保护组于2014年编写的《上堡·大团侗寨文化遗产资料汇编》。

② 参见绥宁县侗寨遗产地文化研究与保护组于2014年编写的《上堡·大团侗寨文化遗产资料汇编》。

……场面诙谐、热闹。团团寨寨的围观者都为之雀跃，场面十分火热。每年春节，团团寨寨的苗男侗女积极参与这一活动，如果谁不愿意参与这一活动，凡是小伙子，就会被人们认为是不讨人喜欢的人，凡是姑娘，就会被人们认为是嫁不出去的女人。

"逗春牛"相关乐器、道具、服装

乐器：铜锣、铜钹、牛皮鼓。

道具：掌犁人——木犁一架、牛鞭一根。

　　　叫花子——拐棍一根，烂碗一个。

　　　送饭婆婆——小手帕一条，棕蒲扇一把，筛子一个，瓜蒌做的饭碗一个。

　　　满姑娘——竹篮一个，镰刀一把。

　　　蚌壳仙子——蚌壳一副。

　　　乌龟——龟壳一副。

　　　打渔郎——网一副，竹篾鱼篓一个。

　　　提鸟笼后生——鸟笼一个。

　　　送春牛的——竹筛子一个，黄历一本，萝卜雕的春牛一个。

服装：扮牛人——用竹篾扎纸糊牛头，一个牛头见方二尺五，牛角二尺（两个牛角），用青布制作牛衣一件，长约六尺，棕做牛尾巴一条，长约二尺。

　　　掌犁人——蓑衣一件，头戴斗笠一顶。

　　　送饭婆婆——青色大襟一件，便裤一套，黑纱巾一条，头饰红花一朵。

　　　叫化子——破旧青布衣一件或破蓑衣一件。

　　　提鸟笼后生——右衽无领衣一件。

　　　打渔郎——对襟短衣一件。

　　　送春牛的——大头巾一条。

　　　满姑娘——紫色布便衣便裤一套。

4.2　礼仪习俗

1. 生育习俗①

【求子】结婚生子，在侗族看来是人生极其自然的事，如果婚后一段时间没

---

① 绥宁县侗寨遗产地文化研究与保护组于2014年编写的《上堡·大团侗寨文化遗产资料汇编》。

有孕育的迹象或没有生育男孩,就要舞龙灯求嗣,祈求龙王送子。

舞龙头者还要念诵贺词,如:

> 龙头现出五彩光,普降吉祥;
> 酬还心愿,百世吉昌。
> 天赐贵子,光前裕后万年长。

又如:

> 主东心诚,有求必应,
> 开花结果,和善德福满门。
> 龙贺过后,天降麒麟,
> 耐烦引大,有了伢崽又添孙,
> 千秋万代百事兴。

除了舞龙求嗣外,还有请师摆设香案求嗣,架桥求子等。

同样要吟诵垒词:

> 送子公公自天来,抱个纳曼(侗话,即男孩)好人才,
> 眉清目秀,体胖心乖,
> 送与东君为子,喜从天降笑颜开。
> 香案摆到喜融融,仙人来到你家中;
> 你求嗣得子,要凤有凤。
> 来年生贵子,生的是相公;
> 玉女下凡来,拣得河东金凤神喜人欢乐,
> 承先启后,万代子孙繁荣。

架桥求子时,必请有子有女的"福人"踩桥。"福人"赐贺:

> 一步踩桥头,稳如四山丘,
> 麒麟从天降,簪缨拜冕旒。
> 二步踩桥腰,熊罴降天朝;
> 易养得成人,长大起风毛。
> 三步踩桥尾,十全大美喜;
> 读书中状元,富贵发无比。

妇女怀孕后,一般不再从事较繁重的劳动生产,仅力所能及地做些家务和轻微的田间地头劳动,家人在生活上也给予适当的照顾。孕妇在行动上有了一些禁忌和约束,如在家里忌进堂屋,以免触犯神灵;忌食葱、蒜和牛羊肉,意在

防止婴儿日后狐臭；忌站在劈柴人面前，防止胎儿破相。家有孕妇，忌在附近动土、丢笨重物体，意为防止震动胎儿，造成流产或堕胎；孕妇外出时，要躲避正在做酒、打豆腐的人家，等等。

【接生】十月怀胎，一朝分娩。侗族妇女多在家中临盆生产，民间没有专门的接生婆，一般由上了年纪且有生育经验、手脚灵巧又乐于助人，家中没有什么病痛之人，又有儿有女的有福之妇女接生，这些人有的还懂得一点草医。侗族人切忌男人接生，就连产妇丈夫也不让进房间。当婴儿胎盘下地后，接生婆将其拿到房子的中柱旁边挖坑埋下，因此，小孩长大成人后，无论走到天涯海角，这座房子永远是他(她)的胞衣地。

婴儿出生后，将婴儿用自织的家织布包裹起来，外面再用稻草捆上三道，一般要捆 3～5 天。

【踩生】侗族人家生小孩后，第一个进屋或经过屋檐下的人，叫"踩生"。一般产妇家忌生人进门，故有在产房门窗上挂草标或橙子的做法，称之为辟邪，并禁止生人入户，橙叶谐音"成人"，有祝福新生儿吉祥、易养成人之意。门窗所挂东西，也是生男或生女的标志，如吊放一字形辣椒是男孩的标志，有小男孩的阳具是"辣椒种"一说；吊十字形草标放鸡蛋壳是为女孩的标志。若不慎进产妇家，一般妇女不太受欢迎，如是有儿有女、有吃有穿，聪明健壮者则受欢迎和热情招待。

【报生】婴儿出生的第二天，主家要派专人到外公外婆家去报生。报生时需带一只大公鸡，因为公鸡吃米头朝天，鸣叫时头朝天，司晨司暮，掌管一天的十二时辰，带它去报信，表示慎重、准确、无戏言。外婆要请来房族寨邻人吃饭，以便邀约半个月后同去姑娘家打三朝。

【洗三朝】小孩出生后的第三个早晨那天，要举行洗浴礼，设宴待客。洗浴时，用艾叶等煎水，在盆内摆上升子，用一块布包些米罩在升子底下，婴儿坐在升子上洗浴。主家房族寨邻、至亲好友和外婆，要来吃三早晨，外婆和舅姑姐妹等至亲要带来米和鸡，以示对产妇的关爱，其他只需拿上升把米或十来只鸡蛋就可以了。吃三早晨时，定下打三朝的日期，一般是小孩出生半个月的前后几天。

【打三朝】侗族生育习俗中，最注重的就是"打三朝"。"打三朝"的这天，杀猪宰鸡，大宴宾客。清晨，主家要请族中两名老妇为婴儿洗身换衣，抱婴儿到产房外，然后在堂屋设案备酒祭祀天地、祖先，祈求得其保佑，祝福婴儿健康成长。这天，主家要派四个年轻后生接外婆，因为外婆会送很多礼物，包括米担子、甜酒担子、鸡笼子，还有棉被棉絮背带、盖衾、衣帽鞋袜等。

外婆一行来到寨口，早就有人到路口迎接，唱起迎亲歌：

主：黄道天开风云会，日时吉良正是蓬门汤饼期；

　　一家亲来百家义，三亲六眷今日动驾来得齐。

客：天开黄道正吉良，主东门庭日丽风和喜弄璋；

　　嘎婆有话不会讲，人穷志短空手来看外孙郎。

主：嘎婆恩情深似海，春风送暖万紫千红百花开；

　　天降金童嘎婆爱，不辞风霜千里奔上寒门来。

客：玉燕投怀谁不爱，仙风缥缈金童临凡下金街；

　　宏门义路花结彩，嘎婆舅妈我们齐奔贵府来。

边唱边把客迎进主家。

待得外婆看望外孙后，请吃甜酒油茶，休息一会，宾主入席，气氛更加热烈，主客双方讲起了劝酒词：

主：时逢甘霖，苗从根生；

　　祖宗庇荫，喜添人丁。

　　筵开汤饼，嘎婆光临。

　　我一不忘恩，二不忘情，

　　端杯淡酒，请饮个清。

客：嘎婆家贫，布冇多有一寸，

　　送件汗衣，缺欠褛衾；

　　送个帽子，冇巴点银。

　　礼品轻，冇上半斤。

　　女放高门，没把脸争。

　　金杯四对，美酒一樽，

　　招扶周到，多谢盛情；

　　茶，我领受，酒，留给外孙。

　　酒像山中井水，六月天干舀不尽。

如此你讲我答，你谦我夸，一顿饭要用上两个时辰。

饭后，还要摆糖果花生、茶水饮料、合桌唱歌，"打三朝"视农活忙闲，要聚上二至三天。

【坐月】妇女生育后一般要休息一个月，俗称"坐月"。月内产妇不干重活，三天后仅做些家务活，多食鸡、蛋、肉，少食辛辣之物，忌食糊饭，未满月时，不能外出串门，不能攀援高物，要穿戴宽松的衣服，头包帕，脚穿鞋袜。

【满月】婴儿满月这天，由祖母（如祖母已故，可由祖父或父亲代替。）背着小孩在院中敲着"响篙"（一种吓赶禽雀的竹制器具），称为"撵麻雀"，锻炼小孩胆量。

【剃头发】小孩满三个月后，要请外公或大舅来给小孩剃第一次头发。

端水：

  金盆打水白花花，洗胎儿头发，

  去污除秽，头皮光滑。

擦头：

  帕子两面花，沾水把头擦；

  擦去疮疤，黄发变青发。

剃头：

  剃刀白如银，小巧又轻；

  剃过三刀交与你，（外公将剃刀递给生娘）

  长的头发乌青。

（生娘接过剃刀，抱儿坐在板凳上）：

  板凳三尺三，如同紫金山；

  千秋稳固，坐着安然。

（剃完，给婴儿戴帽）：

  帽子圆圆，花绣两边；

  左边金花艳，右边银花鲜，

  金花艳，银花鲜，

  花开预兆中状元。

更衣：

  衣服奇巧，贴身紧腰，

  冬暖夏凉，赛过龙袍。

换裤：

  裤子新裁，十人九爱；

  穿起脚步快，跳上金阶。

套袜：

> 袜子弯弯，不是一般；
>
> 保暖防寒，子笑母喜欢。

穿鞋：

> 一双布鞋，青面白底，
>
> 贵人穿起，一步当十走千里。
>
> 踩泥出黄金，踩岩现白玉，
>
> 人生路上，滔滔福禧。

【取名】小孩取名，除由祖辈、父辈取名外，多请教书先生或有声望之人取名，希望将名字取好，达到孩子长命富贵、易养成人的目的。有的人家还要请命理先生给小孩推算生辰八字，根据命中所犯和所欠，从金、木、水、火、土等意义的字中选择作名和字，以补所欠和解所犯。

【周岁】小孩满周岁，同样要杀猪宰鸡宴请宾客。这天，还要给小孩"剃头""开斋（荤）""抓周"等。剃头是请外公剃头，剃发时，要在后脑或头顶囟门上留一点头发，有不忘"母舅"之意，也是为了保护囟门。

开斋是由一位儿孙周全、身康体健、能吃有"口福"的长者将一小脔肉蒸熟，喂少许给小孩，意为小孩从此要像那位长者一样有"口福"。开斋还要吟诵开斋吉语：

> 吉年吉月生，八字根稳；
>
> 寿高才广，人人尊敬。
>
> 东家请，西家迎，
>
> 鱼肉美酒，海味山珍，
>
> 样样能吃，口福均匀。
>
> 百无禁忌，禄位高升。
>
> 小儿乖乖，我来开斋；
>
> 无灾无难，四方纳财。
>
> 开个斋，笑逐颜开；
>
> 一年四季康泰，四方衣禄八方财。

周岁"抓周"。抓周那天，先要装香，点灯，烧纸钱，祭拜祖宗、神灵，然后，在堂屋中摆一个大竹簸箕，里面摆放笔、书本、算盘、尺子、食品、酒杯、花朵等，视孩子所抓东西预算其今后的前程、性格、爱好，从而预期一生职业。

【育养】侗族孩子的育养一般顺其自然。孩子出生后如多病多灾，有的就栽种树木，以求消灾；有的则拜干爹干妈(需有儿有女者)，以祈分其福分；还有寄拜给亲友做寄子，托其帮养一段时间，以求富贵和健康；还有的请先生根据其生辰八字，推算崇拜对象。缺木者拜常年葱绿的大古树、缺水者拜水井、缺火者拜铁匠火炉为保爷，其意是让小孩像大树一样挺拔高大，像水井一样永流不竭，像炉火一样旺盛。还有选择岩石为保爷的，必挑高大雄伟的生岩，意为像岩石那样根基稳固，不遭病灾。拜树、拜井、拜炉、拜岩，多在二月初二进行祭献。

在孩子成长的过程中，侗族人十分注重对孩子的道德、礼貌教育和性别教育。孩子刚刚学会认人，就要教他(她)喊老人，尊敬老人；稍懂事，要行拜见外公外婆礼，接受他们的训导。路遇寨人，要根据年龄、性别及与自己关系勤喊人；饭桌上要讲规矩，老人先吃，家中有客人，不要上桌，等等。作为女孩子，从小要勤于做家务，如煮饭、打扫屋子、打猪草、喂猪鸡、带弟妹、做女红等；男孩则要砍柴、劈柴、放牛等。

2. 婚俗

据上堡村的老人们描述，在很早以前，侗族人的婚俗是很特别的。那时候，寨子里有人结婚，酒席一般会操办三到七天。家庭富裕些的，操办的时间久一些。普通家庭一般是办三天酒席。其间，一直有亲朋好友前来祝贺。白天大家一起吃酒席，晚上就喝甜酒油茶，然后一起对歌对舞，通宵达旦，非常热闹。在这三天时间里，新郎新娘是不得同房的。三天酒席过后，男方要把新娘送回娘家，同时还要送些猪肉、米酒、糍粑等给亲家。待三年之后，到下种、收获的季节，才会派人到女方家里接新娘回来，此时方可同房。但是一般住三个晚上就又要把新娘送回去。男女以这样的方式见面，直到女方怀有身孕以后，才能长久落户夫家。这种相对自由的男女关系，在某种程度上可以说是母系社会向父系社会过渡的习俗遗存。

古时，侗族人还有一种婚俗叫作"偷日子"，是指彼此中意的男女双方，在结婚之前都不告诉父母，二人选定日子结婚。在那一天，新郎会叫上几个朋友趁半夜偷偷跑到女方家里接新娘。新娘则提前准备好衣服包裹等，等待新郎以暗号接应。女子被接回男方家以后，新郎把事先准备的一对竹钉钉到自家堂屋的柱子上，然后唱着："我俩成亲好像竹钉钉进柱子里，男成女配永不分离不枉一世爱。"男方家里人至此算是承认了这门婚事，第二天会请人去女方家里报信，女方的父母这才得知女儿已嫁人。新郎新娘三天以后回门，男方会给亲家送去酒肉，宴请女方的亲戚们到新郎家里喝喜酒。按照规矩，酒席过后，新娘会随父母回家，一直等到三年以后才可以到男方家居住。

　　侗族旧时有抢亲风俗，即女方不送亲，而是等待男方派人来抢亲。被男方派来的抢亲人，一般是身强力壮的年轻小伙子。一路上不能点灯，不准大声说话，要悄无声息地潜入女方所在的村寨中。女方这边，则是有很多姑娘们提前准备好桃枝、竹片等秘密武器，埋伏起来准备抽打前来抢亲的人。被姑娘们追着打的抢亲人是不能还手的，只能尽快寻找他们所要抢走的新娘。新娘一般会躲藏起来，直到抢亲的人已被追打得招架不住，新娘再故意被捉住。被捉住的新娘还要费力反抗一番，姑娘们也会要争着抢回新娘。如此几个回合之后，新娘子才能被带走。在走出女方村寨之前，新娘必须由抢亲的人背着走，出了寨子以后，才可以自己走。放下新娘以后，迎亲的队伍才可以点亮灯笼火把，一起簇拥着新娘走向男方家里。

　　在侗族人的旧观念里，并不认为男女逃婚是很丢脸的事情。按照旧传统，姑娘家一生下来就注定是要嫁到舅家去的，也就是当地人所说的"舅家要娶回娘女"。而这种族规在很多时候是存在弊端的，若是男女双方彼此间不中意，结婚以后自然过得不安宁。这种时候，女方可以选择逃婚。姑娘在逃婚之前，一般是有了意中人，双方约定好之后，一起离家出走。男方在发现姑娘逃婚之后，自然会到女方家里大吵大闹，女方则安抚男方，承诺尽快把女儿找回来。但一般是没有太多实际行动的，过几天之后，若是女儿还没有回来，女方家里人便到男方家里赔礼道歉了事。姑娘逃婚之后，等到生了孩子，会送礼物回家认外公外婆。父母得知女儿都已经有了孩子，便什么都不计较了，派人把女儿、女婿和孩子接回来，默认了他们的亲事。舅家见状也就不好再逼婚，只能就此作罢，不再追究了。

　　上述那些旧时婚俗，真实地展现出很长一段历史时期内侗族人的生活状态。现在的婚嫁程序相对简单一些，主要有相亲、认亲、提亲、送亲、拜堂、婚宴等程序。①

　　①相亲。在侗族，青年男女社交自由，他们通过"玩山"或"玩山赶坳"等形式唱歌谈心，寻找恋人。有了自己心仪的人，就开始谈婚论嫁。首先是男方父

---

① 绥宁县侗寨遗产地文化研究与保护组于 2014 年编写的《上堡·大团侗寨文化遗产资料汇编》。

母找媒婆拿上糖果到女方家说亲，如女方家收下糖果说明女方家基本同意这门亲事。这样媒婆则选定日子，通知男女双方见面认亲。一般时间是逢赶集，在集市某餐馆，由男方订上一桌酒菜，等待女方家人的到来。如果女方同意就餐，便可以谈论亲事。如双方基本满意，男方必须给女方礼金，必须给女方来者人手一个红包，且红包金额必须是双数。女方接了包，就算初步确定亲事。

②认亲。女方家必须到男方家登门了解。了解后男方家到女方家认亲。认亲时需带认亲礼品，女方家亲朋按户数每户1份，礼品包括：肉1块（2斤左右）、酒1瓶、糖2包、粉丝1包、红包1个。男方还要给女方红包，购买衣服、鞋子。

③提亲。提亲首先由男方家请先生看一个嫁娶的好日子，将嫁娶好日子拿到女方家另请先生更正，如日子无问题就按男方定的日期同意提亲。然后由媒婆向男方家提出提亲所需要的东西。一般情况，简单化就封彩礼，彩礼多少视男方家经济情况而定。然后由女方家为女儿购买礼物，在迎亲的日子一起带到男方家。以前是抬轿子，现在汽车取代了传统的轿子。

④送亲。男方到女方家迎亲时，来两个男孩提着马灯和一根小竹子，上面扎上一条红布和一条青布，这叫打彩。另外来两个女人为桥夫，带上一把雨伞，等新娘子出嫁时，女人打着红伞扶着新娘子。出嫁的姑娘由其兄弟背到自家的堂屋正头给先祖烧纸敬神。新娘家的家人在此给新娘子发红包，女方家父母亲告诉新娘到婆家如何孝顺公婆、爱护丈夫、友爱兄弟姊妹等做人做事的道理。此时此刻男方迎亲人员在一边放炮、装女方家的行李。安排好后正式发亲。

⑤迎亲。发亲快到男方家屋门口时，男方家在外摆上一张四方桌迎接新人的到来。这叫作摆果杯接亲。桌上摆猪头1个，雨伞1把，杯子6个，茶壶2把，一边站一个男人倒茶，另有两个男人迎接。（在摆果杯前还有一个先生拿着1只公鸡、烧上纸为新娘格邪。）等新娘到男方大门口时又有两个女人拿着茶壶和1个格筛放上一张红纸要新娘踩过，而后引新娘入房。到男方家后就招待女方送亲客就餐。菜谱大致为：鸡、鸭、鱼、猪脚、扣肉（或米粉肉）、牛肉、鸡脚（或鸭脚）、花菜、三鲜汤、丝肉、酸菜、全鸡蛋等12道菜。等送亲客吃饭后，男方新娘各要打发送亲客每人一个红包。等送亲客走后，男方开始准备拜堂仪式。

⑥拜堂。在拜堂仪式上，堂屋正头放一张四方桌，摆上一个猪头，一升大米，米上放一个红包、插上两只大红烛、三根香、烧一套红纸钱。

婚礼主持人主持：

新婚典礼开始。升新婚之炮，奏新婚之乐。请媒人到礼堂就坐。请父母大人就坐。引新郎、新娘进入华堂，进行拜堂。一拜天地，二拜高堂，夫妻对拜。而后请各位长辈训话并打发红包给新郎新娘。然后引新郎新娘入洞房。

　　⑦婚宴。拜堂结束，婚宴开始。婚宴菜谱如前食俗中的红喜食俗。婚宴过程中新娘要给席上各位亲朋好友倒上一杯茶，客人吃茶后必须在杯中放上若干钱币，以示感谢，叫作"茶水钱"。

　　3.丧葬习俗①

　　首先，在病危时，其家人亲属悉数到场，老人临终前将老人抬到堂屋正中，拿一把椅子扶老人坐好，另拿一个斗装满稻谷，放在椅子前面，让老人的脚踩在斗里的谷子上。谷子为金黄色，意为先人脚踏粮米黄金羽化登仙。还要插一把小秤在斗里，秤为公平，意为逝者对待晚辈生人的庇护保佑一视同仁，不偏不倚。其亲人守着老人咽气。同时拿烧纸3.3斤在老人咽气时烧掉，纸灰装袋随老人葬于墓坑内。之所以是3.3斤，意为三为众，但愿先人在阴间钱粮有余，不要受苦受难。

　　老人死后，其孝子要拿香3根、1对蜡烛和钱纸到小江或小河边点香焚纸敬神，然后打水给老人洗澡。打水时筒勺从水流方向从上至下打水，共打三筒勺即可，在屋外坪里架三个砖（或岩）把水烧好。

　　之后就给死去的老人洗澡。洗澡讲究前三后四，即前面洗三下，后面洗四下。然后穿寿衣，一般是穿7～9件单衣服。穿好后才能将老人放入柳床。柳床是用三块木板嵌放一起，上面垫一块6尺长的白布（称兜尸布），死者身盖寿被，上面还要盖一张钱纸，脚头一边放一块砖将死者的脚固定。事毕，燃放鞭炮告知老人已经去世。之后在死者脚头点灯，再装香、点烛、烧纸钱，摆放供品以敬逝者。

　　接下来，逝者家族长者召集孝家商议老人后事如何安排。首先选出总管和执客师，总管通常1人，执客师可多可少，视情况而定。然后将总管、执客师召集在一起商议全程丧事安排。

　　第一步：确定地理先生。

　　第二步：丧事人员安排和分工：总管1人、执客师3～4人、地理先生1人、

------

① 丧葬的过程参见绥宁县侗寨遗产地文化研究与保护组于2017年编写的《上堡·大团侗寨文化遗产资料汇编》。

礼生1~2人、炒菜、切菜、煮饭、泡茶、跑堂、洗碗、洗菜、上酒、备柴火、担水、打杂、乐师、打斋粑、道师、证明人、打井各若干人、扶柩24人(最多32人)。

第三步：计划丧事来的客亲。

第四步：计划丧事食俗安排。

白喜通常是，操办丧事人员在孝家开餐5~7餐不等，开餐亦分正餐和平餐。正餐通常设亡者发柩日的早餐或午餐。菜谱：鸡、鸭、鱼、猪脚、扣肉(或米粉肉)、牛肉、鸡脚(或鸭脚)、花菜、三鲜汤、丝肉、酸菜、豆腐等，其中，豆腐每餐都要有。

第五步：丧葬事项：

发柩前一个晚上道师入场开路引七，念经做道场。

礼生进行告祖、成服、辞灵等仪式。

(1)告祖

告祖礼一般在本族祠堂举行，也可在自家堂屋家先牌前举行。

首先装香、点蜡、焚纸。

礼生念：

  先王之礼，体值森严，孝堂肃静，听行告祖之言。

  孝子就位，鸣炮……奏大乐……

  孝子惟位，在先祖前行四伏四升大礼……

礼生念：

  于历代先祖考、祖尊而行献礼。

  初献礼……亚献礼……三献礼

每次献礼将摆设的各种祭礼各献一次，祭品为香、烛、冥财、酒、菜、水、坤、斋、果品等。

三献礼毕。听读告文。

  ×年×月×日，嗣孩等昭告于悲泪何时×氏门中，历昭穆先祖之灵前，祖德维昭，永赐无疆之福，孙林福禄，陵行测之忧，孙等罪孽深重，不殒严祸延……

  严父(慈母)不幸于×年×月×日寿终寝就日殡敛停柩在堂，呜呼！鞠育恩深，捐躯莫植，悲深权木，血泪投滋。谨日今晨礼奉公文，斩哀三载举行家礼，略表孝心。谨择于×年×月×日始×时发行，×日告终，安葬于×山之阴。既遵佛法以超身一，更佛文公而祭奠，来敬来赏，情弥增泪，奠酒香茶用伸昭告。

文毕，化财。

孝子退位，并满堂谢孝。

告祖完毕。

（2）成服礼

礼生念：

先王之礼，体值森严，凡百君子，慎勿哗喧。

一执鼓，一鸣金。

天地之大，吾道独尊，尊祖成服礼教忧存。

二执鼓，二鸣金。

丧与共易，宁威而质，孝子静听，泣泪涟涟。

三执鼓，三鸣金。

孝子就位。

鸣炮……奏大乐……

乐止。

孝子在×××老大人灵位前三鞠躬。

细乐长更。

孝子在灵前行四伏四升之礼，而后初献之礼，将灵前供品各献一次，礼献已毕，孝子听读告文。

痛惟我父（母）长往太虚，不获少留，实其之故，资当成服，用宣告请，彩衣变成哀丝，甘子化成毒脯，天地（为父、为母）也竟至以肝肠寸裂，号泣悲呼。

孝子大哭深哀，哀止……执丈，升，由东阶而上。就位，跪，伏丈……

孝子于×××老大（孺）人灵位前而行初献礼。此时将灵前东西各献一次，第一次为初献，此礼毕，升，平身，由西阶而下。阶止，伏位，跪，伏丈……

俯伏听读蓼莪首章。文曰：

蓼蓼者莪非莪伊嵩，哀哀父（母）兮生我够劳。

孝子举哀，哀止，听读薤露词……（细乐长更。）

薤上露，何日晞，露晞明日又后移。登仙界，赴瑶池，我爹（娘）回转在何时，堂前丢下儿和女，悲泪何时，悲泪何时……

歌毕，指颡……孝子举哀。哀止。执丈，升由东阶而行，行阶，阶止。伏位，跪，伏丈，连续伏、升三次，然后孝子于×××老大（孺）人之灵位前行亚献礼，同样将灵前果品各献一次。亚献礼毕，升，平身，由西阶而下，阶止。伏位，跪，伏丈。

俯伏听读蓼莪二章。文曰：

蓼蓼者莪，非我伊蔚，哀哀父（母）兮生我劳瘁。

孝子举哀……听读。

薤上露，何日干，露干明朝又复还。

辞东去，往西天，我爹（娘）一去冇复还。

而今阴阳成两隔，泪泣涟涟泣涟涟。

歌毕，执丈，升，平身，由东阶而上，升阶，阶止，跪，升……

孝子在×××老大（孺）人之灵位前行三献礼，同样，将灵前果品各献一次，三献礼毕，执丈，升，由西阶而下，拜止，伏位，跪，升，连续三次。

俯伏听读蓼莪三章。

父（母）兮生我，父（母）兮鞠我，长我育我，顾我养我，欲报之德，昊天冈极。

孝子举哀——哀止，听说薤露歌。

薤上露，何日逍，露逍明日又生潮。

陈葵奠，把灵招，阴阳永隔路遥遥。

堂前离下儿孙辈，号泪器器泪滔滔。

歌毕，孝子大哭三声。

礼成退位，孝子满堂谢孝，尽哀。鸣炮……奏大乐……

（3）喊客礼

在发柩前进行。

①寿礼。

礼生喊：先头之礼，体值森严，凡百君子，慎勿哗喧。执鼓，吹乐。

孝子就位。鸣炮，奏大乐……

孝子在×××老大（孺）人之灵位前鞠躬、指颡、跪、升……

听读挽歌一首。

大限到，没奈何，我爹（娘）一去见阎罗，劝爹（娘）长落凡间来，莫在凡间久蹉跎。

孝子在×××老大（孺）人之灵位前鞠躬、指颡、跪、升……

听读挽歌二首。

当大事，好伤心，如今父（母）隔阴阳，

劝爹(娘)吃杯逍遥酒,逍遥快乐上天堂。

孝子在×××老大(孺)人之灵位前鞠躬、指额、跪、升……

听读挽歌三首。

三献礼,祭灵堂,我爹(娘)一去赴西方,

劝爹(娘)丢落家中事,莫把孩儿挂心上。

歌毕,孝子大哭三声。

礼成退位,孝子谢孝。

鸣炮,奏大乐……

②喊客礼。

首先喊孝子舅父。

礼生喊:

孝堂肃静,行祭客奠,执事者各执其事。

吾族愚生才疏学浅,不敢擅越从事,敬请旧台高亲礼生大驾来临指教,深使厚礼,祭奠灵前,孝家放炮欢迎。

此时舅父礼生开始到场行礼……

舅父礼生:

某年岁庚,贵府尊亲,甥家不幸,严父(慈母)仙升,舅父闻讯立奔考门,奠礼薄消,略表人心,粗布祭帐,丑陋尊亲。本人愚者,代上场行,喊错之处,敬请贵府高明礼生指教批评。

奠礼开始,听我分明,堂前奠礼,孝堂肃静,执事者各执其事,鸣炮……奏大乐……

乐止,主祭者就位。这时孝家礼生叫孝子同跪灵前。

哀时吉日,吉日良辰,姑爷(母)逝世,内侄烧香,主祭者在姑父(母)灵前行三鞠躬,然后四伏四升进行献礼,共三次。

每次将灵前果品各献一次,献后每次读烧香歌一段。

第一段:初献冥香泪涟涟,报恩报情在今辰。

灵前之酒空奠献,洒泪何曾到九泉。

一杯酒来泪汪汪,双脚跪在灵位旁。

双手举杯来敬酒,冇见姑爷(母)亲口尝。

第二段:亚献宝香泪如泉,一切恩情报不完。

姑爷(母)今日登仙界,魂飞魄散入九泉。

二杯酒不泪淋淋，双脚跪在灵位城。

双手举杯来敬酒，有见姑爷(母)亲口吞。

第三段：三献信香泪滔滔，报恩报德在今朝。

姑爷(母)今日仙游去，西方路上永逍遥。

三杯酒来泪莫干，双脚跪在灵位前。

从前美酒杯杯吃，今日三杯有来尝。

三献礼和第三段读完后，主祭者听读祭文和敬献花圈。礼成，退位。鸣炮，奏大乐。孝子下跪谢舅父等亲朋。

接下来请有关客亲在灵前烧香、献礼等。

诸事完毕。

(4)辞灵

礼生念辞灵歌词：

呜呼！我备兮形神溧沥，家奠告也，叔炷青蚨？烧。呜呼，哀哉！此告已了，听读辞灵歌。

呜呼，哀哉，哀哉，我父(母)一去冇回来，

而今冇得重相见，血泪汪汪报其哀。

伤心哉，俺的爹(娘)，今日灵柩在中堂，

俺爹(娘)只得登仙去，堂前儿女泪汪汪。

伤心哉，俺的爹(娘)，八大金刚站两旁，

如今父(母)子分离别，孝男孝女断肝肠。

歌毕，礼成退位，孝子满堂谢孝。鸣炮，奏大乐。

现在请道师开始发柩，其八大金刚站在"木头"两边，等道师发柩。

(5)埋葬

侗族都盛行土葬。死者不逢吉时不能埋葬，故有停柩待葬之俗。入棺后将棺木架于墓地之棚内，一年后再择吉时下葬。对非正常死亡者(如自缢死、溺水死、孕妇死等)则用火化而不立墓。亡者不满18岁或未满36岁无子女者，均不能入葬祖坟墓地。小孩死亡，多用木皮或凉席卷包埋葬。

(6)服孝

给祖父母、父母亲、伯父母、叔叔婶婶服孝时间为3个月，妻子给丈夫服孝时间较长。服孝期内，全家不得参加结婚典礼，男不娶，女不嫁，不从事娱乐活动，不出远门。

4.3 侗款

侗款，是侗族社会历史不断发展的产物，它通过各种款词对侗族内部的家庭、社会生活等进行多方面的约束。侗款由全体款民以及款民代表共同商议后生效。侗款一旦形成，款民们会自觉遵守并相互监督实施，不需要其他强制力量。

"款"，被视为侗族社会所特有的民间自治组织，有款首和一般款民之分。所谓款首，就是头领，一般是由村寨中较为年长、德高望重又读过书的人担任。款首有两项最基本的职责，一是宣传讲解款约、款规，组织好讲款、开款活动。开款就是在农闲时候，把全村人召集在一起，宣讲款词，提醒大家务必遵守。如若有人违背了款词内容，款首就要组织宣判大会，即"开款"。开款的时候，由全体款民们一起讨论并制定对违反款约之人的处罚方式。款首的第二个职责是组织大家立款。社会是不断发展的，旧的款约随着时间的推移，必定会有很多不足之处。这时候就需要款首出面，催促大家一起修改过时的款约，增加新的内容，也就是"立款"。立款，是需要全民参与的，款首要综合集体的意见，继而制定出新的款规。从一定程度上来讲，侗款具有原始氏族公社和部落联盟的性质。各类严厉且极富权威性的"款约"，有效地约束着侗民们的行为，促使人们遵章守纪、讲究礼节。

《中国少数民族文化大辞典》将侗款解释为：侗族古代村寨之间以军事防御和武装保卫共同利益为目的的部落军事联盟组织。其加盟村寨共同制定法规，称"款"或"款约"，是对外御敌、对内保持团结，维持治安秩序和维系社会道德的根本大法，最著名的款约称作《六面阴六面阳》（即《六条重罪六条轻罪》），一般一寨为一小款，或分区片划款，数十寨为一大款。各款首领称"款首"。遇有特殊的重大事件可联款，曾多达数百寨，合几万款众，但各款之间的约束和联系均不紧密，无常设机构和执行机关。因侗族过去无文字，款约采用诗歌形式加以传诵。款的产生年代，史无记载，有的认为约产生于原始氏族社会晚期，由部落发展到部落联盟时，有的认为可以推断到私有制社会确立时期。目前尚难确定。款制度从明代逐渐衰弱，但在侗族腹地，它的实际作用一直延续到清末民国初。款组织现已消亡。款词作为文学形式保存了下来，多为汉字记侗音本，今尚存的是湖南通道县流源本。①

很显然，《中国少数民族文化大辞典》的解释是不够准确的，或者说是不够全面的。侗款作为侗族社会至高无上的自然法，直到现在，在侗民心目中，都是约定俗成的行为准则。上堡侗寨内，就至今仍保留有制定款约并严格遵守的做法。比如最新的约法款（图4-17）：

①寨内树木不得砍伐，砍伐树木一株须补栽十株。娶亲生子做寿者，要栽种树木一棵。

②尊老爱幼，和睦邻里。不得打架斗殴、押宝抽大烟、偷盗财物，违者罚打更半年。男女伤风败俗者，驱赶出寨。

③私人住房一天一小扫，一场一大扫。破坏寨子干净的，扫寨子一个月。

④管好自家牲畜，牲畜破坏庄稼的，秋收后要赔偿稻谷。

⑤金銮殿、忠勇祠、鼓楼、拴马树、萨坛、门楼、风雨桥、护林碑等古物，不得乱画乱刻，不得随意烧火，不得乱堆杂物。凡损毁古物者，要负责修复。

⑥要小心火烛，柴草不得入户，睡觉前须熄灭明火。造成房屋失火殃及他人的"火头"，要用一头牛、一头猪、十只鸡请全寨人吃饭。

⑦拜萨大会、寨老会各户均需参加，缺会一次缴白米两升、香油一斤。

⑧以上款约希寨民共同遵守。

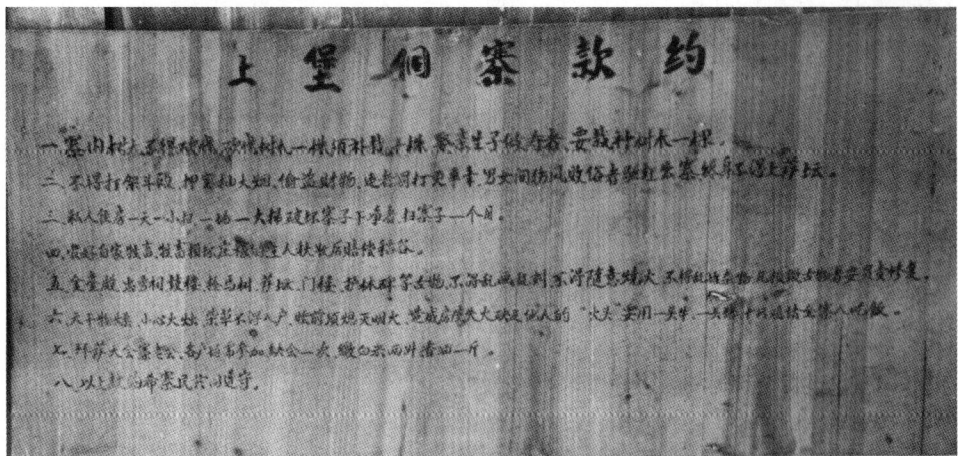

图4-17 上堡款约

①　铁木尔·达瓦买提.中国少数民族文化大辞典·西南地区卷[M].北京：民族出版社，1998：150-151.

第5章
精神信仰

5.1 概述

本章的精神信仰，就其实质而言主要就是通常所说的"民间信仰"，它作为一种普遍的民间文化现象，一直都是民族学、人类学、宗教学、民俗学、社会学等多种学科关注的焦点。《辞海》对"民间信仰"是这样定义的："民间流行的对某种精神观念、某种有形物体信奉敬仰的心理和行为。包括民间普遍的俗信以至一般的迷信。它不像宗教信仰有明确的传人、严格的教义、严密的组织等，也不像宗教信仰更多地强调自我修行，它的思想基础主要是万物有灵论，故信奉的对象较为庞杂，所体现的主要是唯心主义，但也含有唯物主义和科学的成分，特别是民间流行的天地日月等自然信仰。"①《中国民间信仰风俗辞典》则将"民间信仰"定义为："民间存在的对某种精神体、某种宗教的信奉和尊重。它包括原始宗教在民间的传承、人为宗教在民间的渗透、民间普遍的俗信以至一般的迷信。它有以下特征：①自发性；②功利性；③神秘性；④民族性、区域性；⑤散漫性。它既主要为唯心主义的，但也有的含有唯物的和科学的成分；它还与人为宗教相互渗透，相互影响，呈现出复杂的情况。"②日本平凡社版的《大百科事典》是这样定义"民间信仰"的："民间信仰是指没有教义、教团组织的，属于地方社会共同体的庶民信仰：它也被称为民俗宗教、民间宗教、民众宗教或传承信仰(世世代代流传下来的信仰)。"③

统观"民间信仰"这一概念，基本上都是与"宗教"相关联的。关于民间信仰与宗教的关系，乌丙安曾在《中国民俗学》中归纳出了民间信仰的十大特征，即十个"没有"：①民间信仰没有像宗教教会、教团那样固定的组织机构；②民间信仰没有像宗教那样特定的至高无上的崇拜对象；③民间信仰没有像宗教那样的创教祖师等最高权威；④民间信仰没有形成任何宗派；⑤民间信仰没有形成完整的、伦理的、哲学的体系；⑥民间信仰没有像宗教那样有专司神职教职的执事人员队伍；⑦民间信仰没有可遵守的像宗教那样的规约或戒律；⑧民间信仰没有像宗教那样特定的法衣法器、仪仗仪礼；⑨民间信仰没有像宗教那样进行

① 辞海编辑委员会.辞海[M].上海：上海辞书出版社，1989：5120.
② 王景琳，徐匋.中国民间信仰风俗辞典[M].北京：中国文联出版公司，1997：11 – 12.
③ 朱海滨.中国最重要的宗教传统：民间信仰[M]//复旦大学文史研究院."民间"何在谁之"信仰".北京：中华书局，2009：45 – 46.

活动的固定场所，如寺庙宫观和教堂；⑩民间信仰者在日常生活中没有像宗教信徒那样的自觉的宗教意识。① 乌丙安认为，民间信仰作为一种"过去式"的、古老信仰的遗存，它可以继续和一些人为宗教比如佛教和道教保持一定的联系，但绝不可能发展为人为宗教。王铭铭认为民间信仰是一种民间宗教，内容包括"流行在中国一般民众尤其是农民中间的①神、祖先、鬼的信仰；②庙祭、年度祭祀和生命周期的仪式；③血源性的家族和地域性庙宇的仪式组织；④世界观和宇宙观的象征体系"②。而李亦园则认为可以把民间信仰看作是与"制度化宗教"相对应的"普化宗教"。李亦园所指的"普化宗教"是指"一个民族的宗教信仰并没有系统的教义，也没有成册的经典，更没有严格的教会组织，而且信仰的内容经常是与一般日常生活相混合，而没有明显的区分。"③

因此，我们在这里谈论"精神信仰"也必然会涉及到与宗教的关系问题，只不过这里需要重点论述的却是属于底层普通民众的民间宗教信仰。众所周知，杨庆堃曾把宗教分为制度性宗教和分散性宗教。"制度性宗教在神学观中被看作是一种宗教生活体系。它包括①独立地关于世界和人类事物的神学观或宇宙观的解释，②一种包含象征（神、灵魂和他们的形象）和仪式的独立崇拜形式，③一种由人组成的独立组织，使神学观简明易解，同时重视仪式性崇拜。借助于独立的概念、仪式和结构，宗教具有了一种独立的社会制度的属性，故而成为制度性的宗教。分散性宗教被理解为：拥有神学理论、崇拜对象及信仰者，于是能十分紧密地渗透进一种或多种的世俗制度中，从而成为世俗制度的观念、仪式和结构的一部分。"④如果按照杨庆堃的划分，我们认为像佛、道这样的"制度性宗教"在村落之中是处于相对弱势的地位的，而占据村民生活主导和中心地位的应该是形形色色的"分散性宗教"。即便论及存在于村落之中的佛、道信仰，我们往往也会发现它们大多是被村民以自己的方式在对待，有着与官方或正统宗教完全不一样的民间风格。问题的关键还在于，村民的"精神信仰"虽然包含了"宗教"的问题，却不应该只止于一个"宗教"的层面，所以毋宁说本章的处理

---

① 乌丙安.中国民俗学[M].沈阳：辽宁大学出版社，1985：242－245.

② 王铭铭.社会人类学与中国研究[M].北京：北京三联书店，1997：156.

③ 李亦园.宗教与神话[M].桂林：广西师范大学出版社，2004：116.

④ 杨庆堃.中国社会中的宗教：宗教的现代社会功能与其历史因素之研究[M].范丽珠，等译.上海：上海人民出版社，2007：268－269.

方式是将"宗教"包含在"信仰"之中的。

学界一般认为,民间信仰与制度性宗教相比,最主要的区别是前者没有系统化的仪式、经典、组织以及宗教领袖等,但其实随着民间信仰的发展与变迁,在一定的地区或某些族群内,有不少信仰已经逐渐形成了特定的程式仪轨。比如祭祖仪式、丧葬仪式等,这些仪式内容在一定的范围内还是有具体程式的。

传统村落中精神信仰所涉及的领域从村民的生、婚、病、死等各个环节,到衣、食、住、行等各个方面,乃至日常劳动和言谈话语之间,无不都是精神信仰发挥作用的场所。按照人类学家罗伯特·雷得菲尔德提出的"大、小传统"文化观,乡村信仰乃属于"小传统"文化范畴。然而乡下农民社群所拥有的"小传统文化"却对整个社会的发展意义重大。乡村信仰文化作为"小传统文化"的重要代表,是我们了解民众生活状况、观察民众行为思想最直接有效的途径。民间的信仰和崇拜多种多样,比如说"祖先崇拜",它很可能是存在于村落之中影响范围最大、分布地域最广的一种民间信仰。其次,民间信仰还包括"自然崇拜""图腾崇拜""生殖崇拜""神灵崇拜""偶像崇拜"等在内的各种崇拜。此外,民间信仰还包括村民所俗信的"风水""禁忌"等内容。前文曾提及,论及村民的精神信仰不应只囿于"宗教"层面,还应该包括一些非宗教的信仰,比如生活当中人们相信各种预兆,遵循各种婚俗禁忌、生育禁忌、丧葬禁忌、饮食禁忌、语言禁忌等。

我们要探讨上堡古村人们的精神信仰,自然不能回避其产生的根源问题。首先,村民对未知的恐惧和对外力的依赖是一个重要根源,许多民间信仰就产生于村民对信仰对象的恐惧。长期以来,人们一直过着自给自足的生活,自原始社会流传至今的灵魂观念甚至还左右着人们的思想。在"万物有灵"的观念基础上,人们对大自然及未知的一切有着强烈的依赖和畏惧心理,他们把现实生活中的天、地、日、月、星和风雨雷电、山川海河以及动植物等自然现象和自然物通通视为崇拜的对象,认为这些自然现象和自然物都是有灵魂的,都是由特定的神灵在掌控。人们自知无法驾驭自然,所以更加畏惧祸患的降临,认为可以通过虔诚的崇拜、祭祀来讨好和感动主宰自然的各路神灵,以此消除灾祸。此外,生活中总有一些非人力可为的或者说不可控的事情或因素,人们在感受生活艰难、力不从心的同时,也将希望寄托于神灵,祈求神灵庇护。这种对外力的依赖也使得灵魂观念在起作用,人们因无力改变现状便塑造出很多神灵,祈求不同职能的神灵来改变命运。其次,精神信仰的产生还根源于人们内在的精神需求。人们的信仰可以说是现实需求的心理折射。随着人们需求的不断增加，人们的精神信仰也日趋多元化、细微化，需要不同的神祇来协助人们解决问题，经过塑造的任何神灵都能满足信仰者一种或者多种需求。所以，归根结底，人们内在的精神需求是多神崇拜的主要动因。再次，人们的祈福避祸心理也是精神信仰产生的根源之一。祈福避祸永远是朴实民众最大的愿望，人们通过祈祷和奉献祭品祭拜各种各样的神灵，无非都是期望神灵能够帮助他们解决一些现世的问题，从而获福避祸。这种带有实用性和功利性的人、神关系是传统村落中精神信仰的显著特征。祈福避祸心理同时还是生活中各种禁忌产生的主要原因，人们通过遵循各种约定成俗的规矩来趋吉避凶。

最后，还值得一提的是对传统村落中村民精神信仰的态度问题。岳永逸在《民众信仰的阴面与阳面》中曾提出这样的疑问：

医院有了，赤脚医生都服务到每家每户了，但人们还是要向神灵求子，向神灵求平安吉祥；种地机械化、科技化了，但人们还是会在旱年向龙王求雨；电视、报纸、图书馆都进村了，但无论冬夏，老头老太太还是喜欢围绕神灵唱诵歌谣、宝卷。究竟真的是民众愚昧无知？还是我们这些自视为民众'救星'的他者出了差错？[①]

我们认为，许多民间信仰确实往往会与迷信相混杂，似乎在某种程度上阻碍了现代文明的进步，但是对于生活在传统村落中的村民来说，这些民间信仰在他们的生活中无疑还是发挥了一定的积极作用。传统村落中的精神信仰一直都是丰富多元的，有着悠久的历史渊源和深厚的社会基础，任何一种信仰现象我们都不能简单地去评说它的利与弊。从积极的一面来说，民间信仰除了能够反映出村民群体性的价值观念和集体认同意识之外，这些精神信仰作为村落文化的重要组成部分又世世代代影响着传统村落中人们的思维方式、价值取向以及行为模式，在心理慰藉（心理调适）、道德教化、族群认同、社会整合（社会控制）及生态保护等方面都起到了很大的作用。从消极的一面来讲，民间信仰往往又具有滞后和保守一类的特点，从而或多或少会影响或阻碍整个社会文明发展的进步。这最主要的体现就是，民间信仰在很大程度上都是以虚幻的神灵信仰为依托的，就难免会有一些不科学的成分掺杂其中。此外，有一些封建礼教渗

---

① 岳永逸.灵验·磕头·传说：民众信仰的阴面与阳面[M].北京：三联书店，2010：255.

透到民间信仰中，这潜移默化地压抑了人的个性。

总而言之，我们对于民间信仰应该有一个理性而客观的态度，应该辩证地分析和对待，在取其精华、去其糟粕的基础上做好传承和发展的工作。

从实地考察可知，上堡村的人们普遍是多神崇拜的。一方面，这种多神信仰可以给村民带来心理上的安全感。现实生活中人们在面对疾病、痛苦、死亡的时候，难免会心生恐惧、失落无助。而当村民有了一定的精神信仰以后，可以通过祭祀、占卜或是简单的居家念经拜神等方式，来减轻他们内心的伤痛与不安，从而获得精神支柱和安全感。另一方面，人们在有了各种精神信仰以后，可以释放内心的积郁。比如在内心极度压抑的情况下，可以向神灵诉说或是忏悔，祈求神灵的宽恕与庇佑。

同时，我们发现，人们在有了精神信仰之后，在社会生活当中会对他们产生教育和行为模塑作用。因为人们有信仰，在他们相信各种"因果论"以及遵循不同禁忌的同时，便规范了个人的言谈举止。很多禁忌和俗信，都是人们长期生活经验的总结，它们涉及传统村落中村民生活的各个方面，有效地规范了大家的行为，从而起到了社会整合或控制的作用。尤其是有很多地方神，都是由见义勇为、扶贫救人的楷模神化而来的，民众祭拜这类神灵，自然会跟着效仿并努力修养自己的德行。而且，多神崇拜也丰富了传统村落中人们的精神文化生活。人们因为有信仰而满足了各种心理需求，寄托美好的愿望，从而调适了世俗生活。

精神信仰，在族群认同和社会整合方面，也有积极的作用。族群认同是指民众对本民族归属的认识及相应的情感依附，这些族群因为有共同的信仰而产生民族向心力和凝聚力。比如少数民族村落中的祭祖仪式，人们因为有共同的祖先崇拜情结而团结成一个整体，又通过集体性的祭祖仪式而强化了这种民族认同感。精神信仰的社会整合功能，主要是指在道德教化之余，民间信仰中的很多禁忌和俗信，都是人们长期生活经验的总结，它们涉及传统村落中村民生活的各个方面，有效地规范了大家的行为，从而起到了社会整合或控制的作用。

从文化传承的意义层面上来讲，传统村落中的精神信仰，作为流行于乡村中间的对某种精神观念或有形物体信奉尊崇的心理和行为，它本身就是属于传统村落文化中"非物质文化"部分的重要内容。一方面，传统村落中人们所信奉的很多观念，都对我国传统文化的传承有着积极的作用。比如日常生活中乡民们的平安健康、人丁兴旺、安居乐业等诉求，都体现出朴实民众生生不息、自立自强的生活态度，在潜移默化中世代传承了我国优秀的传统文化。另一方面，传统村落中的精神信仰，有很多是以神话故事、绘画雕塑或是戏曲舞蹈等作为载体的，有效地保护并传承了传统文化。传统村落中精神信仰有着极为悠久的历史、众多的传承人口以及顽强的生命力，就其属性特征而言，具有多样性、地域性和民族性。因此，作为多元文化相互渗透、融合的产物，传统村落中的精神信仰确实承载、传承了我国的传统文化。

此外，传统村落中人们对各种自然物的崇拜以及人们为了保护大自然约定成俗的各种禁忌，无论是因为敬仰还是恐惧，人们崇拜那些自然物，便不会去伤害它们，这样就很好地促进了人与自然的和谐相处，起到了生态保护的作用。

5.2 自然崇拜

自然崇拜包括对自然物和自然力的崇拜。总体来讲，主要有天体崇拜、天象崇拜和自然物崇拜。生活在上堡的人们，所崇拜的天体神主要是指天神、地神、日神、月神以及星神等，天象神主要有雷神、雨神、风神、云神以及虹神等，自然物崇拜则主要是指火神、水神、山神、石神崇拜以及各种动植物崇拜等。

1. 天体崇拜

在上堡，人们对苍天和天神是很恭敬的。自古以来天空至高无上的空间感令人们可望而不可即，人们发挥自己的想象，幻想出主管天上人间的"天帝"神。人类自远古时代起，便有向苍天祭拜的做法，尊称天神为天公，俗称"老天爷"。在道教中，"天帝"又被演变成"玉皇大帝"。玉皇大帝在民间的地位很高，各地的玉皇庙香火鼎盛。

地神崇拜，是指人们对大地的崇拜，是相对天神而言的。民间常说"天公地母"，天神与地神是密切关联的。人们在无法科学解释自然的时候，纯粹地相信神秘的天和地都有很多层，对天、地产生了质朴的崇拜。后来，人们对地的崇拜逐渐发展为土地神的崇拜。在以农业生产为主的民间，土地神作为一种保护神被人们虔诚地供奉。

日神崇拜，是指人类对太阳这种神秘的发光天体的崇拜，即我们通常所说的太阳神崇拜。《礼记·郊特性》有云："郊之祭也，迎长日之至也，大报天而主日也。"古代在很多地方人们都有朝夕拜日的习俗，是人们对光明和温暖的一种本能的诉求。再后来伴随着农业文明的发展，人们意识到农作物的生长与太阳有着密切的联系，于是对太阳的祭拜又有了新的动因。如《山海经》关于后羿射日传说的记载"逮至尧之时，十日并出，焦禾稼、杀草木，而民无所食"，便是起因于农业抗旱的需求。在我国的很多少数民族地区，都有着太阳神崇拜情结，比如阿昌族、纳西族，他们把太阳神当成很重要的神祇来祭拜，认为太阳神是万物生长的动力。

关于月神，也有很多的神话传说。《山海经·大荒西经》载："有女子方浴月。帝后妻常羲，生月十有二，此始浴之。"因此，在远古时代，人们认为月亮跟太阳一样，不是只有一个，造物之神是造了 12 个月亮的，最后只留下一个用于夜间照明。此外，关于"嫦娥奔月"的神话古今流传，同时也演变出了月宫、月桂及月兔的形象。在传统观念中，因月出黑夜且有圆缺之属性，人们习惯于把新月和满月视为吉祥时刻，逢事会选择在新月和满月时祭拜。农历的八月十五最初便是普遍的祭月日，后来成了重要的中秋节日。

星神崇拜，在民间颇为流行。人们相信星命之说，以星象历法来推算人的命运，于是形成了人们对某些星辰的特殊崇拜。民间流传有这样的说法：地上多少人，对应天上多少星。人们对金、木、水、火、土五星的崇拜源远流长，《淮南子·天文训》载："何谓五星？东方木也，其帝太皞，其佐句芒，执规而治春，其神为岁星，其兽苍龙，其音角，其曰甲乙；南方火也，其帝炎帝，其佐朱明，执衡而治夏，其神为荧惑，其兽朱鸟，其音徵，其曰丙丁；中央土也，其帝黄帝，其佐后土，执绳而治四方，其神为镇星，其兽黄龙，其音宫，其曰戊己；西方金也，其帝少昊，其佐蓐收，执矩而治秋，其神为太白，其兽白虎，其音商，其曰庚辛；北方水也，其帝颛顼，其佐玄冥，执权而治冬，其神为辰星，其兽玄武，其音羽，其曰壬癸。"此外，在一些少数民族地区，星神还被赋予了送子的功用。例如云南的阿昌族，已婚未育的妇女会在繁星闪烁的夜晚，准备一碗清水进行祈祷，然后在次日天亮之前喝下碗里的水，等待孕育。

2. 天象崇拜

上堡村民们所崇拜的天象神中，最典型的是雷神。远古神话中人们把雷神描绘成人头龙身的形象。《山海经·海内东经》载："雷泽中有雷神，龙身而人头，鼓其腹。在吴西。"巨大的雷声是从天上传来的，人们把雷神与飞腾于天的龙结合在一起，敬畏之情油然而生。人们把雷本身巨大的震响声视为天怒的标志，凡遇人或物被雷击，便认为是天罚，于是雷神被人类赋予了惩恶扬名的职能。《论衡·雷虚》有云："世俗以为击折树木、败坏室屋者，天取龙；其杀犯人也，谓之阴过，饮食人以不洁净，天怒击而杀之。隆隆之声，天怒之音，若人之吁吁矣。"现实生活中，雷神除了被赋予惩处恶人的职能之外，还有劝人为善的使命。

雨神崇拜，主要是基于人们在生产和生活当中对雨水的依赖。自古以来，人们都是旱时求雨，涝时求晴，雨晴在现实生活中有着巨大的作用。《诗·小雅·信南山》载："既优既渥，既霑既足，生我百谷。"因为雨水能够使庄稼蓬勃生长，以农耕生活为主的先民们对雨神相当崇拜。据相关文献记载，早在殷商时期就有关于人们向雨神求雨的记载，只是当时尚无明确的神祇名称，而后到西汉，人们开始把赤松子供奉为雨师。至于赤松子的形象，《搜神记》载："赤松子者，神农时雨师也。服冰玉散，以教神农。能入火不烧。至昆仑山，常入西王母石室中，随风雨上下。炎帝少女追之，亦得仙，俱去。至高辛时，复为雨师，游人间。今之雨师本是焉。"《历代神仙通鉴》载："（神农时）川竭山崩，皆成沙碛，连天亦几时不雨，禾黍各处枯槁。有一野人，形窘古怪，言语颠狂，上披草领，下系皮裙，蓬头跣足，指甲长如利爪，遍身黄毛覆盖，手执柳枝，狂歌跳舞，曰：'予号赤松子，留王屋修炼多岁，始随赤真人南游衡岳。真人常化赤色神首飞龙，往来其间，予亦化一赤虬，追蹑于后。朝谒元始众圣，因予能随风雨上下，即命为雨师，主行霖雨'。"至于祭祀雨神的活动，历代皆有。《淮南子》有云："汤之时，七年旱，以身祷于桑林之际，而四海之云凑，千里之雨至。"《诗·小雅·甫田》有云："琴瑟击鼓，以御田祖，以祈甘雨"，都是关于人们求雨神降雨的记载。

据相关文献记载，风神崇拜在商代就已盛行。《甲骨文合集》载："东方曰析，风曰协；南方曰因，风曰凯；西方曰丰，风曰彝；北方曰勹，风曰冽。"其中的四方和四风都是神灵称谓。人们对风的崇拜，归根结底是因为风与万物的生命和人类的生产生活关系密切。《风俗通义·祀典》有云："鼓之以雷霆，润之以风雨，养成万物，有功於人。王者祀以报功也。"风伯，即风神，其职能主要是配合雷神和雨神助万物成长，因此历代君王对风神虔诚祭祀。人们自古通过风辨识季节，《国语·周语上》就记载有太子在和风吹至之时举行亲耕仪式的过程："先时五日，瞽告有协风至，王即斋宫，百官御事，各即其斋三日。王乃淳濯飨醴，及期，郁人荐鬯，牺人荐醴，王裸鬯，飨醴乃行，百吏、庶民毕从。及籍，后稷监之，膳夫、农正陈籍礼，太史赞王，王敬从之。王耕一坺，班三之，庶民终于千亩。其后稷省功，太史监之；司徒省民，太师监之。毕，宰夫陈飨，膳宰监之。膳夫赞王，王歆太牢，班尝之，庶人终食。是日也，瞽帅音官以风土。廪于籍东南，钟而藏之，而时布之于农。稷则遍诚百姓纪农协功，曰：'阴阳分布，震雷出滞。土不备垦，辟在司寇。'乃命其旅曰：'徇。'农师一之，农正再之，后稷三之，司空四之，司徒五之，太保六之，太师七之，太史八之，宗伯九之，王则大徇。耨获亦如之。"综合来讲，风除了利于万物成长以外，还可以向人类传达时间、四季的变化以及气象气温等知识，因此在现实生活中风神备受人们重视。

云神与风伯、雨师、雷公、电母都是神秘自然界的气象神，且相互之间关系密切。屈原的诗篇中有很多关于云神的描述。《楚辞·离骚》有云："吾令丰隆乘云兮，求宓妃之所在。扬云霓之晻蔼兮，鸣玉鸾之啾啾。驾八龙之婉婉兮，载云旗之委蛇。"《九歌·云中君》载："浴兰汤兮沐芳，华采衣兮若英；灵连蜷兮既留，烂昭昭兮未央；蹇将憺兮寿宫，与日月兮齐光；龙驾兮帝服，聊翱游兮周章；灵皇皇兮既降，猋远举兮云中；览冀洲兮有余，横四海兮焉穷；思夫君兮太息，极劳心兮忡忡。"此外，《九歌·湘夫人》中有"九嶷缤兮并迎，灵之来兮如云"；《九歌·大司命》中有"广开兮天门，纷吾乘兮云"；《九歌·少司命》中有"不言兮出不辞，乘回风兮载云旗……夕宿兮帝郊，君谁须兮云之际"；《九歌·东君》中有"驾龙辀兮乘雷，载云旗兮委蛇"。这些记载充分表现出人们对云神的崇尚。与此同时，云神崇拜在现实生活中还体现在云纹的运用方面，云纹常与龙、凤等吉祥纹样组合在一起，象征幸福和谐。

现实生活当中，虹被认为有雌、雄之分，雄虹的颜色较为鲜艳美丽，而雌虹的颜色则偏暗淡，通常被称为"蜺"。《音义》有云："虹双出，色鲜盛者为雄，雄曰虹；闇者为雌，雌曰蜺。"古人认为虹是反常的，是阴阳不和的结果，他们将虹蜺视为淫邪之气。《淮南子·天文训》载："虹蜺彗星者，天之忌也。"蜺，通"霓"，《说文解字》释霓："屈虹，青赤或白色，阴气也。"由此看，先民们对虹是心生敬畏的。民间对虹是有禁忌的，比如不能用手去指虹，《诗·国风·鄘风》中就有相关的记载："蝃蝀在东，莫之敢指。女子有行，远父母兄弟。朝隮于西，崇朝其雨。女子有行，远兄弟父母。"其中"蝃蝀"，即指彩虹。这样的禁忌，归根结底都是因为人们把虹视为不祥之兆。但是人们对虹除了敬畏和忌讳之外，还是有着积极的信仰的。最初的虹神通常是双首龙形象，两龙首下垂，身体弯曲成弧形。民间自古流传有虹神吸河水的传说，因此人们认为虹与雷雨有着密切的关联。此外，因彩虹呈七彩之色，人们习惯以虹喻美人。《异苑》有云："古者有夫妻荒年采食而死，俱化为青虹，故俗呼为美人。"至此，人们的虹崇拜情结又多了一层意蕴。

3. 自然物崇拜

水神崇拜的产生，主要是源于古人对水的恐惧和依赖。水被认为是万物之源、农业命脉，为原始先民提供了生活所需。尤其是进入农耕时代以后，水更是对农业生产起着决定性的作用。但是水在给人类生活带来积极影响的同时，洪水也给人类带来了灾难和恐惧。《孟子·滕文公上》中有载："当尧之时，天下犹未平，洪水横流，泛滥于天下。"据夏曾佑先生叙述，"《尧典》称洪水滔天，浩浩怀山襄陵，则其水之大可知矣。然不详其起于何时，一若起于尧时者。然今案女娲氏时，四极废，九州裂，水浩瀁而不息，于时女娲氏断鳌足以立四极，积炉灰以止淫水。其后共工氏与颛顼争为帝，怒而触不周之山，共工氏振滔洪水，以薄穷桑，江淮流通，四海溟涬，民皆上丘陵，赴树木。似洪水之祸，实起于尧以前，特至尧时，人事进化，始治之耳。考天下各族，述其古事，莫不有洪水。"①伴随着人们对洪水的恐惧和对水的依赖逐渐增强，水神崇拜的信仰应运而生。从《山海经》来看，水神多是动物或是半人半兽的形象。在职能方面，水神被赋予了左右云雨以及助佑战争的作用。《后汉书·左周黄列传》有云："是岁，河南、三辅大旱，五谷灾伤，太子亲自露坐德阳殿东厢请雨，又下司隶、河南祷祀河神、名山、大泽。"由此看，自古以来从统治者到下层民众都是相信水神可以赐予雨水的。

火的利用，可以说是人类文明发展史上极为重要的篇章，是人类认识自然而后利用自然来改善生产生活的最初实践。在原始社会，火作为一种神秘的自然力存在，人类在自觉对火无法预知和控制的情况下，对火是非常恐惧的。刘熙《释名》有载："火，化物也，亦言毁也，物入即皆毁坏也。"因为这种不解和恐惧，人们便开始用尽各种方式对火进行祭拜，以趋吉避凶。后来当火可以为人所用，尤其是人类发明了人工取火以后，火跟人类变得亲近了，人们开始将火神化，进而虔诚地崇拜火神。火神通常被描绘成小儿形象，刘义庆的《幽明录》中有记载："晋义熙五年，彭城刘澄常见鬼。及为左卫司马，与将军巢营廨宇相接。澄夜相就坐小语，见一小儿，赭衣，手把赤帜，团团如芙蓉花。数日，巢大遭火。"

上堡地处山区，村民们对山的各种神秘力量是相当崇拜的。他们相信万物

---

① 夏曾佑.中国古代史［M］.上海：上海人民出版社，2014：23.

有灵，认为"山林川谷丘陵，能出云为风雨，见怪物，皆曰神。"(《礼记·祭法》)。《山海经》中记载有很多的山神形象，如："钟山之神，名曰烛阴，视为昼，眠为夜，吹为冬，呼为夏，不饮，不食，不息，息为风；身长千里，在无启之东，其为物，人面，蛇身，赤色，居钟山下。"(《山海经·海外北经》)。另有屈原《九歌·山鬼》中所祭祀的"山鬼"，也被认为是山神。山神崇拜流传至今，仍有很多地区保留了这种习俗。在上堡，人们经过高山森林的时候是忌讳大声喧哗的，认为大喊大叫会引来不良气象。人们在高山峡谷内还忌讳随地吐痰等不雅行为，认为这些行为是对山神的不敬，会给自身带来灾祸。

石神是重要的自然神之一，石神崇拜最早的表现是人们敬奉那些奇异的巨大的山石，之后人们发现石器有很多功用，石神开始被越来越多的人信奉。从"女娲炼五色石以补苍天"的创世神话中就能感受到古人对神石的崇拜。人们崇拜石神的同时，也赋予石神更多的职能。首先是驱魔辟邪，这一功能是由石块的自然属性决定的。在古人追杀猎物、开荒砍伐的过程中或是在战争时期，石器都是很重要的武器，能够帮助人们消除灾难、达成目的，因此作为主管石块的石神被认为有趋吉避凶之功用。其次，在很多地方，石神还被视为赐子孙、保平安之神，当人们有祈求子嗣或是小儿祛病的诉求时，就会祭拜巨石。上堡的寨门外，就立有一块巨石，上面写着"上堡侗寨"，被视为村寨的保护神。

上堡地区的自然物崇拜，除了前文所述的水、火、山、石崇拜之外，动植物等图腾崇拜也是很重要的内容。图腾是某个族群部落或社会群体甚或个人的象征物，作为图腾的象征物可以是某种动物，或某种植物，或非生物，甚或是某种自然现象。图腾既是区分不同族群的标志，也通常被视为该族群的祖先和保护神。图腾崇拜一般有着特殊的仪式和许多不同的禁忌，图腾崇拜是人类早期的一种宗教信仰形式。图腾崇拜所涉及的图案纹样大多在构图中运用了象征、比拟、寓意和谐音等表现手法，有着深厚的文化和历史内涵。不同民族特定的图腾崇拜一般都有着与该图腾相关的神话传说，有世代相传的开天辟地神话、动植物演变为人的神话以及人与动植物结合繁衍后代的神话等。这些丰富多彩的神话传说世代传承着人类古老的图腾信仰。人们信奉的图腾多种多样，一般来说可以分为非生物图腾崇拜、动物图腾崇拜以及植物图腾崇拜。常见的非生物图腾有工具、人造物、生活用具等，动物图腾有龙、凤、蛇、狼、犬、狮、象、虎、熊、鱼、鸟、青蛙、虫等，植物图腾则有树木、花草、竹、葫芦等。

人类对工具、人造物以及生活用具的崇拜，归根结底是指人们对客观有用物的崇拜。人类自远古时代起，便形成了一切以有用为前提的价值取向，这是各种崇拜的最基本特征。人们崇拜这些"有用物"，其实是对它们的一种信赖，生活当中人们把这些实物当作可以依靠的对象。

龙崇拜(图5-1)，在上堡是很普遍的，这与明代李天保起义有很大关联。他在上堡称帝，自称武烈王。在我国，龙是皇权的象征。因此，自"武烈王"出现，龙图腾便一直是上堡古国的人们所崇拜的对象。现在，仍能在村寨内看到不少龙图腾。比如金銮殿客栈内，整个厅堂都是以龙图腾做装饰的。龙崇拜，一方面是基于人们"炎黄子孙"的认祖归宗观念，如东汉《潜夫论·五德志》有云："有神龙，首出常羊，感妊姒，生赤帝魁隗。身号炎帝，世号神农，代伏羲氏。其德火纪，故为火师而火名……大电绕枢炤野，感符宝，生黄帝轩辕。代炎帝氏。其相龙颜，其德土行，以云纪，故为云师而云名。"人们将炎帝与黄帝的出生与龙联系起来，以"龙的传人"自居。另一方面，龙神崇拜是一种自然神崇拜。龙在阴阳宇宙概念中代表阳，被人们赋予兴云雨、利万物的神性。但在湖南的一些少数民族地区，龙神崇拜有时候是作为氏族图腾与自然神的综合演化物，有着更为丰富的民族文化内涵。如象征祖宗的"旗杆龙""捋须龙"等图腾，都是以龙喻祖，而非皇权。

图5-1　民居内龙图腾

凤崇拜，是人们根据自己的想象创造出来的一种灵物崇拜。《说文解字》有云："凤，神鸟也。"凤纹早在新石器时代就已被用于彩陶的装饰纹样中。传统观念中，凤是吉祥的象征，因此常与花卉之王牡丹一起组成吉祥装饰纹样，如凤穿牡丹、凤啄牡丹，用于表达夫妻和睦、幸福和谐之意。凤纹与龙纹组合在一起，如龙凤呈祥图案则是繁荣昌盛、太平盛世的象征。

人类历史上关于蛇的神话传说有很多种，蛇被认为是富有灵性的，它经过人们的神化和渲染，常以人首蛇身、九头蛇等诸多神灵形象出现。如《神异经·西北荒经》记载有："西北荒有人焉，人面朱发，蛇身人手足，而食五谷禽兽。贪恶愚顽，名曰共工。"共工是有名的水神，《山海经·海内经》云："炎帝之妻，赤水之子听訞生炎居，炎居生节并，节并生戏器，戏器生祝融，祝融降处于江水，生共工。"同时，共工之臣是九首蛇身。《山海经·大荒北经》载："共工之臣，名曰相繇，九首蛇身，自环，食于九土。"除此之外，《山海经》中还记载有很多的蛇神。人类对蛇的崇拜，是从惧怕到敬畏，最终开始崇拜。同时由于蛇有蜕皮宛如新生以及多产多生的属性，使得更多的人为求子而崇拜蛇。

传统村落中的犬崇拜多是起源于盘瓠崇拜。比如在苗族、瑶族以及畲族地区，人们都视盘瓠为始祖。上堡的苗族，也是一样，在每年收获新粮以后，都要先举行"祭犬"仪式。《小方壶斋舆地丛钞》有云："苗人，盘瓠之种也。帝喾高辛氏以盘瓠有歼溪蛮之功，封其地，妻以女，生六男六女，而为诸苗，尽夜郎境多有之。有白苗、花苗、青苗、黑苗、红苗。苗部所衣各别以色，散处山谷，聚而成寨，睚眦杀人，报仇不已。故谚曰：'苗家仇，九世休。'近为熟苗，远为生苗，熟苗劳同牛马，不胜徭役之苦。男子椎髻当前，髻缠锦悦，织布为衣，窍以纳首。妇人以海肥铜铃，结缨络为饰，耳环盈寸，髻簪几尺。以十月朔为大节，岁首祭盘瓠。揉鱼肉于木槽，扣槽群号以为礼。"[①]《评工卷牒》载："瑶人根骨，即系龙犬出身。"

狮子，一直都被视为吉祥、平安的守护神。狮子的图腾崇拜常体现于一些艺术品中，比如石雕或者木雕中，人们会按表现场景需要创造出意形各异、大小不等的各类狮子形象。有高大威猛、神情严肃的，通常是用于镇守宅门、护卫神龛的。在一些官衙庙堂或是豪门巨宅的大门两侧，一般会摆放一对石雕狮子做镇宅之用。还有只保留了狮子基本的体型轮廓，形态模糊一些的雄雌匹配的狮子，会用来放置在婚床的两侧，一般都是左雄右雌，与男左女右的阴阳哲学相

---

① ［清］陆次云. 小方壶斋舆地丛钞（第八帖）：峒溪纤志［M］. 上海：著易堂排印本，光绪辛丑（1891）：55.

应，这表达了人们对繁衍后代的殷切期盼和对婚庆之喜的美好愿望。此外，狮子还是佛教的神灵之兽，有骑狮子的文殊菩萨像被广为供奉。

鱼与人类生活密切相关，论及鱼崇拜文化的根源，首先是因为鱼类有强大的繁殖力。在生活条件恶劣的古代社会，人类一直渴望人丁兴旺。而鱼作为一种极为常见的生物，胚胎发育时间相当短且怀卵量很大，就自然而然成了人类羡慕的对象。所以在传统概念中，人们常以鱼形图案象征多子多孙。在少数民族地区常见有鱼纹装饰的神灵造像，是对鱼的强盛繁殖能力的一种生殖崇拜，都是基于人们有着繁殖氏族人丁的强烈愿望。其次，鱼还被赋予司雨水的职能。《帝王世系》有载："黄帝出游洛水之上，见大鱼，杀五牲以醮之，天乃甚雨。"《述异记》曰："关中有金鱼神，云周平王二年，十旬不雨，遣祭天神，俄而生涌泉，鱼跃出而降雨。"从中我们可以看出古人对能司雨水的鱼神是有崇拜情结的。此外，"鱼"是"余"的谐音，生活当中人们以鱼形图案来表达年年有余的美好期望。上堡的村民们在节庆之时所做的剪纸窗花中，鱼几乎是不可或缺的组成元素。比如精美的"莲年有鱼"年画，以莲花和鱼作为主要纹样，被赋予"连年有余"之意，很好地体现了人们对美好生活的祝愿。

在我国，鸟崇拜有悠久的历史。《诗经·商颂·玄鸟》云："天命玄鸟，降而生商，宅殷土芒芒。"这种"玄鸟生商"之说是殷人鸢鸟图腾崇拜的体现。上堡的建筑上，有多处鸟图腾装饰，比如在鼓楼的每一层屋檐上都有惟妙惟肖的鸟堆塑，共同构成"飞檐翼角"的独特造型（图5-2）。这种鸟图腾的运用一方面是因为飞鸟的形象衬托建筑可以更好地达到耸立向天空的升腾感，另一方面是因为传说侗族人的先祖是生活在雁鹅村的，侗族人相信在人死后，他们的魂魄只有回归雁鹅村才算圆满轮回。所以侗族人在日常生活中都敬鸟、爱鸟，在一些重要的建筑物以及服饰上会有鸟图腾。

现实生活中树木崇拜的对象，多是生活当中常见的枫树、榕树、樟树、桐树以及杉树等。被不同的民族奉为神树的树种也各不相同，一般来说，苗族信仰枫树；壮族崇拜榕树和木棉树；土家族信奉水杉；侗族信仰香樟树、银杏树、杉树以及枫树；而仡佬族则是崇拜桐树。

不同的树种崇拜，跟各个民族的历史文化背景密切相关。比如苗族古歌《枫木歌》中就有关于枫树化生万物的叙唱，苗民世代传诵着枫树心是苗族始祖蝴蝶妈妈的诞生地，"枫树砍倒了，变作千百样；树根变泥鳅，住在泥水里；树桩变铜鼓，大家围着跳；树身生疙瘩，变成猫头鹰；树梢变姬宇，一身绣花衣；树干

图 5 - 2　鼓楼一角

生妹榜，树心变妹留；这个妹榜留，姜央的蝶娘；古时老妈妈，我们的祖妣"。
因为苗民认为自己的始祖源于枫木，所以对枫木十分敬重，称枫木为妈妈树。
日常生活当中，他们建屋之前先栽枫树，认为只有树活了才适合人居，然后盖房
子的中柱也会选枫木，认为房屋的中柱是祖先安身之处，因此必须选择枫木，以
保佑家族兴旺。

　　侗族中的神树崇拜包括香樟树、银杏树、杉树、枫树等。湘西南地区的侗
族，普遍有杉树崇拜情结。他们把杉树视为民族图腾，一直保留有祭杉树的习
俗。在正月初一这一天，人们在给祖先和长辈拜年之后，就全家一起给杉树敬
酒敬饭，也就是敬"年庚饭"。而且在有子女出生的时候，家人要在山上种杉树，
寓意杉树陪孩子一起长大成才，因此这种缘由种下的杉树也被称为"十八杉"。
但是，湘西南上堡村的侗族却是崇拜青钱柳树（图 5 - 3）。在当地，青钱柳被称
为"摇钱树"。人们每逢节庆或是遇见生婚病死等大事的时候，总会去祭拜村口

的古树青钱柳。那棵树，被村民们视为神树。有人生了孩子，要在古树上面写名字，认古树为干爹，祈求古树保佑小儿长命富贵。如果新生儿夜哭不止，家里人会在古树上贴红纸，写上"天皇皇，地皇皇，我家有个哭口郎，过路君子念一遍，一夜睡到大天亮"。每逢农历的初一和十五，村落中有诉求的人们都会去上香祭拜古树。个人如有急事，等不到初一、十五，也可以随时去求树神。

图 5-3　古青钱柳

5.3　神灵崇拜

1. 萨崇拜

在上堡的辕门北侧，有一保存较好的萨坛（图 5-4）。圆形的萨坛，围绕着一棵有 500 多年历史的古青钱柳树，是人们举行祭萨活动的主要场所。萨坛由土石堆砌而成，是现今侗族村寨内最普遍的传统萨坛造型。坛内的青钱柳树，被村内的老人亲切地称为祖母树。

"萨"，是指祖母，也就是父之母。侗语中的萨，是没有母之母的含义的。母之母，侗语是称"deel"。"萨"跟"deel"分别代表着父系氏族和母系氏族，二者是泾渭分明的。萨，既然代表了父系氏族，那么就不仅是指己父之母，也包含有伯父、叔父之母。也就是说，凡是父辈之母，皆可泛称为萨。后来，随着人们祖先意识和宗教意识的逐渐增强，先前只代表"父辈"之母的萨，逐渐演变为祖先

图 5-4　萨坛

神、女性神的代表。种类涉及各种始祖神、祖先神、自然神、动物神、天神、英雄神等，这些神祇，被人们赋予不同的职能。但是统观这些被侗民们称为萨的神祇，还是有一定的共同点的。其一，人们认为萨是创始祖，大家都是萨的后裔。其二，认为萨是生育神，享有至高无上的权威。其三，认为萨神具有驱邪避凶、保护村寨的职能。其四，认为萨可以左右人们的生死祸福。

在上堡，关于萨神职能的传说，人们基本上都可以讲上几句。比如，传说在很久以前土匪横行的时期，人们为了躲避土匪的祸害，就用稻草捆扎了很多个稻草人，然后给这些稻草人穿上妇女的衣服，用稻草人象征萨。再在每个稻草人身上都挂上一盏灯笼。当知道土匪要来的时候，提前把这些挂着灯笼、穿着女性服装的稻草人摆放在寨子的四周，然后彼此安慰，说萨神在保佑着他们的村子。半夜里土匪前来抢劫的时候，村民们把灯笼点亮。土匪看到有那么多妇女的身影，慌忙挥刀射箭，却不见有人倒下，加上土匪也是深信萨神威力的，见状便落荒而逃。

日常生活中，侗民们对萨都是毕恭毕敬的。他们认为如若是对萨不够虔诚或是某些做法惹怒了萨神，萨神就会离开萨坛，这样村寨就不能再被萨神保护了，人们的生产生活就会不得安宁。比如村内的禽畜整日乱叫，出现异常反应，农业遭遇旱灾、水灾等，人也会染上病痛，精神恍惚。遇到这些情况，人们若是百思不得其解，便坚信是萨神离开了。除了自我反省所做的错事之外，会采取补救措施，即选择良辰吉日请祭师作法请萨回来，这种活动被称为"接萨"。

人们对神的虔诚膜拜，具体到实际行动上，最常见的表现则是祭祀。上堡村民的祭萨活动，一般会选择在农历的初一、十五。这种日常的祭祀活动并不是全村必须参与的，而是各家各户自愿参与。基本形式是焚香烧纸，贡献酒肉、水果等祭品。只有在每年的正月初一，村内的人会自发聚集到一起，统一举行祭萨仪式。仪式由村里的风水先生主持，时间一般会选择早饭过后，前来参加仪式的老人通常会穿着侗族的传统服装。首先由风水先生带领大家围绕萨坛顺时针绕三圈，之后再带领众人绕整个村寨一圈。绕村寨的时候，必须把全寨的房子都包括进去，绕完之后回到萨坛，祭拜萨神。开始祭拜的时候，主持人要大呼三声，意在祈求整个寨子来年能够风调雨顺、五谷丰登、国泰民安。整个祭萨的过程大概需要一到两个小时，完成之后大家会到鼓楼聚集，一起进行唱歌跳舞等欢庆活动。

在侗族文化长期的演变发展过程当中，萨信仰与侗族习俗已经紧密融合在一起，对人们的生活产生了很大的影响。首先，萨信仰作为侗族特殊的民族文化，它具有强化族群意识的作用，可以更好地促进和维护人们的民族情感，同时也使人们在生产生活当中更有信心和勇气。人们把萨看成无所不能、驾驭自然的祖母神，她可以把一切不好的厄运都拒之门外，守护着侗乡的人和物。人们认为五谷丰登、家畜兴旺、人财平安等幸福的事情都与萨神的保护分不开。在村寨遭遇不幸的时候，萨神信仰会把族人团结在一起，给人们莫大的精神支持，鼓舞着人们齐心协力趋吉避害。所以，萨信仰，是一种民族凝聚力，在顺境或逆境中，都能激发着人们加强内部团结，使人们对生活充满信心。其次，萨信仰，可以激励人们发扬民族美德。历史上，侗族一直都是勤劳朴实，积极为社会积功积德的民族。这一点，从人们热心建造风雨桥、凉亭之类的公共建筑方面就能体现。风雨桥、凉亭是为行人提供方便的场所，受益者并非个人，但是人们对这种公益事业一直都是竭尽全力的。这种精神美德是淳朴的侗乡人们长期以来受萨信仰的教导而自发形成的。萨神鼓励着人们去建桥修路、行善积德，人们认为这样才不会辜负萨神的期望，才会深受萨神庇佑。久而久之，这样的信仰和信念，已经成为侗族传统文化的一部分，成为侗族整体的价值取向和素质修养。此外，萨信仰在鼓舞侗族斗争精神方面也功不可没。侗族作为少数民族，很多时候尤其在早期社会，是处于劣势的。在遭受欺压抢掠之后，逼不得已要进行反抗斗争。在无数次的反抗斗争中，便产生了诸多颇受人们尊敬的英雄。最受侗族人民爱戴的萨，自然也被赋予了族群保护神和民族英雄的内涵，鼓舞着侗民们英勇无畏地保卫民族尊严和权益。

2. 祖先崇拜

祖先崇拜是指人们对自己的祖先所怀抱的一种尊崇、信仰与敬畏的情感，其核心在于相信祖先的灵魂不死，而且能够以不同的方式影响子孙后代的生活。它在传统村落乃至中国民间信仰之中占据着极为重要的地位。祖先崇拜大致可以分为族群性的祖先崇拜与家族性的祖先崇拜两类。前者主要是指一个或多个民族崇拜一个共同的祖先（神），后者则主要是指小范围内的单个家族的祖先崇拜。如果要追问我国各民族祖先崇拜的历史由来或文化根源，笔者认为主要有三种因素：一是儒家的孝道思想；二是由民间传说而来的本民族信仰；三是家族血缘关系。传统村落中人们的祖先崇拜情结世代相传，族人感恩祖先，向祖先求福，这对增强民族凝聚力有重要作用。这也正是祖先崇拜的宗教成分之主要体现。关于这种宗教成分的功用，杨庆堃先生曾指出："祭祖的宗教成分显然在团结成员方面起到了精神凝聚力的作用……要将一个团体团结起来，单纯靠世俗利益的支持是缺乏足够凝聚力的；因此宗教成分恰到好处地赋予社团某种神圣的令人崇拜和敬畏的特征，完全可以起到加强团体成员的团结和忠诚度的作用。"①

上堡的很多家庭，在堂屋正对大门的墙上都会设置神龛，正中间供奉的是"天地国亲师"，两侧供奉有观音大士、东厨司命灶王、当今太岁、赵公元帅、家族先祖等。上堡村的人们都十分敬重祖先，除了会珍藏族谱、家谱，敬奉祖先牌位之外，在典型的节庆之时，都会举行神圣的祭祖仪式。图5-5为村民家中摆放在不同位置的神龛。

基于祖先崇拜情结，人们历来重视丧葬仪式。丧葬仪式，源于灵魂不灭的观念，是由一系列繁复的祭祀仪式组成的。人们认为人死后是要到另一个世界去生活的，为了使已故的亲人可以在阴间世界生活得幸福安宁，会在其过世以后举行隆重的丧葬仪式。在慰藉亡灵的同时，也希望已故之人可以保佑家人兴旺发达。所有丧葬仪式归根结底都是建立在活着的亲人坚信死者灵魂继续存在

---

① [美]杨庆堃著，范丽珠等译.中国社会中的宗教：宗教的现代社会功能与其历史因素之研究[M].上海：上海人民出版社，2007：69.

的基础之上。

图 5 - 5　神龛

传统的儒家观点认为，丧葬礼俗最根本的目的是"慎终追远"。所谓"水有源，树有根"，正是基于这种"饮水思源"的思想，人们自古以来都有浓厚的祖先崇拜传统，格外重视丧葬之礼。《大戴礼记》中有这样的描述："丧祭之礼所以教仁爱也，致爱故能致丧祭，春秋祭祀之不绝，致思慕之心也。夫祭祀，致馈养之道也。死且思慕馈养，况于生而存乎？故曰：丧祭之礼明，则民孝矣。"(《大戴礼记·盛德》)《荀子》中对我国典型的"养生送死"观念也有很清晰的解释："礼者，谨于治生死者也。生，人之始也；死，人之终也。始终俱善，人道毕矣。故君子敬始而慎终。终始如一，是君子之道、礼义之文也。……丧礼者，以生者饰死者也，大象其生以送其死也。故事死如生，事亡如存，终始一也。……故丧礼者，无他焉，明死生之义，送以哀敬而终周藏也。故葬埋，敬藏其形也；祭祀，敬事其神也；其铭、诔、系世，敬传其名也。事生，饰始也；送死，饰终也。终始具，而孝子之事毕，圣人之道备矣。"(《荀子·礼论》)重视丧葬仪式，从个人角度来讲，可以给活着的后人带来一点欣慰，减轻由亲人离世引发的心理冲击；从社会角度来看，丧葬仪式有助于激励孝行，维护敬老、孝老的基本伦理道德。

3. 土地神崇拜

据统计，上堡村内共有七座土地庙。土地庙的形式如图5-6～图5-8所示。一种是将土地神嵌在由石板垒砌而成的围墙内；另外一种形制是为土地神搭建砖石结构的小屋。其中，临近萨坛和辕门的那座土地庙，香火最旺。该土地庙是用砖石搭建的两层小屋，坐西朝东，总高1.2米，门洞内置香炉。

图5-6　土地庙　　　　　　　　　　　图5-7　土地庙

在民间，人们普遍认为无论是田地里还是村落中，每一个地方都有一位土地神，也称"土地公"。人们对土地神的崇拜，源于原始社会万物有灵思想作用下对土地的崇拜。当时的人们对自然界有极大的依赖感，把包括土地在内的各种自然物和自然力视为崇拜对象。而土地作为一种与人类生活联系最为密切的存在，它负载并生养万物，因此在各种自然崇拜中地位尤为突出。

图 5-8　土地庙

《白虎通义》有云："地载万物者，释地所以得神之由也。"最初人们是直接崇拜土地本身的，但当时在人们的思想意识中，土地并未被视为神。在很长一段时期内人们崇拜自然的土地，因为在人类社会早期，人们赖以生存的食物都是在土地里生长，人类自身以及各种动物都是在土地上生存。之后出现了原始农业，人类不再仅仅是向自然界索取生物维持生命，而是开始过渡到动手生产生活资料。动手种植栽培农作物自然离不开土地，农作物长得好不好，果实结得多不多，是人们最为关注的问题。与此同时，人们开始想象土地有灵，是它在控制着农作物的生长情况。人们有了土地有灵的观念，便开始想尽各种办法掌控或是取悦它。于是，产生了各种祭祀土地的做法，一般是把祭祀供品直接撒到土地里，祈求土地保佑植物顺利生长。

在人们产生了"土地有灵"的观念之后，人们对土地的认识越来越多，对土地的情感也越来越丰富。人们开始由土地生养万物的属性联系到了女性的生育功能，于是，人们开始把土地称为"地母"，地母崇拜是土地崇拜人格化的开始。地母，可以说是最原始的具有女性特征的神灵，这也与女性在原始社会中的重要地位有关。她们是生产生活的重要参与者，不仅要负责采集食物、农耕种植，还要承担起扶老育幼的责任。人们把土地的自然属性与女性祖先的社会属性相结合，从崇拜土地实体转变为崇拜人格化的"土地"，至此人们有了土地神的观念。

现实生活中土地神的形象，经历了漫长的发展衍变过程。最初人们以一些象征物来代表土地神，主要的象征物有封土、大树、木牌、石块等。然后，随着土地神崇拜越来越世俗化，也有地方英雄人物、历史人物被作为土地神供奉的情况，究其根源是出于人们的从祖敬宗思想。后来，民间的土地神崇拜更加大众化和世俗化，人们开始把土地神称为土地公、土地婆，或者是田公、田婆。《觉轩杂录》有云："土地，乡神也。村巷处处奉之，或石室或木房。有不塑像者，以木板长尺许，宽二寸，题其主曰某土地。塑像者其发皓然，曰土地公；妆髻者曰土地婆，祀之纸烛湑酒或雄鸡一。俗言土地灵则虎豹不入境，又言乡村之老而公直者死为之。"民间土地公、土地婆的称谓及其形象，拉近了人神之间的距离。现在，传统村落中土地庙里供奉的土地公，一般还是有胡须白发的和蔼老人形象，旁边配祀有妆髻白发的土地婆，二者共享香火。

上堡的人们，出于对土地神的崇拜，在日常生活中有很多约定成俗的规矩。比如在耕种的时候，人们认为翻耕土地会触犯到土地神，所以在耕种之前必须先祭拜土地神以求宽恕。且在每年粮食丰收以后，要感谢土地神的恩赐，通常是以果品动物或是歌舞献祭。

4. 生育神崇拜

上堡有萨坛两处，除了前文所提及的围绕古青钱柳树的萨坛，还有一处是坐落于老母冲的萨坛，又名"女阴泉"（图5-9）。在密林里的溪流正中，有一个直径约3米，形状近似球体的巨石，坚硬如铁、光滑如肤。由上游汇聚而来的清流在巨石左右坠落，然后在球体式巨石下端汇合成清潭。球体式巨石上部酷似女阴，经初步考证，系原始社会氏族成员崇敬女性的天然图腾。侗寨人在此处设坛，并常来此处顶礼膜拜，祈祷家庭人丁兴旺，"女阴泉"周围数平方公里地方被叫作崇掰（掰，读 bai，指女人生殖器；崇掰，是崇敬女人生殖器的意思）。①这是典型的生殖器崇拜。

---

① 参见湖南省绥宁县上堡侗寨《中国世界文化遗产预备名单》申报材料。

图 5-9　女阴泉

　　生殖崇拜是基于人们"求子"的需要而产生的，是对生物界繁殖能力的一种赞美和向往，主要有生殖器崇拜、乳房崇拜以及臀部崇拜等。生殖崇拜由来已久，在人们无法解释生育科学的远古时代，相对恶劣的生存条件，使得人类的存活率低且寿命短。为了扩大集体的力量，加速人类繁衍，人们开始把生儿育女的希望寄托于生殖之神。妇女若要生育，先会祭拜生殖之神求子，由此开始了世世代代的生殖崇拜活动。学界有不少人认为，生殖器崇拜是生殖崇拜最早的表现形式。自母系社会起，女性的腹部和子宫就被看作生命的源泉而受到崇拜。

　　生殖崇拜除了生殖器崇拜之外，还有图腾生育崇拜。图腾生育崇拜一般源于神话传说，都是因为接触或是目视了图腾物而孕育。何星亮在《中国图腾文化》中将图腾生育信仰定义为感生信仰，是指人们相信怀孕是因为图腾魂进入了妇女体内而产生的。[1] 另外还有一种图腾生育信仰形式是人们认为妇女之所以

---

① 何星亮.中国图腾文化[M].北京：中国社会科学出版社，1992：223.

怀孕是因为吞食了图腾物。《史记·殷本纪》有云："殷契，母曰简狄，有娀氏之女，为帝喾次妃。三人行浴，见玄鸟坠其卵，简狄取而吞之，因孕生契。"《诗纬·推度灾》中也记载有契母简狄，"浴于玄邱之水，睇玄鸟衔卵，过而坠之，契母得而吞之，遂生契。"关于简狄吞鸟卵而生契的神话记载还有很多，这些都是基于人们相信妇女因吞食图腾物而孕的信仰。

人类的生殖崇拜发展到一定阶段，最终形成了各种生育神崇拜。受"不孝有三，无后为大"的传统观念影响，现在民间各民族依然常见有生殖崇拜现象。尤其是在相对闭塞的村落中，人们追求多子多福、人丁兴旺的愿望会更为强烈。送子观音的出现，便满足了人们的这种诉求。我们在调研过程中发现有这样一尊九子观音像，可以说是生殖崇拜的体现。该观音坦胸露乳，以女性慈母形象出现。结跏趺坐，无发冠及化佛，无宝珠璎珞等装饰物，头戴唐巾，身着通肩袈裟，双手各执一童子吮吸母乳。九个童子，均着圆领长衫，或趴于双肩，或吮吸母乳，或绕膝嬉戏，令这尊雕像生动传神，母性十足。九为阳数之终极，表达出信众祈求多子多男丁的愿望。九子观音是佛教与湖湘文化相结合的独特形象，"惟楚有之"，佛教典籍中未见记载。这种形象，可能与当地的民间信仰有关，《荆楚岁时记》有云："四月八日，长沙寺阁下九子神，是日无子者，供薄饼以乞子，往往应验。"在湖湘的古老习俗里，一母能生九子，自然会被神化，于是就将女歧、九子神与送子观音结合在一起，形成了湖湘独有的九子观音。民间常见的送子观音，有1、3、5、7、9不等的童子数量，与阴阳意识有关，都是少数民族地区信众求男丁诉求的体现。

5. 其他神灵崇拜

一般来说，神灵崇拜是一种民众对"幻想物"的崇拜，即人们通过自身的联想，形成虚幻的事物，继而对这些幻想物产生崇拜。[①] 传统村落中所涉及的"神灵"崇拜主要包括对祖神、家神、守护神以及各种行业神的崇拜。这些"神灵"体系庞杂，从爱神、婚姻神、生育神、寿神、财神到各种保护神、行业神，他们在村民的生产生活当中"各司其职"，被赋予不同的功用。

在我国，女娲一直被视为创世神与始祖神。《山海经·大荒西经》有云："有神十人，名曰女娲之肠，化为神，处栗广之野，横道而处。"《说文解字》载"娲，

---

① 乌丙安. 中国民间信仰[M]. 上海：上海人民出版社，1996：100.

古之神圣女，化万物者也。"人们认为是女娲造化了万物，包括神与人类。所以民间广泛流传有女娲抟土造人的传说。相传女娲在造人之前，先是在正月初一到初六期间，前后分别造出了鸡、狗、羊、猪、牛、马，然后在初七当天，她用黄土与水模仿自己的样子捏出了一个个小人，后面这些小人全都变成了人。女娲除了被人类赋予造化万物、抟土造人的职能之外，还有炼石补天之说。《淮南子·览冥训》记载有："往古之时，四极废，九州裂，天不兼覆，地不周载。火爁炎而不灭，水浩洋而不息，猛兽食颛民，鸷鸟攫老弱。于是女娲炼五色石以补苍天，断鳌足以立四极，杀黑龙以济冀州，积芦灰以止淫水。苍天补，四极正，淫水涸，冀州平，狡虫死，颛民生。"女娲为了平息洪水而炼石补天，是我国神话传说记载中最早的治理洪水的女神。

偶像崇拜也是民间神灵崇拜的一部分，它主要是指将人物神化或者半神化的崇拜形式。被神化的人物，一般是指那些有突出贡献或能力的历史人物、传说人物、地方人物等，比如孔子崇拜。孔子是先秦诸子百家中最受人们尊敬的圣人，全国各地有众多供祭孔子的孔庙、文庙。孔子在世时就已经被尊称为"天纵之圣""天之木铎"，之后更是被后世誉为至圣、孔圣人、至圣先师、万世师表等。民间入学拜孔子的习俗，有祈求孔子庇佑学童学业、仕途一切顺利之意。这样的民间祭孔礼俗寄托了人们对学童的美好祝愿，起到了道德教化的作用。关于祭孔，杨庆堃先生曾指出："刻有孔子尊号的牌位，具有代表社会价值与激起人们敬畏和尊崇万世师表的重要象征意义，而他的灵魂却未被正式地神化。祭祀仪式、香烛、叩头以及正式祷文，几乎与其他崇拜对象神灵化的膜拜仪式完全相似。"[1]他认为中国人尊孔、祭孔的行为是带有某种宗教因素的纪念性信仰。

上堡村的神灵崇拜还包括了被人们神化的巫师崇拜等。

5.4 宗教信仰

《绥宁县志》载："自汉魏以来数千年间，梵宫道宇金碧辉煌，莫之能废丰（礼），亦有不可泯灭者欤？绥邑寺观外，有官有院有庵有阁，为著其地与名，以

---

① 杨庆堃.中国社会中的宗教：宗教的现代社会功能与其历史因素之研究[M].范丽珠，等译.上海：上海人民出版社，2007：159.

明其建置，有年者亦可姑存云。"①由此可以看出自汉魏以来，该县一直有佛教和道教并存的现象。

佛教自汉传入我国，之后与我国本土文化互为渗透、交融，其间经历了漫长的改造和演进过程。宗教是文化的一部分，在传播过程中，势必对人们的生活产生很大的影响。佛教信仰于唐以后如火如荼，曾一度出现"家家如来佛，户户观世音"的盛况。根据我们对传统村落的调研情况来看，民间的佛教造像，是最能体现民众佛教信仰的载体。作为佛教文化重要组成部分的佛教造像，一方面，承载了佛教自身丰富的内在的文化内涵；另一方面，则又寄托着虔诚信众的丰富多样而又现实功利的诸多美好愿望。中国早期的佛教造像，多具印度造像程式特征，但在其不断地中国化的过程中，工匠们在依循传统的印度佛教造像程式仪轨的基础上，又表现出自己对佛教以及佛本身的理解，并融入了中国传统造像工艺与审美观念，使之成为独具中国特色的佛教造像艺术。传统村落中的佛教造像则更是体现出佛教造像鲜明的地域性和承袭性，其造型方式异彩纷呈，在汉族地区和少数民族地区，又因民族心理、民族习俗及民族信仰的不同，呈现出佛教造像的区域性差异。

道教是我国的本土宗教，兴起于东汉末年。道教的形成过程缓慢而分散，由道家思想和神仙思想、方术相结合之后逐渐发展而来。

中国人有多神崇拜的传统，人们会因为各种不同的目的向不同的神灵祈祷。佛教的寺庙与道教的宫观作为民众求神拜佛的主要场所，一方面为出家人提供了相对封闭的修行环境，另一方面是为民众祈祷而开放的。

从我们的调研情况来看，上堡村人们的佛教信仰对象以观音为最多，有送子观音、杨柳观音、千手千眼观音，此外还有弥勒佛、药王菩萨、药上菩萨以及伽蓝菩萨等。

上堡的老年人，多信奉观音。在黄桑有个观音庙，每年的农历二月十九、六月十九、九月十九，村民们都会到观音庙去拜观音。因为交通不方便，为了赶早敬观音，有些人会提早一天到黄桑，先在那里住一晚上，就是为了等着第二天一早虔诚地祭拜。关于观音菩萨，《妙法莲华经卷第七》观世音菩萨普门品第二十五中记载着观音的三十三种化身，是汉地佛教显教观音最常见的造像形态，《补

---

① 盛镒源.同治城步县志同治绥宁县志[M]//中国地方志集成·湖南府县志辑56.南京：江苏古籍出版社，2002：291.

陀落海会轨》中对观音三十三种化身的形象也有着细致的解说。但是在传统村落中尤其是少数民族地区，观音菩萨都呈现出与民族民俗相关的造型特征以及世俗化和区域化的特点，出现了诸多未在佛教造像仪轨中三十三种观音之列的观音形象，如伴有童子数量不一的送子观音、"轮王坐"观音，其中以送子观音尤为特殊。且送子观音并非只有菩萨怀抱一童子的形象，童子数量有一、三、五、七、九不等，尤其是九子观音居多。观世音以慈祥的送子观音形象出现，被信众寄托有繁衍子嗣的宗教诉求，这完全是出自世俗的需要，而非出自任何佛教经典。"轮王坐"观音也并未在程式化观音之列，在南方地区却是屡见不鲜。通常是左脚深屈于内，右脚直立，左手下垂，右手放于右膝上，上半身稍倾于左方。此外，还有变形观音一类，所谓的"变形"，主要体现在头饰造型和着装方面。汉族地区的观音多是头戴宝冠，宝冠中有化佛，少数民族地区的观音，则普遍以凤冠、蛙冠等特殊的头饰取而代之。观音菩萨在民间地位突出，这一点从"一菩萨二胁侍"式的供奉形式即可看出。"胁侍"，是指金童玉女像或者力士像。最为明显的特征是，观音菩萨像的体量，远远大于胁侍像。由此看，观音菩萨在民间有着极高的地位，民众认为观音菩萨更加贴近他们的生活，将观音视为救苦救难、无所不能的神。我们从佛教造像记中也可发现，传统村落中民众敬奉的佛教神祇，十有八九为观音菩萨。因观音在民众心目中地位远远超过了其他佛教神祇，在"一菩萨二胁侍"的造像组合中，观音菩萨的体量明显高大，就不足为怪了。

在古印度，杨柳枝是被认为可以消灾除病的，身患各种疾患者，应手持杨柳枝诵念真言。杨柳观音的出现据说与此有关。另外，杨柳枝有颇为旺盛的生命力，杨柳观音手中的杨柳，也寓意佛法的兴旺发展。有诗赞杨柳观音"大悲杨柳观世音，哀愍沦溺拔苦疾普入诸趣恒示现，令脱流转超出尘"。传说中州地区因民风败坏而至天怒人怨，出现严重旱灾。而后观音菩萨显真身以教化广大民众，并从净瓶中取出蘸有甘露的杨柳枝，洒甘露于四野，立刻天降大雨，解决了旱灾问题。该地重现民风淳厚，社会生活井然有序的局面。因此，民间常信奉杨柳观音，为求风调雨顺，五谷丰登。

千手千眼观音，简称"千手观音"，其千手象征遍护众生，千眼则象征遍观世间。寓意法力无边，有无穷的智慧度济众生。民间众生的烦恼与苦难多种多样，总有不尽相同的需求和愿望，因而信仰千手千眼观音，希望得到其无所不能的救济。广大民众相信，只要虔诚信奉千手千眼观音，便能获"息灾、增益、敬爱、降伏"等好处。因而民间很多寺庙中，千手观音都是作为主像供奉的。

弥勒佛为未来佛，是未来世界的主宰者，是现世的菩萨及未来的佛。"弥勒"，有慈悲为怀之意。《阿弥陀经疏》有云"或言弥勒，此言慈氏。由此多修慈心，多入慈定，故言慈氏，修慈最胜，名无能胜"。弥勒佛常怀慈悲之心，在民间广为流行，得以普遍信奉。弥勒佛袒腹大肚，笑容可掬，极具中国化的造像特征。自北宋起，大肚弥勒取代了弥勒的庄严相而成为弥勒在中国的化身相，相传是以浙江四明，名叫契此的布袋和尚为蓝本塑造的。弥勒屈膝张足而坐，展现一副不拘礼节的姿态，常见对联：大肚能容，容天下难容诸事；开口便笑，笑世上可笑之人。

药王菩萨和药上菩萨，是佛教传说中施予良药救治众生身、心两种疾苦的菩萨，能使芸芸众生远离疾苦、贫苦、逆苦、业苦等。因此民间常将其当作消灾祛病的神灵来信奉，颇受民众爱戴。

圣帝界盖天古佛是佛、道通祭的神祇，在佛教里常被称作伽蓝菩萨。盖天古佛关圣帝君据说是三国时期的蜀国大将关羽，是勇武和忠义的化身，被称为"古今第一将"，世代传颂，使其在民间有极大的影响，很多地方都建有关帝庙。盖天古佛关圣帝君所体现的立业、立身、立命，与我国封建社会统治阶级的心理以及普通百姓的心理认可完全吻合。普通民众祈祷能有这样一位善神来庇佑他们，关圣帝君的威武形象便满足了百姓的精神需求。久而久之，在人们的心里，盖天古佛被传颂成了"万能神"，被赋予了祛病除灾、驱邪避恶、招财进宝、保平安佑科举的种种功德，各行各业都对其顶礼膜拜。

道教神仙谱系极为庞杂，有道教自封的神仙，有从神话传说中得到封号的神仙，也有皇帝亲自敕封的神仙。其中玉皇大帝是众神之最，被视为天地万物的最高统治者。

在我国，传统村落中宗教信仰的重要载体是造像与造像记。一般说来，造像记是指信徒表达信教、崇教以及世俗心愿的文字记录，内容包括禳灾、祈福及颂教等。造像记是依附于造像而存在的，二者之间虽然是一种共生关系，但关系主次分明。造像记是因像而生，因像而存的。没有造像活动，就没有造像记，每尊造像的目的在造像记中都有记载。造像记一般存放于造像的背龛内，或是铭刻于造像的台座或背面，能够很好地反映出不同时代、不同地域间民众的信仰观念和生活理想。造像记具有唯一性，一卷造像记对应一尊造像。所以有"造像必有记（记后或有铭颂），记后题名……综观造像诸记，其祈祷之词，上及国家，下及父子，以至来生，愿望甚赅。"①因此，依附于造像而存在的造像记，主要是发愿者心愿之记载，是对造像功能最直接的区分。

造像记中所记，诸如"乞保人口清吉平安、六畜兴旺、男增百福、女纳千祥、盗贼远遁、财粮广进"等话语，皆可看作是普通下层民众对于未来生活的一种朴素向往。造像记涵盖的内容可以说上及国家、下至百姓，多为祈祷之词，祈祷现世或来生，这些愿望诉求都具有明显的功利性。尤其是在一些相对闭塞的少数民族聚居区，造像记的内容更是以表述祈愿为主，求男丁、福禄或长寿，又或是祈求丰收、驱妖祛疾、避官司兵匪等。从某种角度来看，造像记中所记的内容又是普通民众对于美好人生的一种普遍性期盼，这种普遍性的期盼或多或少可以揭示出普通民众对于佛教信仰的某种诉求和心理依赖。从造像记的行文格式来看，其内容一般可以分为三部分：第一部分交代发愿者的个人情况，包括籍贯、居住地址、身份等；第二部分为造像记的主体，包括造像题材、发愿内容和造像原因等；第三部分是时间和姓名，造像、开光、发愿的时间以及造像工匠、造像记书写人的姓名。其中第二部分的民众信仰对象（造像题材）、发愿内容与造像原因这几个要素最能体现民众的信仰状况。民众信仰对象即造像题材，在造像记中一般都有记载。在一定时期、一定地域范围内，民众信仰对象与当时当地的民风民俗密切相关。造像记所见民众的发愿内容，多为"圣神庇佑、家门迪吉、男增百福、女纳千祥、六畜兴旺、耕农茂盛、官非远殄、火盗消除、财谷并胜、消灾祛病"等表达愿望的词句，寄托着虔诚信众丰富多样而又现实功利的诸多美好愿望。

民间信仰多是以"自我"为中心，每逢遇见疾病、灾难、贫困等难题，造像活动便成为广大民众寻求心灵慰藉的主要方式之一。从民间造像记的发愿内容来看，多为世俗内容的祈愿。这一现象是因为发愿者以普通民众居多，他们难以理解各种教派的深奥义理，故在造像记中不多见宗教礼仪、修持相关的范句，而是多以通俗的语言表达与日常生活密切相关的美好愿望。其中，以平安健康类的祈愿内容居多，从某种程度上可以说民间信仰是被视为一种实现愿望的工具而存在的。民间信仰以这种"发愿"的形式与广大民众的日常生活、民俗活动紧密相连，满足了不同地位和不同层次间民众的各种需求。民众因某种原因发愿，

---

① 王昶.金石萃编（二）卷三十九[M].南京：江苏古籍出版社，清嘉庆十年经训堂刊本：656.

然后造像祈求神灵显应。如因体弱无力、身体不安、眼疾、天花、水灾、旱灾而祈愿人口平安的造像记在民间颇为常见。各式各样的发愿内容与造像原因，使民间造像记呈现多样性和特殊性。究其发愿内容，主要表现在疾病、平安、健康、丰收、财富、求子、仕宦、还愿、天灾等方面。相应地，信众自然是在这些方面有所不满意而发愿。

温饱与平安，一直是民众日常生活中最基本的问题。对他们来说，趋福避祸是进行造像活动或种种功德活动的主要目的。在生活遭受困苦的时候，人们需要一种心灵寄托，希望能得到神灵的庇佑。免灾免祸、祛病禳灾，是信众发自内心的最虔诚、朴素的愿望。因此，从某种程度上来说，民间的造像和造像活动都是功利目的驱使下的产物，民众"造像必有求"的动因可以说是传统村落中道教造像和道教信仰的典型特色。

现在的传统村落中，"众神供奉"现象是普遍存在的，即佛教造像与道教造像或是地方性的神灵、祖先造像同时供奉。上堡村自然也不例外。在调研中笔者就曾发现有一件清早期的香樟木雕版，是将佛、道众神像雕造于同一块木板之上。上面两行雕造的是道教神祇中的八仙神像，下面分别雕造有雷公神、福禄寿三神、财神以及文殊菩萨和观音菩萨等。此类造像组合，是受到民众迎祥纳福观念的影响。在普通民众看来，佛、道神祇多有福禄长寿之意，因此佛、道不分。民间不乏此类的佛道共存的造像组合陈列，甚至有在同一尊造像中佛、道交融的现象，例如头戴道冠的观音像。有很多民间造像并未严格按照佛、道造像应有的仪轨而行，雕工们常常将二者混为一谈，难以区分，信众则一并供之。此外，造像记中佛、道不分的现象也体现得尤为明显。比如佛教造像记中夹杂符箓内容的现象颇为常见，手抄版本和印刷版本中均有体现。"符箓，道家秘文也。符者屈曲作篆籀及星雷之文；箓者素书，记诸天曹官属吏佐之名。符箓谓可通天神，遣地祇，镇妖驱邪，故道家受道，必先受符箓。（北史魏文帝纪）帝幸道坛，亲受符箓，曲赦京师。（隋书经籍志）魏太武亲受符箓，自是每帝即位，必受符箓，以为故事。"①一般来讲，符箓是只用于道教的秘密图式。但在民间，道教、佛教都用符箓来驱鬼辟邪、禳灾治病。人们在面对苦难不能自拔的时候，多借助于神力求解脱。因此，符箓在民间并无佛、道之分，只是作为信众的

---

① 李叔还.道教大辞典[M].杭州：浙江古籍出版社，1987：503.

一种精神寄托，被赋予了延寿祈嗣、治病祛邪等功能。又比如，佛教造像记中有"金、木、水、火、土"出现。《书经·洪范》有云："五行，一曰水，二曰火，三曰木，四曰金，五曰土。"五行，是我国古代的一种物质观，与我国本土的道教紧密相连。它们不仅是五种物质，也代表了五种自然力。五行之说影响深远，涉及我国古代生活的各个方面。将其用于佛教造像记，也是佛道结合的体现。

佛教作为一种异质文化，有其独特的思想体系与理论形态，初传我国时难免与本土文化、思想发生冲突，以致出现儒佛冲突以及佛道抗争的局面。之后儒、佛、道逐渐地彼此渗透、融合。"佛、道不分"的现象之所以出现，主要的原因有两个：一是佛教有意为之，佛教在排斥道教的同时，又因为民众的需求而相互为用，以此来赢得更广泛的信徒；二是信众的无意疏忽，有所信仰而无宗教派别之分，反映出普通民众有拜神行为却缺乏对各宗教诸种神祇的深入了解。民众认为能显灵保佑他们的就是好神，就会虔诚地继续供奉，反之，就不怎么信了。他们并不拘泥于信奉一种宗教，也无系统的宗教观念，而是不分佛、道地祈求"众神"庇佑。顾颉刚先生就曾提到过这一现象："除了佛像外，有关帝，有雷神，有华佗，有王通、圣母。此甚有趣，盖乡人所需求，不过这几样。有了这几样，可以抢去城中香火也。这种寺，算他道教呢？还是佛教呢？所以，我想，中国人只有拜神观念，并无信教的观念。"①

在民间，人们一向是无事不造像、造像必有求的。功利目的驱使下的造像活动非常普遍，人们会为物质或心灵上的需求而造像、发愿。广大的信众以一种"灵则信"的心理开展一系列宗教造像活动，体现出民众信仰明显的功利性和实用性特征。在为家眷祈福的造像记中，除对生者的祝愿之外，也有因死者而祈愿的。一般说来，信众在丧葬嫁娶、家族迁徙等大事时，也都会造像祈愿。

我们知道，务实求存一直以来都可以说是中华民族传统的民族性格，这种传统反映在民众的宗教信仰层面上则是以功利性和实用性为核心的。民间的广大信众往往把佛教中的西方极乐世界视为现世苦难的慰藉，再将个人信仰演化为对神的索取。佛教在传播过程中令信众产生各种与现实生活水乳交融的理想愿望，他们认为这些愿望只有在诸神那里才能得以实现。佛教在中下层民众中以这样的方式得以自立，影响到信众生活的方方面面。民众信仰诸佛和各种菩

---

① 顾洪. 顾颉刚学术文化随笔[M]. 北京：中国青年出版社，1998：373.

萨，他们再给自己造设一种具体的信仰对象，即是供奉造像。民间造像记反映出很多信众对于佛教、道教教理或教义的理解是很模糊的，他们只是根据各神祇所赋予的功用选择供奉的造像。

传统村落中的宗教信仰者大多是文化层次不高、生活水平较低的平民百姓，他们多信奉佛教或道教，又或者是同时信奉儒、佛、道。他们对于宗教的理解是模糊不清的，只是把宗教视为一种实现个人愿望的工具和途径，供奉佛和菩萨等只是为了更好地生活，这种自发的信仰与民众的世俗生活有着千丝万缕的联系。从造像记所见的发愿内容来看，以家庭祈愿者居多。显而易见，民众企盼经由佛教、道教信仰能够实现一切世俗的愿望。从某种程度上来说，这种信仰已经成了民众臆想的产物，体现了当地民众信仰的功利性和实用性特征。事实上，这也是中国民间信仰的普遍特点。佛教作为一种外来宗教，之所以能被中国普通民众接受，并不是因其博大精深的教理或教义。其中就连主张"不立文字，教外别传；直指人心，见性成佛"的中国本土佛教宗派之一的禅宗，也很难深入到中下层民众之中。我们认为，最终佛教能够深入民间的根源还是在于其普度众生的"救世"功用，是佛祖或菩萨慈悲为怀、醒世救人的"实用性"吸引了大量在现世中受苦受难而渴望改变现状的善男信女。因此，与诸多研究经书佛理的"文人雅士"不同，民间老百姓的信仰以带有明显功利性和实用主义色彩的烧香拜佛形式存在。民间盛行的许愿、还愿便是这种功利性和实用性最鲜明的表现，许愿是祈求神灵庇佑以达成心愿，而还愿是实现心愿后兑现承诺。这整个过程其实就是信众在不断地"索求"和"给予"，是民众信仰讲求功利和实用的生动体现。

除了佛、道信仰之外，上堡村内，也有少量的伊斯兰教与基督教信徒，这主要是年青一代在外打工或是求学过程中接触到的。传统村落中的人们多数并不了解西方文化和基督教文化，只是觉得在现实生活中遇到困难时可以向上帝祈祷，由此便多了一种解决困难的希望。正是因为传统村落中人们信仰意识的模糊性，所以乡民信仰并不像正统宗教一样具有排他性，它是十分包容的。人们在信仰耶稣的同时，可以信仰释迦牟尼、观音菩萨、财神等不同派别的神祇。

5.5 特征与问题

通过前文对上堡村内人们精神信仰的分析，我们试图总结出传统村落中精神信仰的几点特征：

一是自发性。当人们在现实生活中遇到困难、面临威胁的时候，民间信仰作为一种支撑和平衡人们失衡心态的意识形态出现是自然而然的，这即是民间信仰自发性的主要体现。传统村落中的精神信仰，与传统的制度化宗教相比，没有较为系统的经典、组织等，很多时候都是村民由于现实的需要，为了达到一定的功利目的而信奉的。因此，自发性是民间信仰尤为突出的特点。

二是多样性。传统村落中精神信仰的一个显著特点就是大多缺乏系统化的组织、仪式和经典等，往往形式多种多样，表达方式也极为灵活。首先，传统村落中人们精神信仰的多样性（多元性），表现在信仰对象上。在一定时期、一定地域范围内，民众信仰对象与当时当地的民风民俗密切相关，崇拜对象涉及万事万物。不仅有天、地、日、月、星等天体崇拜，雷、雨、风、云、虹等天象崇拜，火、水、山、石等自然物崇拜，工具、人造物、生活用具等非生物崇拜，还有祖先崇拜、各种动植物崇拜、神灵崇拜、生殖崇拜以及偶像崇拜。比如只是地方守护神就有村寨保护神、山林保护神、狩猎保护神、牲畜保护神、土地保护神、农耕保护神、家宅保护神等不同职能的神祇。传统村落中的崇拜对象不仅数量多，种类也极其多，乡民们会因不同的诉求而信奉不同的神祇。其次，传统村落中精神信仰的多样性还表现在乡民信仰目的随意性以及信仰形式的庞杂性等方面。传统村落中乡民信仰的相关祭祀活动，有的是为了趋吉避凶，有的是为了招魂驱鬼，有的是为了消灾祈福、祈求丰收，还有的是为了同时满足人们多种诉求。人们的这些心愿是没有任何约束的，随意的一种诉求都可以成为祭祀活动的主题。就信仰形式来讲，烧香拜神、雕铸神像、阅读经典、行善积德等，都是民众精神信仰的实践方式。他们多热衷于世俗化的（宗教）节日，在民间有诸多的祭祀活动，他们借此机会进行许愿、还愿，将各种宗教诉求在这些民间化、世俗化的宗教仪式中得以体现。而在这些信仰形式的实践过程中，参与信仰活动的人员和人员数量、信仰活动的地点以及程式的复杂，也都是乡民信仰多样性的表现。

三是功利性。功利性是传统村落中精神信仰的一个很突出的特征，主要是针对信徒的信仰目的而言的。人们在遭遇不幸的时候，认为只要虔诚崇拜神灵，就可以达到"心诚则灵、有求必应"的效果。人们用尽各种崇拜方式(比如晨昏三叩、焚香祭拜、雕造神像、捐资修庙、再塑金身等),与鬼神进行"利益"的交换。因此,传统村落中精神信仰的功利性,可以说是乡民万灵崇拜和多神崇拜的最主要原因。传统村落中精神信仰的功利性表现有很多,比如祖先崇拜。在传统村落中,几乎家家户户都供有祖先牌位,重要的节日总要烧香叩拜,每年都会举行隆重的祭祖活动。那么是什么原因促使人们世世代代虔诚供奉、祭祀祖先呢?绝不仅仅是因为传统文化所提倡的仁义道德。首先,人们相信这个世界上有阳间和阴间之分,认为人死后,如果没有后代凭吊,就会变成孤魂野鬼,所以各种祭祖仪式得以世代相传;其次,活着的人都希望得到列祖列宗的庇佑,人们认为离世的祖先在冥冥中会有一股说不清道不明的力量,可以左右家族的福祸。因此,人们会通过各种方式献祭,以取悦祖先招来好运,这正是祖先崇拜的功利性所在。此外,在各种神灵崇拜中,也有很多功利性表现。人们信仰各类神祇,都是基于这些神祇各自有不同的职能,与人们的日常生活有着十分紧密的联系。以土地神崇拜为例,在乡民的日常生活中,土地有着不可替代的作用,人们的衣食住行所需,全都取之于土地。在很多以农为本的传统村落中,土地神成为被祭祀最多的神祇,是一种几乎带动全村人的信仰。人们祈祷土地神可以保佑风调雨顺、五谷丰登。正是这种功利性的诉求,在很多传统村落中随处可见土地神,人们甚至不拘泥于神龛的形式,随意的一个小土洞中都可以陈列、祭祀土地神。比如财神,这位家家欢迎、人人跪拜的神祇,也是民间信仰的功利性表现之一。随着商业的逐渐繁荣,财神崇拜满足了人们求财、求富的心理。又比如人们为了求子会祭拜送子娘娘,为求一家康泰会祭祀灶神,以渔业为主的地区会祭拜海神娘娘和船神……可以说,人们为了自身的功利性目的,愿意崇拜万神之能。

四是封闭性。传统村落中村民信仰的封闭性主要体现在:首先是民间信仰活动过程的神秘性,也就是说民间信仰活动因为较多地掺杂了神话和巫术等元素,通常使外人看起来多多少少有点神秘莫测,这一点在各种信仰仪式上体现得尤其明显;然后是民间信仰活动传承的封闭性,这主要是指民间信仰活动的传承往往不够公开,尤其是在传承人的选择上通常局限于内部自己人,比如只是师傅传徒弟,甚至只是在家族(或家庭)内部相传,或由父亲传儿子,或由母亲传女儿。正是由于民间信仰具有这种保守性或封闭性,我们通常会发现许多民间信仰活动历经多年往往也不见有任何变革和改动。

五是地域性。精神信仰的地域性，是指在不同的地方区域内，因地理环境、经济条件和历史、传说等文化背景的不同，所产生的精神信仰也呈现出不同的地域特征。比如说有一些地区，人们忌讳穿别人穿过的衣服，因为人们认为穿过的衣服上会附有主人的灵魂，穿别人的衣服以后自己的灵魂就不得安宁了。而在上堡，人们却有相反的认识，老人们认为初生婴儿穿旧衣服是吉利的，要先穿别人的旧衣服以后再穿新衣服。同样的有关穿衣服的禁忌，南方沿海一带甚至忌讳把晒干的衣服直接穿在身上，认为必须叠好放置一段时间再穿，否则人会变成"竹竿鬼"。理由竟然是因为过去人们晾晒衣服一般是用竹竿。

　　六是民族性。传统村落中精神信仰的民族性，是指不同民族间精神信仰所体现出的民族特色和差异。这一点在不同民族的各种祭祀仪式中体现得尤为明显。台湾人类学家李亦园认为："宗教祭仪是不同传统层次最易见分野的部分。大传统的上层士绅文化着重于形式的表达，习惯于优雅的言辞，趋向于哲理的思维，并且关照于社会秩序伦理关系上面；而小传统的民间文化则不善于形式的表达与哲理思维，大都以日常生活的所需为范畴而出发，因此是现实而功利、直接而朴质的。"[①]传统村落中的人们会从本民族的切身利益出发，在各种祭仪中体现出民族特色。比如上堡的侗族会祭萨，他们把萨神视为祖先神、生育神、守护神等；而苗族则会祭祀盘瓠，视之为祖先神；而汉族基本上只是祭祀血缘祖先，祈祷祖先庇佑后人。

　　最后，值得一提的是传统村落中的信仰弱化问题。随着现代化脚步的加快，我国有许多的传统村落及其文化面临着严重的生存危机。因此，传统村落及其文化的保护、传承和研究等问题日渐得到了人们的关注。然而，人们关注的焦点大多是放在传统村落的古建筑、生态或自然环境乃至村民的物质生活等方面，很少聚焦于传统村落中精神文化传统丧失的问题。文化大体可分为"有形"和"无形"两种，一般分别称之为"物质文化"和"非物质文化"（或称"精神文化"）。在传统村落及其文化体系中，这二者有着同样的重要性。信仰问题就是属于传统村落文化中"非物质文化"部分的重要内容。今天，我们试图在传承和保护好传统村落的基础上努力实现乡村文化重构，信仰文化实是其中不可缺少的重要一环。

---

① 李亦园.人类的视野[M].上海：上海文艺出版社，1996：145.

传统村落中的信仰，主要是指流行于乡村中间的对某种精神观念或有形物体信奉尊崇的心理和行为。如果从宗教社会学的角度来说，它们无疑属于通常所说的民间信仰的范围；如果按照杨庆堃先生的划分，它们应该是与佛、道这样的"制度性宗教"相对的"分散性宗教"。但是，传统村落中的乡民信仰虽然在某种程度上也包含有某种"宗教"的成分，其范围却比"宗教"要更为宽广。

　　传统村落中信仰的一个显著特点就是大多缺乏系统化的组织、仪式和经典等，但往往形式多种多样，表达方式也极为灵活。民间的信仰传统由来已久，许多都是通过口耳相传代代承袭，有着深厚而广泛的群众基础。从乡民的生、婚、病、死等各个环节，到衣、食、住、行等各个方面，乃至日常劳动和言谈话语之间，无不都是民间信仰发挥作用的场所。在中国历史上，这些信仰曾在乡土社会的秩序稳定、道德文明教化和民族文化传承等方面发挥了积极而重要的作用。即便是在进入现代社会之后，生活在传统村落中的乡民们的心理慰藉和族群认同乃至情感维系，在很长一段时间内依然离不开信仰的力量和作用。

　　然而，传统村落中的信仰在近些年已经出现了不同程度的弱化，甚至在某种意义上产生了"信仰危机"。这一点，非常值得我们重视。所谓信仰的弱化，是相对于信仰在传统社会中曾经所发挥的力量和作用而言。这主要是指：现如今信仰在传统村落中的人群覆盖比例和参与热度都有所下降，关键是乡民们对许多传统信仰的有效性或"科学性"产生了怀疑。一方面，乡民们的信仰观念日渐淡薄，传统信仰在乡民生活中所能产生的影响越来越小；另一方面，持有民族传统信仰的人数和相关信仰活动也在逐渐减少，尤其是群体性的传统信仰仪式和活动有逐渐简化甚至是失传的趋势。信仰弱化的问题在新时代成长起来的年轻一代身上尤其严重，而且在少数民族地区进行今昔对比时尤为明显。

　　传统村落中的信仰弱化问题实有必要引起我们足够的重视。因为信仰不仅是传统村落文化中的重要组成部分，而且对于传统村落中的族群延续和乡民的心灵调适乃至村落成员之间的情感维系实际具有不可替代的作用。

第 6 章
文 化 艺 术

6.1 侗族语言

侗族原本是没有文字的，1956 年国家在对侗族方言集中调研之后，决定以榕江县章鲁话为标准发音，以拉丁字母为文字符号，创造了侗文。继而开始在侗族居住区试点推行。

上堡地区的常用语音词汇有①：

爸爸　bux	妈妈　neix	爷爷　gongs
奶奶　sax	外公　dax	外婆　dex
哥哥　jaix	姐姐　pəi	弟弟　nongx
妹妹　pəinoŋ	你　nyac	我　yaoc
他　maoh	大家　daol	天　mən
太阳　taman	月亮　nan	星星　tetman
雷　pja	云　ma	风　ləm
雨　pjən	雪　lei	霜　me
水　lam	地　ti	河　a
田　ja	田垄　pja：n	石头　pja
火　pəi	火烟　kwan	金　təm
铜　toŋ	泥　ma：k	前　on
后　lən	人　nən	男人　pa：n
女人　mjek	丈夫　sa：u	妻子　ma：i
儿子　la：k	孙子　la：k kwan	牛　tu
狗　kuap	猫　meu	虎　mom
老鼠　no	蜜蜂　met luk	黄蜂　lin
鳖　pjin	跳蚤　kwat	蚊蝇　mjuŋ
吃饭　jil oux	吃菜　jil mal	吃肉　jil nanx
白菜　mal bagx	萝卜　bagc	喝水　jil naemx
喝酒　jil kuaot	肉　nanx	鸡　kgaiv
鸭　bidl	鱼　bal	羊　liees

---

① 由绥宁县侗寨遗产地文化研究与保护组提供的材料及《绥宁县志》中侗族方言的内容整理而成。

猪	kguk	汉族人	ka	鸟	not
蛙	je	蚂蚁	mət	蚯蚓	san
毛	pjən	刺	sun	竹子	pan
笋	na：ŋ	叶子	pa	根	sa：ŋ
鹰	am	蜻蜓	teŋ	臭虫	iŋ
虫	nui	树	mai	饭	əu
菜	ma	头	kau	脸	na
眼睛	ta	鼻子	naŋ	耳朵	ka
嘴	ep	牙齿	ŋə	胡子	mut
头发	pja：p	肚子	loŋ	血	pa：t
肺	pup	肠子	sa：I	舌头	ma
脚	tin	皮肤	pei	骨头	la：k
心脏	səm	汗	pən	屎	e
旁边	ma：ŋ	外边	park	找	jəu
借	ja：m	追	la：m	芽	ŋe
胆	ta：m	疯子	ə	里边	au
外边	pa：k	这里	kie nai	今天	man nai
明天	man mo	房子	ja：n	门	to
瓦	ŋwe	梳子	kie	筷子	sio
斗	ton	衣	uk	布	ja
酒	kwau	穿戴	tan	刀	mja
脱	tot	玩	pja：n	踢	tap
捉	sop	射	peŋ	漏	sut
骂	kwa	偷	ljək	笑	ko
哭	ne	爱	ei	遇见	tuŋ
知道	jo	有	me	来	taŋ
去	pa：I	下	lui	大	ma：k
小	on	高	pa：ŋ	低	tam
远	lja：I	多	kuŋ	少	jun
直	saŋ	红	ja	脏	wa
硬	kwa	窄	kwa：ŋ	深	jam

早	som	阴	um	平	pjiŋ
瘦	jum	聋	lə	稀	maŋ
痛	it	满	tik	勤	jak
凉快	jim	好	lai	坏	ja
快	wəi	慢	an	热	tun
冷	lja：k	酸	səm	甜	kwa：n
苦	am	辣	lja：n	咸	hat
香	ta：ŋ	一	jit	二	ja
三	sa：m	四	si	五	ŋo
六	ljok	七	tet	八	pet
九	tou	十	cep	百	pek
万	wen	个	lən	只	tu
谁	nən	什么	ma：ŋ	的	tji

你好! nyac lail!　　　　　　　请屋里坐! laos yanc bail snik!

你辛苦了! nyac sinp us lax!　　你从哪里来? nyac dah noup map?

你要到哪里去? nyac bail aox noup?　对不起! duiv eis lis!

别客气! bix weex nas!　　　　这是我应该做的! naih noc yaoc weex!

6.2 音乐歌谣

　　侗族人大多是能歌善舞的,且以歌唱得好为荣。所以在侗族地区有"歌师"这样一种职业。歌师,一般为年长者,由他们教年幼者唱歌。年长者教歌,年轻者唱歌,年幼者学歌,是侗族普遍的生活状态。歌曲是最能表达人们内心感情的载体,因此,唱歌这种表达方式,自然而然成为各种喜庆活动的主题,同时也是男女青年恋爱活动的首选。人们在迎宾接客、嫁娶生子的时候,总要举行一些赛歌、对歌的活动,来渲染喜庆的气氛。侗歌的曲调是非常优美的,听者即使不懂侗语,也都会被那优美的旋律所吸引。

　　上堡地区传唱有很多的歌谣,如民谣、山歌、情歌、儿歌、拦门歌、敬酒歌、琵琶歌①、夜歌等。②

---

① 琵琶歌是一种伴奏歌曲,以大中小型的琵琶伴奏。

② 歌谣内容由绥宁县侗寨遗产地文化研究与保护组提供及笔者采访所得。

民谣：

界溪省，

巴流府，

雪林州，

赤板县，

上堡有个金銮殿。

上堡金銮殿，

中堡二道关，

下堡头道关，

金银财宝万万千。

【汉语】

界溪省，走界上；

巴流府，很漂亮；

雪林州，云里飘；

赤板县，水边捱；

上堡有个金銮殿。

【侗语】

界溪省，走打变；

巴流府，成牙见；

雪林州，骂鸟闷；

赤板县，水鸟边；

上堡没宁金銮殿。

夜火虫：

夜火虫，夜夜光。

借你的米，赔你的糠。

借你的牛，犁大丘。

借你的猪，上靖州。

靖州门前一口塘，喂起鲤鱼三派长。

大哥你莫吃，二哥你莫尝，留给三哥讨婆娘。

张打铁：

张打铁，李打铁，打把剪刀送姐姐；

姐姐留我歇，我有歇，我要回去学打铁；

打铁难扯炉，不如去学屠；

学屠难起早，不如去唱戏；

唱戏难扮腔，不如去卖糠；

买糠怕起风，不如学裁缝；

裁缝难量尺，不如去讨尺；

讨尺怕狗咬，不如回家睡大觉。

燕子鸟：

燕子鸟，尾巴长，讨起老婆冇要娘；

猫牯鸟，嘴巴尖，过时过节忘记爹。

黄牛角：

黄牛角，水牛角；

崽女长大各管各；

只有老娘冇人管，落雨落雪去讨饭。

排排坐：

排排坐，吃果果；

果果尖，翘上天；

天又高，买把刀；

刀又快，好切菜；

菜又青，买个针；

针又长，买个羊；

羊又走，买个狗；

狗又叫，买个猫；

猫又花，买个瓜；

瓜又甜，吃一边，留一边，拿明年过个闹热年。

栽树：

【汉语】	【侗语】
今天天好去栽树，	闷乃闷赖拜栽每，
老人栽树进山冲；	老拜栽每考金双；
三年去看树长大，	三年拜怒每困打，
九年去看已成林。	九年拜怒每困弄。

【汉语】   【侗语】
小把戏，做矮凳，娘拿背带背后面；   呐稳酿义睡凳烫，每哆侠嗯笨两仁；
娘去山上留崽哭，留在楼梯好难捱。   乃到拜成斗到嘞，斗到伴归难打闷。
嗨得好，去走街，女人命好嫁本寨；   喂伴赖，呛桥介，婄怒命赖剁噢寨；
好多女人嫁远方。   弓婄拜远隔忙成。

在上堡，有贵客到访的时候，村民们会在门楼外要求客人喝拦门酒，此时，
人们会唱起拦门歌，也称迎客歌：
贵客来到家门口，筛上三杯糯米酒；
情意藏在酒里头，情意藏在酒里头。

拦门酒歌：
【汉】今天好，今天好，今天日好心欢喜；
【侗】闷乃赖，闷乃耐，闷乃闷赖尽宽呀九喂；
【汉】男女老少接新人，新人进屋没有什么接；
【侗】办灭老你接宁妹呀，宁妹老檐空忙多；
【汉】唱首侗歌表心意，呀啊，妹呀。
【侗】多每嘎进表心意呀九喂，哎呀，哎呀。

侗族人在吃婚宴酒席的过程中，一般会唱起劝酒歌。
【主人唱】   【客人唱】
桌子不稳地不平，   桌子也稳地也平，
清茶淡饭待你们。   佳肴美酒待我们。
惟愿舅家包涵点，   山珍海味般般有，
莫去外面耻笑人。   琼浆玉液香又醇。
【主人再唱】   【客人再唱】
席上饮酒莫要推，   鸡鸭鱼肉甜豆汤，
推来推去泼半杯。   香甜具备没讲场。
推来推去半杯泼，   吃在口中多有味，
这杯淡酒要你陪。   回去三天口还香。

敬酒歌：

【汉】敬给美酒给贵人，酒香喷喷送给你。

【侗】敬坚考赖，在宁珠考当喷喷归在你。

【汉】阿哥今天到来总欢喜，阿哥欢欢喜喜欢欢喜喜进寨来。

【侗】阿介闷乃校骂总坎欺，阿介坎坎欺欺坎坎欺欺老在骂。

【汉】今天阿哥难得到妹家来一转，叫你阿哥不要进别人的家快进阿妹家来。

【侗】乃校阿介难磊透剁骂一转，骂一转报校阿介婄老檐新老檐旧。

【汉】今天好，今天好，今天日好心欢喜。

【侗】闷乃赖，闷乃耐，闷乃闷赖尽宽呀九喂。

【汉】呀罗耶，呀罗耶，妹敬酒妹敬酒，阿妹敬酒寨门前，呀罗耶，巴剁性罗呀，阿妹敬酒寨外面罗耶寨外面罗耶，拿杯美酒来敬你罗呀罗耶来敬你罗耶。

【侗】呀罗耶，呀罗耶，娘尽考娘尽考娘金尽考巴剁性，呀罗耶，巴剁性罗呀，娘金尽考巴剁在罗呀巴剁在罗耶，桥奥杯乃骂尽校罗呀罗耶骂尽校罗耶。

【汉】接我们的朋友到这里。

【侗】嗯哪啊耶到赖呀，接耶姚赖，麻透乃呀，耶到赖呀。

【汉】我拿杯好来敬你好朋友。

【侗】姚煞杯高赖占麻宽宽呐行行累。

【汉】九月重阳选好日子来熬酒。

【侗】九月重阳娘金二闷麻嗯高啊耶道累。

【汉】美女去挑井水，耶道勒，耶道勒。

【侗】娘每拜担能闷岩啰耶，耶道勒，耶道勒。

【汉】三熬九练变好酒。

【侗】三熬九令呀变高乃呀，啊耶道勒，耶道勒。

【汉】侗汉来买不出手。

【侗】更改麻街呀呃乌手啊，耶道勒，耶道勒。

【汉】侗汉来买不舍卖。

【侗】更改麻街呀呃写买，耶道勒呀，耶道勒。

【汉】特意留来拿敬你。

【侗】桥透闷乃麻敬你，麻敬你，耶道勒。

山歌：

高山木叶起堆堆，十八满哥你会吹？

哪日吹得木叶叫，只用木叶不用媒。

要爱就爱有心人，好比山中树缠藤；

要缠就要缠到底，生生死死不离分。

恋郎就要恋老郎，恋到老郎味道长；

昨日夜里打个啵，当得蓑衣盖酒缸。

排牯佬嘞排牯佬，脚踩木排手拿篙；

一场日头一场雨，淋得脑壳臭尿臊。

看牛妹哎看牛妹，头顶斗篷骑牛背；

要是牛牯发风骚，莫把表哥看热闹。

板栗好吃刺倒人，情妹好恋路难行；

走了好多包山路，打了好多空转身。

情歌：

【侗语】	【汉语】
架成战灯焙腰酸，	上山吃杨梅莫怕酸，
没崽跟就焙腰穷；	有心同歌莫怕穷；
先胜教热焙架很，	先生教书不要严，
斗儿同生跟就拜走成；	留得后生跟我山上走；
怒伟援姚国又哭，	怎么叫我不想哭，
磊个宁呃做一檐；	得个颠婆做一屋；
喜鹊一双务每鸟，	喜鹊一双树上玩，
姚拜跟卯在梁上；	我去跟它好商量；
乃就养库呃在杀，	我妈养猪不准杀，
又斗煞媳办唐等。	要留拿来娶媳妇。

儿歌(侗语)：

浓焙哭婆焙挂	水亚忙，水亚亏
崽莫哭婆莫骂	作减作几哭哇哇
都浓妈老怒水亚	满山满岭哭哇哇

等思长大看田水

琵琶歌：
【汉】我琵琶不会弹歌也不会唱，就是脸皮厚。
【侗】乃姚琵琶果弹嘎果哆，乃姚条嗦呃赖勒本脸那。
【汉】还不到来就听说，听说你们寨子风水好房屋雕起花。
【侗】嫩米透嘛早听刚勒，听刚胜孝嘞成计赖努言雕花。
【汉】今天到来眼得见，看见你们寨子盖天下。
【侗】闷乃究骂大理努，理努胜孝盖胜河。
【汉】古楼高高在团中，寨尾花桥长长像条龙王架过河。
【侗】古楼胖胖鸟大寨，定寨无桥长长嘞抖独笼花尬打河。

【汉】情人夜
【侗】阿介阿弄（琵琶弹唱）
【汉】天上的星子照凡间，难得一起来唱歌，今天到来不知唱什么好歌给你听。
【侗】金星啊无闷照胜地咧，难留一席金哆嘎咧，闷乃透骂咧改哟多嘎忙赖寨到听嘛。
【汉】唱首有义的不是闲话的歌啊哄你我啊。
【侗】哆嘎没定啊改章闲话啊娄尧你啊。
【汉】啊，哎，你喊我唱歌啊，我不怕丑来到此，因为声音不好咧，难配琵琶咧。
【侗】啊，哎，孝喊哟哆嘎啊，旧奔哪那骂到啊乃嘞，西应呐条说改赖咧，难当琶咧。
【汉】你像山中凤凰金鸡样，声音好比画眉鸟；好像七姐下凡来哎，盖世间嘞。
【侗】孝比鸟娇姑芭身央金鸡，说央魁咧；边相亡姑留媄哎，盖胜和嘞。
【汉】讲起结交还有谈，我们相逢只拿言语配琵琶。
【侗】讲桥就相媄当呃，到奔向逢啊磊没啊当嘎琶。
【汉】今夜相逢到这里，报哥（妹）啊莫嫌路远要常来，莫怕路远要常来咧。
【侗】夜到胡哈到这阿乃，报介（弄）啊比要困长啊孝慢骂，国要困长笑优骂咧。

【汉】哎呀，我的情人咧。

【侗】哎呀，情尧咧。

侗寨夜歌：（歌词由绥宁县本土音乐人佘刚林整理）

【汉语】	【侗语】
郎哦吹，妹哦吹， 郎妹哦吹差不多。 郎打哦吹是喊妹， 妹打哦吹是喊哥。	办哦吹，咩哦吹， 办咩哦吹下布剁。 办喊哦吹西喊咩， 咩喊哦吹西喊鲜。
女　月光出来一片银， 　　郎约情妹进松林。 　　风吹树叶沙沙响， 　　树下坐着有情人。	女　念结乌骂耶耶咣， 　　鲜进神妮骂送亮。 　　仁细爸每飘爸干， 　　同遂邓美宁究相。
男　月光出来一片银， 　　情妹唱歌郎弹琴。 　　只要和妹在一起， 　　唱起情歌到天明。 　　三更半夜鸟无声， 　　棵棵松树像媒人。 　　千年松树不落叶， 　　万年铁杉根连根。	男　念结乌骂耶耶咣， 　　鲜弹琵琶究神匠。 　　奔又压道鸟亿起， 　　哆嘎哆吔透闷光。 　　善更办艳控喏尼。 　　贡贡美雄骂伟媒。 　　定宁达雄爸刀堕， 　　温宁美棍上难离。
合　不变心，郎妹同心如一人， 　　月老树下来作证， 　　千年万年不变心。	北病筛，究神同筛央亿宁， 得念美老骂伟定， 定宁温宁筛国病。

女：【汉】远路阿哥到此来，不知是哪个寨子的哟？

　　【侗】阿介介努骂斗奶，呃哟本胜团寨西映样？

男：【汉】开门哩，表妹呃，开门我进云陪你们。

　　【侗】克哆久吔哇咙呃，克哆么老灯校娘。

【汉】我们到来找情人，不知还喜不喜欢我们。

【侗】乃旧透骂幼醒你，克哟醒你弄凉记西国。

【汉】想妹迷，十二级楼梯做一跳。

【侗】想校呃，十你奖国为意 biù（跳）。

【汉】想妹疯，十二个坛子做一扛。

【侗】想校弄，十你奖翁为意问。

【汉】我只想和妹在一起，六十年前只想你。

【侗】乃旧本想到醒你，六十夫退本想校。

【汉】你的好伴都走了，我得个苗婆带回家。

【侗】你垒买赖拜多旧，姚垒婄谬多转檐。

男：【汉】今天我来找情人，不知爱还是嫌。

　　【侗】闷乃透骂幼醒你，克哟弄凉记西空。

女：【汉】哥的笑脸实在好，我妹看见心中爱。

　　【侗】旧醒那坎送种呢，乃校送论意星阶呀宁都赖。

男：【汉】隔山隔冲晓得阿妹有好伴，隔山隔水你有好伴我难配。

　　【侗】格成格弄下哟，凉种格答论，格弄格 bia 下哟娘没国透旧。

女：【汉】久不来坑生疏了，不知变成哪个的心上人？

　　【侗】久呃骂汉现醒你，种格骂婄呃哟你困醒你劳？

男：【汉】路边的河水不知道深和浅，靠近你妹不知道爱和恨。

　　【侗】弄 nia 这困呃哟深西令，近巴 nia 九呃哟九醒凉西狠。

女：【汉】妹变良田哥变酒，到了冬天叫哥来接妹过门。

　　【侗】弄变亚凉郎变高，老了亮冬报介骂奥弄打檐。

男：【汉】到了冬天一心一意想来接你，只怕阿妹嫁人了。

　　【侗】怒报老了亮冬乃旧刚劲想醒你，本么醒你拜斗旧。

女：【汉】我们相逢好欢喜，特意唱歌来相逢。

　　【侗】闷到象逢龙坎基，乃到平平岁堆条奥每嘎骂为浓。

男：【汉】我们相逢在一起，只怕阿妹不爱见。

　　【侗】闷到为浓同一起，呆在醒你国努旧。

女：【汉】阿哥哪里到此来，不知道你是那个寨子的。

　　【侗】你介宁努骂透乃，呃哟本胜团寨西映样。

男：【汉】父母养我住在此，我在湖广村在上。

【侗】不磊养旧本鸟乃，寨旧湖广鸟胜务。

女：【汉】情哥路远梦中见你舍不得，心想同你在一起也为难。

【侗】九醒困远变渡呃玄短呃吓，想同那巴恰困应雨难。

男：【汉】情哥见妹越看越难舍，不知情妹是否喜欢哥没有。

【侗】乃旧郎金本象努校本呃吓，呃哟那巴亮旧记西空？

女：【汉】当初阿哥约妹一起来玩耍。

【侗】贯西未象等娘革绵历困金为短。

男：【汉】情哥命运不好难结交，阿哥父母没有田地也难求妹共一家。

【侗】乃旧郎金命乃呃赖难带九，乃旧不空成堆亚难象校龙中檐。

女：【汉】父母无田地难想哥，鹭鸶鸟嘴巴不尖难打鱼。

【侗】补空成塘难想九，就杯鸟谁空刀难奥霸。

男：【汉】父母没有田地难想你，妹的田地太高哥难种。

【侗】乃旧补空成塘难带九，本腰弄校成塘乃胖难奥校。

女：【汉】你和你老婆同床共枕了，我们想都想不到。

【侗】校应买校没醒共当花共亮，吓哟难象那故竹。

男：【汉】情人没有老婆也没有，六十年中只想你一个。

【侗】乃旧买呀空买九共九，六十年空对夫本想校。

女：【汉】我连情人都找不到，也要两人相好得到阿哥月更圆。

【侗】多姚宁九度难磊，呀幼呀边相好旧本磊校团央月

男：【汉】以我心事六十年前都不认，苗木都是共山林。

【侗】意在姚相六十夫对度国冷，共金答名共山弄。

女：【汉】我想情哥好比先生看书不厌烦，哪怕架座天桥也要把妹接过去。

【侗】多姚恋郎一样先生看热呃哟厌，架桥书路定要奥旧弄打檐。

男：【汉】十七十八让我郎来等，你和别人成双成对已相好。

【侗】十七十八娘本再旧郎骂连，弄格金对宁宝校完同客介刚同。

女：【汉】七姑天上实在好，龙凤鸳鸯飞过湖。

【侗】七姑务闷门卡多，龙凤映样奔打湖。

男：【汉】妹比龙凤鸳鸯鸟，鸳鸯成对就是妹。

【侗】龙凤映样定校九，映样对夫先样校。

女：【汉】六十年中不生根，讲到情人就是你。

【侗】六十年每生等，刚透宁本郎西你。

男：【汉】六十年中无命带，搭帮你妹得脸红。

【侗】六十年中乃旧郎众宁空带，本腰答校磊那定。

女：【汉】屋里有鱼哪个还去河里放笓，家有妻特意拿话来哄我。

【侗】奥檐没霸劳弄拜呵河众 bia，檐没磊妈你奔磊代骂多姚。

男：【汉】屋里有鱼哪个爱去放钓，家中有妻哪个还爱到此找。

【侗】奥檐没霸劳弄凉拜河多西，高檐没买努度弄凉骂乃平。

女：【汉】水过坝头哥已有，水过坝尾情哥再好也得不到。

【侗】弄打盘霸格完磊，弄打盘成格没一努国透旧。

唱二十四节气：

正月一朝孝爹娘，爷娘兴称在高堂。立春雨水生百草，看到农夫走忙忙。
二月一朝百花开，燕子双双又转来。惊蛰春分二月节，看来山中百草排。
三月一朝谷雨香，清明谷雨要泡秧。肠雀上树声声叫，只见人间五谷秧。
四月一转急忙忙，只见春工各处忙。杨家又过四月八，家家户户忙插秧。
五月一过是端阳，龙王海水去求阳。夏至难逢端午节，梅子双双是凉方。
六月一转热阳阳，长江海水热于汤。小暑过了大暑节，只见稻花田中黄。
七月一转近水交，中郎事莫坐今朝。元中一会七月半，八仙过海落阳桥。
八月一转桂花开，田中五谷归家来。白露过了秋分节，抢宝时候莫玩鞋。
九月一转是重阳，害进出诗对君王。昨日过了九月九，今朝又是一重阳。
十月一轻又立冬，家家户户算长工。和尚二人登仙界，他是仙家下凡尘。
十一月一转冷西西，家家户户办棉衣。大丑冬季多寒冷，少做邪事多办柴。
腊月一转梅花开，小寒去了大寒来。家家户户办年事，流利花灯两边排。

唱姑娘：

姑娘漂亮义聪明，好比嫦娥下凡尘。天姿国色容颜美，里里外外一韬行。
迎宾待客最灵通，既能武来又能文。好比宋朝穆桂英，七十二阵当先锋。
大战洪州有名声，宋王接你上朝廷。英雄盖世为女将，上管军来下管民。
手中掌握朱砂印，何愁江山不太平。硬说古人比小你，你比桂英强十分。

唱地母经：

盘古初分自当尊，阴阳二合配成婚。上奉高君亲欢喜，下保万民永康宁。

地是地来天是天，阴阳二气紧相连。流天流地流三老，包天包地包乾坤。

坎离震兑当四柱，乾坤艮巽是为天。天君本是云童子，他聋我哑配成双。

神与气合化天地，气与神和产贤君。真气为母母是煞，真神为子子是神。

阴阳会合真造化，造化天地产贤君。虽然不会人言语，三九二八时时行。

子母不离怀胎孕，身怀有孕十年整。十年胎是卦交定，怀满产生六贤君。

天皇地皇人皇氏，伏羲轩辕与神农。伏羲能化天和地，阴阳二气八卦分。

神农皇帝治五谷，轩辕皇帝治衣襟。饮食衣服从此起，留下后世照样行。

三世诸佛从我出，菩萨不离母一身。各位诸神不离我，离我何处去安身。

东西南北四部洲，春夏秋冬我造成。历代帝王不离我，大小皇帝我养成。

天下五岳仙山境，山林树木我长成。七十二样不离我，万物花木我长成。

庶民百姓不离我，五谷六米我长成。七十二样不离我，万物花木我长成。

人治在世吃用我，死后还在我怀中。各府州县不离我，庵观寺院我体成。

大小贤神是我塑，诸神全身我成功。黄金本是四方宝，想坏世上多少人。

金银财宝从我出，看来不离我一身。各地王子把我敬，世上帝王把我养。

国王为我动干戈，归队敬我地田身。急早诚心把工赶，莫把银钱放在心。

虚空地母把合卦，脱凡成圣登天庭。大忠大孝大结果，大慈大仁用超生。

唱十八罗汉：

第一罗汉修得高，明心见往上九霄。逍遥不落国君手，躲脱生死路一条。

第二罗汉修得强，只因要躲十阎王。辞别父母与妻子，修个长生不老方。

第三罗汉修得乐，普劝男女念弥陀。各个寻着双林树，一心跳出是非窝。

第四罗汉修慈母，四大部洲随时游。教化争名莫得利，早进佛门度春秋。

第五罗汉修成仙，家财万贯有粮钱。想到死来过不去，总付佛门结菩缘。

第六罗汉苦修道，行强铲恶逞英豪。中年诚心慈悲心，大罗宝殿好逍遥。

第七罗汉慈悲多，不分日夜念弥陀。本是灵仙会上客，南海岸上好快乐。

第八罗汉心不落，人生人死躲不脱。不如早把佛门进，名列恩爱一刀割。

第九罗汉大肚子，悔我修神来得迟。勤修苦练明心性，也曾登果天仙职。

第十罗汉做大官，紫袍玉带戴金冠。识破红尘官不做，投入佛门到仙班。

十一罗汉好痴呆，抱着金银哭哀哀。早知不是买命物，应该早向佛门来。

十二罗汉儿女多，娶媳嫁女受奔波。怜死儿女替替得，因此早早念弥陀。
十三罗汉儿女无，每日思想痛心腹。也是前生少修积，今世发愿来拜佛。
十四罗汉寿元长，百年难躲十阎王。临老拜佛来迟了，那时教你两头忙。
十五罗汉年限低，赫来十岁短命的。七岁发心去修道，如今寿元比天齐。
十六罗汉修得忙，行住卧坐守空房。二六时钟不怠慢，金丹成就万古扬。
十七罗汉修得乖，自动立志吃长斋。本是西方慈悲主，处心度人坐莲台。
十八罗汉度全家，父母妻子都随他。合价老幼把佛念，九玄七祖坐莲花。
十八罗汉唱完功，劝人行善莫行出。善人头上生百福，恶人头上万事空。

唱三世因果经：
善男信女听言因，听唱三古世果经。三世因果非小可，佛言真语因果经。
今世做官为何因，三世黄金妆佛身。三世修来今世受，紫袍玉带挂全身。
鸾金妆佛妆自己，说尽如来盖世身。莫说做官皆容易，前世不修何处来。
骑马坐轿为何因，前世修桥铺路人。有吃有穿为何因，前世茶饭施贫人。
高楼大厦为何因，前世佛前结彩灯。无父无母为何因，前世忤孽不孝顺。
多子多孙为何因，前世开笼放鸟人。今生无子为何因，前世皆困溺婴身。
今生无妻为何因，前世偷奸谋妻人。今生守寡为何因，前世看轻丈夫身。
今生瞎眼为何因，前世损路瞎失明。今生聋哑为何因，前世拦路打劫人。
今生跛脚为何因，前世糟蹋五谷人。雷打火烧为何因，大称小斗不公平。
蛇咬虎伤为何因，前世冤家对头人。万般自作要自受，地狱受苦告何人。
莫道因果无人见，远在儿孙近在身。不信吃斋多修善，但看佛前受福人。
前世修来今生受，今生修积后世人。三世因果说不尽，天上不亏善心人。

唱好字：
天好自然风雨好，地好自然百草生。国好自然民安乐，官好自然早高兴。
父好自然子孝顺，子好自然父宽心。妻好丈夫不烦恼，女好父母也放心。
人好不要人褒奖，言好自然有人听。文好不怕提孝士，字好不怕别人论。
兄好自然弟相敬，兄弟相好家也兴。团好有事同商议，邻好有事同一行。
家好门中生贵子，宅好家内出贤人。山好龙脉来相故，水好发富发大丁。
运好不要算八字，命好何必看五行。好字之中唱不尽，好好孝顺双大人。

唱清字：

国清才子启为贵，官清百姓得安宁。天清自然星斗现，地清太平百草生。
山清出人多聪秀，水清鱼龙现真身。树清不于青松柏，风清日月好乾坤。
文清又定登科甲，眉清目秀好贤人。人清必然多公道，心清百病不沾身。
墨清纸白好写字，字清科好上高名。这个清字唱不尽，不余请安告东君。

唱老字：

人老头上白发生，眼花昏花看不真。耳老不听人言语，舌老讲话讲不清。
鼻老时时流鼻涕，口老说话费精神。牙老吃食不得味，喉老吃食难得吞。
手老不能提重物，脚老路远不能行。背老腰驼不得力，心老是个颠懂人。
牛老耕种不得力，马老上阵去不成。猪老招屠来取死，犬老守夜听不真。
草老耕牛不想吃，树老肚内又空心。禾老主人难收拾，菜老开花又起心。
老子之中唱不尽，老老实实出财门。

十唱古人：

一唱古人唐圣君，同到西天去取经。西天取经去得远，全靠圣者保圣经。
二唱古人花关索，手提黄龙抢一根。果然他是手面好，四海扬名天下闻。
三唱古人包文正，他是天上黑教星。斩过几多无头案，日斩阳来夜斩阴。
四唱古人杨文广，文广失陷柳州城。失陷柳州六个月，内无猪草外无客。
五唱古人李蒙正，只有蒙正受苦情。上无片瓦下无地，破瓦窑中去安身。
六唱古人刘相公，八宝山上好英雄。只有他的道法深，又靠孙者收回程。
七唱古人是董永，七姐下凡配成亲。董永配合七姐妹，害的天宫不太平。
八唱古人远文正，夫人二人下京城。封他两人官不小，夫妻双双在朝廷。
九唱古人是苏秦，忍尽饥饿受苦心。后来他得宦星昱，朝中挂帅各有人。
十唱古人是孟姜，孟姜配合范世良。只有孟姜情意好，千里路上送衣裳。

唱十二月仙人：

正月一朝是新年，八仙过海不用船。太白金星云中过，王母采桃会八仙。
二月一朝百花开，无情无义蔡伯楷。舍了妻子感化女，罗裙斗士立坟台。
三月一转桃花开，苏秦求宦空回来。堂前双亲全不理，妻儿不肯不职走。
四月一朝正栽日，石鹏得回钱玉章。玉莲扯的哥哥手，你为何得到江边。

五月一转是端阳，龙船下水是长江。杨二般头打金斗，九娘岸上细思量。

六月一转无处阴，头科状元高念经。舍了妻子孟氏女，割肉煎汤救娘亲。

七月一转秋风凉，智远别了李三娘。夫去郁州为丞相，家中丢下咬齐郎。

八月一转桂花开，梁山伯会祝英台。同到杭州读书转，不知他是女贞才。

九月一转是重阳，里应外合关云长。张飞赐他三通鼓，古城楼下斩蔡阳。

十月一转下浓霜，割肉救母刘爱香。家住杖州草山县，地名叫作金沙江。

十一月转雪花飘，蒙正夫妻住破窑。山中野菜连根吃，手中青菜破皮烧。

十二一转冷清清，藏王养母去修神。五百大众都烧死，救出南海观世音。

6.3 戏曲舞蹈

1. 盘花①（林河整理）

地点：百花盛开的花园

人物：花童、柳二姐

花童：（上引）花童花童，做事玲珑，一会栽花，二会做工。（白）

我是王员外家中的一个花童。近几日上山打樵去了，未到花园整花，今日天气晴和，不免到花园走走！行行走走，走走行行，来此已是花园。（进花园四望）啊呀！几日未到，许多花枝就憔悴了，待我打水浇花便了。（打荷花池水浇花、整花、相花、伸懒腰）天气炎热，太阳当头，不觉瞌睡也来了。我去寻一个阴凉之处打睡一时。（哈欠，睡）

【柳二姐提猪草篮上。】

柳二姐：（唱）

将身离了草堂下，

去到外面把猪草打，

小妹今年有十八，

年纪轻轻没夫家，

官家子弟我不爱，

富豪人家我不嫁，

———————————————

① 由绥宁县侗寨遗产地文化研究与保护组提供。

哪有黄金当得饭，

哪有美酒当得茶。

花园有个花童哥，

年纪和我一样大；

忠厚老实又勤劳，

少年哪个比得他；

若得与他结婚配，

快快乐乐过生涯；

他种田来我纺纱，

他砍柴来我织麻；

闲言闲语休要讲，

怕的落日西山下；

来在花园用眼看，

只见满园尽是花，尽是花。（噫呀噫呀哈）

说来说去，不觉来到王家花园，这园外的猪草都已打尽，咦！我进园去打打猪草。咦！我往日打猪草、选猪菜，有花童哥相帮，今日怎不见他？他不是高山砍樵去了，就一定在这花园内浇花。（向左）花童哥，没有。（向右）花童哥，还是没有。哟！你看这满园百花，开得多么好看，我柳二姐家里贫穷，无钱穿戴，今日我摘下几枝鲜花，就此无人之处打扮打扮。

（唱）三月桃李正鲜艳，

柳二姐扯菜进花园，

摘枝鲜花头上戴，

水池旁边照容颜，

一枝牡丹水中现，

单缺芙蓉配牡丹。

【从池中第一次发觉自己的美丽，渐渐沉入青春幻想。】

单缺芙蓉配牡丹。（噫呀噫呀哈）

【忽然池中影子成双，大惊。原来花童在她摘花时已惊醒，来到她身后偷偷观望。】

柳二姐：吓啾！吓啾！（拍胸）吓我一大跳！

花童：（假装正经地）呀！抓到一个偷花贼！

柳二姐：（害羞）谁偷你的花？哪个偷你的花？

花童：是你偷我的花！

柳二姐：我没有偷你的花。

花童：你没偷？

柳二姐：嗯！

花童：那你头上是什么？

柳二姐：这个？我地下捡的。

花童：啊！你地下捡的。那你篮子里是什么？

柳二姐：这个？也是捡的。

花童：哪有这么多捡的，我也捡去。

柳二姐：不瞒花童哥说，见你满园百花开得茂盛，是我摘了这几枝。不想你这样小气，还给你就是。（把花从头上拿下来）

花童：哟！你就这么认真！方才我是和你说着玩的。只要你爱，摘几枝要什么紧。来来来！你爱那几枝花，待我与你摘来。

柳二姐：不要了，我打猪草要紧。

花童：那，我来与你帮忙。（二人扯猪草）柳二姐！我看你爱戴花，爱绣花，今天倒要盘问你一些花名。

柳二姐：我要打猪草，哪得闲与你盘花。

花童：不要紧，打猪草有我。你若盘赢了，不但打猪草，就是洗猪草、送猪草我也包了，连晚饭都不吃你的。

柳二姐：你说过的。

花童：哪个耍你！

柳二姐：莫说盘花便罢，说起盘花，吓！那就盘到我手板心里来了。

花童：此话怎讲？

柳二姐：我喜的是花，爱的是花，戴的是花，绣的是花，岂不是盘到我手板心里来了。这回你是输定了。

花童：我栽的是花，种的是花，每日里扫花、浇花，到晚来作一个梦，连梦见的都是花，难道还输给你！

柳二姐：你当真要盘？

花童：当真要盘！

柳二姐：那就好有一比——

花童:好比何来?

柳二姐:八仙飘海,

花童:各显神通! 请!

柳二姐:请! (一同起舞)

花童:(唱)对门山上满山红哟,

　　　　柳二姐!

柳二姐:嗯,花童哥!

花童:(唱)　那又是个什么花?

　　　　　什么花儿白哟? 什么花儿红?

　　　　　那些花儿白? 哪些花儿红?

　　　　　我爱你柳二姐,梳的个巧盘龙。

柳二姐:(唱)龙是不像龙呀,像一个水爬虫,

　　　　　呀哈噫呀哈,像一个水爬虫。

　　　　　对门山上满是满山红哟,

　　　　　花童哥!

花童:嗯! 柳二姐!

柳二姐:(唱)那是月季花。

　　　　　栀子花儿白呀,月月花儿红,

　　　　　栀是栀子白,月是月月红,

　　　　　我爱你花童哥,聪明好劳动。

花童:(唱)　聪明好劳动呀,怎奈我家贫穷,

　　　　　呀哈噫呀哈,怎奈我家贫穷!

　　　　　对门山上满是满山白哟,

　　　　　柳二姐!

柳二姐:哎,花童哥!

花童:(唱)　那又是个什么花?

　　　　　什么花儿白哟? 什么花儿红?

　　　　　哪些花儿白? 哪些花儿红?

　　　　　我爱你柳二姐,像一朵美芙蓉。

柳二姐:(唱)说什么美芙蓉呀,你我一般同。

　　　　　呀哈噫呀哈,你我一般同。

对门山上满是满山白哟，

花童哥！

花童：哎，柳二姐！

柳二姐：（唱）那是个雪梨花。

雪梨花儿白呀，石榴花儿红，

梨是梨花白，石是石榴红，

我爱你花童哥，勤劳又中用。

花童：（唱）　中用不中用呀，与人家做长工，

呀哈噫呀哈，与人家做长工。

柳二姐！这样盘慢得很，我要来一个快盘花。

柳二姐：快慢凭你！（起舞）

花童：（唱）对门山上满山红，你猜是个什么花？

柳二姐：（唱）对门山上满山红，那呀是个映山红。

花童：（唱）对门山上满山白，你猜是个什么花？

柳二姐：（唱）对门山上满山白，那呀是个土椒花。

花童：（唱）对门山上插白旗，那又是个什么花？

柳二姐：（唱）对门山上插白旗，那呀是个芦苇花。

花童：（唱）对门山上吊灯笼，那呀是个什么花？

柳二姐：（唱）对门山上吊灯笼，那呀是个柿子花。

花童：（唱）对门山上吊绣球，那又是个什么花？

柳二姐：（唱）对门山上吊绣球，那呀是个板栗花。

花童：（唱）深水潭中插宝剑，那又是个什么花？

柳二姐：（唱）深水潭中插宝剑，那呀是个菖蒲花。

花童：（唱）深水潭中飘粽子，那又是个什么花？

柳二姐：（唱）深水潭中飘粽子，那呀是个菱角花。

花童：（唱）深水潭中打绿伞，那又是个什么花？

柳二姐：（唱）深水潭中打绿伞，那呀是个白莲花。

花童：（唱）半天云中吹喇叭，那是个什么花？

柳二姐：（唱）半天云中吹喇叭，那呀是个喇叭花。

花童：（唱）半天云中吊火把，那又是个什么花？

柳二姐：（唱）半天云中吊火把，那呀是个山茶花。

花童：（唱）十八姑娘踩软索，那又是个什么花？

柳二姐：（唱）十八姑娘踩软索，那呀是个丝瓜花。

花童：（唱）十八姑娘耍秋千，那又是个什么花？

柳二姐：（唱）十八姑娘耍秋千，那呀是个豆角花。

花童：（唱）十八姑娘墙头坐，那又是个什么花？

柳二姐：（唱）十八姑娘墙头坐，那也是个南瓜花。

花童：（唱）十八姑娘眉毛弯，那又是个什么花？

柳二姐：（唱）十八姑娘眉毛弯，那呀是个豌豆花。

花童：（唱）矮子大嫂儿子多，那又是个什么花？

柳二姐：（唱）矮子大嫂儿子多，那呀是个辣椒花。

花童：（唱）胖子大姐戴毡帽，那又是个什么花？

柳二姐：（唱）胖子大姐戴毡帽，那呀是个茄子花。

花童：（唱）生毛的是什么花？

柳二姐：（唱）生毛的是冬瓜花。

花童：（唱）不生毛的什么花？

柳二姐：（唱）不生毛的白瓜花。

花童：（唱）溜溜圆的什么花？

柳二姐：（唱）溜溜圆的绣球花。

花童：（唱）簸簸箩箩的什么花？

柳二姐：（唱）簸簸箩箩的苦瓜话。

花童：（唱）八月十五满园香，那又是个什么花？

柳二姐：（唱）八月十五满园香，那呀是个丹桂花。

花童：（唱）满园放下绊马绳，那又是个什么花？

柳二姐：（唱）满园放下绊马绳，那呀是个瓮菜花。

花童：（唱）三岁儿童喊姑妈，那又是个什么花？

柳二姐：（唱）三岁儿童喊姑妈，那呀是个慈姑花。

花童：（唱）世间之上宝中宝，那又是个什么花？

柳二姐：（唱）世间之上宝中宝，那呀是个稻谷花。

花童：（唱）世间之上见得稀，那又是个什么花？

柳二姐：（唱）世间之上见得稀，那呀是个美昙花。

花童：（唱）凤凰落在丹池内，它又爱的什么花？

柳二姐：（唱）凤凰落在丹池内，它是爱的牡丹花。

花童：（唱）金鸡下池配凤凰，它又爱的什么花？

柳二姐：（唱）金鸡下池配凤凰，它是爱的芙蓉花。

花童：（唱）红根绿叶怕霜雪，那又是个什么花？

柳二姐：（唱）红根绿叶怕霜雪，那呀是个荞麦花。

花童：（唱）最怕下的连夜雨，那又是个什么花？

柳二姐：（唱）最怕下的连夜雨，那呀是个麦子花。

花童：（唱）正月里来？

柳二姐：（唱）红梅花。

花童：（唱）二月里来？

柳二姐：（唱）杏子花。

花童：（唱）三月开的？

柳二姐：（唱）桃李花。

花童：（唱）四月开的？

柳二姐：（唱）蔷薇花。

花童：（唱）五月开的？

柳二姐：（唱）石榴花。

花童：（唱）六月开的？

柳二姐：（唱）是荷花。

花童：（唱）（反过来）十二月开的？

柳二姐：（唱）腊梅花。

花童：（唱）十一月开的？

柳二姐：（唱）迎春花。

花童：（唱）十月开的？

柳二姐：（唱）是茶花。

花童：（唱）九月开的？

柳二姐：（唱）是菊花。

花童：（唱）八月开的？

柳二姐：（唱）丹桂花。

花童：（唱）七月开的？

柳二姐：（唱）菱角花。

花童：（唱）大姐头上？

柳二姐：（唱）茉莉花。

花童：（唱）大姐身上？

柳二姐：（唱）珠兰花。

花童：（唱）大姐鞋上？

柳二姐：（唱）蝴蝶花。

花童：（唱）大姐脸上？

柳二姐：（唱）海棠花。

花童：（唱）洗不脱的？

柳二姐：（唱）眼中花。

花童：（唱）洗得脱的？

柳二姐：（唱）画上花。

花童：（唱）摘得到手？

柳二姐：（唱）树上花。

花童：（唱）摘不到手？

柳二姐：（唱）镜中花。

花童：花！

柳二姐：花？

花童：花！

柳二姐：花？

花童：花呀花呀花！

柳二姐：什么花呀花呀花？说呀！

花童：柳二姐！你看天色不早，这花留着明日再盘，还是打猪草要紧。

柳二姐：打猪草、洗猪草、送猪草，我都有那盘输了的帮忙，还是盘花要紧。

花童：打猪草要紧！

柳二姐：盘花要紧。

花童：（无可奈何）柳二姐，你着实聪明，这次就算我……

柳二姐：算你什么？

花童：算我输你这一次。

柳二姐：总归输了！

花童：啊！就是总归输了。

柳二姐：（笑）我也不与你缠了，打猪草要紧。

【二人同打猪草。柳被刺着，童关怀。童被割破手，柳关怀。感情更深。】

柳二姐：够了够了。

花童：我给你挑回去。

柳二姐：以前是讲笑的，这点猪草我挑得起，不用你费事了。

花童：一截顺路，不费事的。

柳二姐：如此有劳了花童哥。

花童：柳二姐请先。

柳二姐：（唱）前面走的花童哥，

花童：（唱）后面跟的柳二姐，

柳二姐：（唱）花童哥孤单人一个，

花童：（唱）多谢二姐关顾我，

柳二姐：（唱）我爱哥哥人品好，

花童：（唱）我爱二姐情意多。

柳二姐：（唱）二人有心又有意，
　　　　　　　何不请人来说合？

花童：（唱）　要想请人来说合，
　　　　　　　怎奈我家贫穷难过活。

柳二姐：（唱）夫妻耕织同干活，
　　　　　　　就吃稀粥也安乐。

花童：（唱）二姐说的是真情话？

柳二姐：（唱）小妹谎话没说过！

花童：二姐呀！（唱）
　　　　　　　花童哥孤单人一个，
　　　　　　　王员外家中把工作，
　　　　　　　穿在身上吃在口，
　　　　　　　无家无业难过活，
　　　　　　　柳二姐！
　　　　　　　你爱我要吃得苦中苦，
　　　　　　　莫学那蜻蜓点水随意落。

柳二姐：（唱）小妹也是贫寒家，

纺得纱来织得麻，

菜园里头挖得地，

上山也能把柴打，

花童哥！我愿勒紧肚皮当作饱，

蕨粑当饭水当茶。

花童：（唱）　二姐说的真心话，

不由花童笑哈哈，

唉！花开怕的风雨打，

月圆又怕乌云遮，

柳二姐！怕你爹妈不答应，

将你嫁与富豪家。

柳二姐：（唱）爹娘生我一个人，

爱我犹如一枝花，

花童哥！二老亲口答应我，

小妹子自己择夫家。

花童：二姐！这是真的？

柳二姐：不假！

花童：那就好哇！（唱）

喜哈哈来笑哈哈，

花童心中开了花，

天上牛郎配织女，

柳二姐配花童娃，

找着员外清算账，

背时的长工懒做他！

柳二姐：（唱）小妹此番回家转，

堂前禀告爹和妈，

将你接过我家去，自耕自种过生涯。

【二人相视而笑，花童喜得眉飞色舞。】

柳二姐：瞧你这个样子！看！太阳快落山了。

花童：啊！太阳快落山了。

柳二姐：还不快走！

花童：走……

柳二姐：走！

花童：……

【二人余意不尽，下。】

【落幕】

2. 兄妹传花

在侗族，有很多关于花的传说，人们认为花是生命之源。传说宇宙最初是被一个旋转着的蛋炸开分成了上中下三界，中界为大地，大地上长出了一枝花，花盛开以后出现了一个女人。这个女人便成为了人类的始祖，即花婆，被当作生育神和婴儿守护神来祭拜。当妇女生完孩子以后，人们会采摘野花制成花束，置于产妇的床头，再立上写有"花王圣母"的神牌。因为人们把生儿育女之事都看成是花婆的恩赐，所以花婆还被赋予守护孩子的职能。有小孩生病了，会由母亲祭拜花婆，再请巫师作法游花婆的庭院，找到生病的孩子是什么花，由巫师代为除虫浇水。在孩子成长过程中，凡遇身体不适，都要给花婆上香求保佑。

《兄妹传花》以巫傩戏曲的表演方式，表达了侗族人渴望得到神灵萨母庇佑的美好愿望。内容如下：①

【剧中人】姜郎，姜妹，山鬼，老妇，老翁，寨姑子若干

【云雾飘绕在崇山峻岭之间，远处东南山间走来了兄妹两人。】

【清脆、悠扬的侗笛声起】

【乐师伴歌】

> 人是花里生
>
> 花是人的根
>
> 远山飞花歌
>
> 花会有情人

【鼓锣声中，姜郎姜妹头戴面具上场】

【内打喷嚏】阿嚏——阿嚏！

---

① 由绥宁县侗寨遗产地文化研究与保护组提供。内容由佘刚林整理。参见绥宁县侗寨遗产地文化研究与保护组于 2014 年编写的《上堡·大团侗寨文化遗产资料汇编》。

郎吟唱

（领）　　　　　南山界

　　　　　　　　东山坡

（众）　　　　　界上住着妹

　　　　　　　　坡下住着哥

（领）　　　　　盘山道上喊一声

（众）　　　　　哥妹走断脚

郎：前面是哪个？

妹：是我嘞。

郎：（故意地）你是哪个啦？

妹：我呀…我是你的妹嘞。

郎：（走到妹面前细看）哦吷！我以为是个妖怪，原来是我的妹来了。

妹：哥哎！你从哪里来呢？

郎：我呀，不是西山，也不是北山，我是从东山坡来。

　　诶，妹来做什么？

妹（唱）：

　　　　逛了一次东山坡

　　　　十有九夜睡不着

　　　　阳春三月百草香

　　　　花开时节来看哥

　　　　（白）哥耶，你去哪里哟？

郎：昨晚，花林神母（"萨母"）托梦给我要我今天三月三去采摘林中花树，
为凡人赐福降祥。

妹：春三时节花正开，妹与情哥采花来！

郎：那就对了，你我一起采花去，妹先走！

妹：嗯—嗯！

郎：又做什么了？

妹：我怕嘞……

郎：你怕什么？

妹：我是怕山里吃人的野鬼。

郎：哦！那就我走前，妹走后，跟我来！

【侗笛、鼓锣声起】

【兄妹俩做跨小溪、爬山坡、攀藤附葛等舞蹈动作表演】

【远处传来一阵阵古怪的声音，刹那间，一股妖风扑面而来，妖风化作山鬼挡在兄妹面前并大声吆喝】

山鬼耶嘿！——（击钹，紧打慢念）

> 树是我的树
> 山是我的山
> 哪个想走过
> 叫它不得安

【山鬼在兄妹面前舞动着板刀，做出各种怪异的表演，兄妹惊慌、无奈。顿时，远处传来"萨母"的声音】

【画外音】

> 山归我管
> 树归我栽
> 谁在此处闹
> 叫它快滚开

【"萨母"念咒收服山鬼，山鬼化作烟雾散去。兄妹下跪，朝着远处的方向朝天膜拜】

【兄妹目送神母远去后，欣喜若狂地跳起"葫芦舞"】

【乐师伴歌】

> 一槌鼓
> 一声哐
> 郎戳妹来
> 妹戳郎
> 郎戳妹妹叽叽叫
> 妹妹戳郎嘎嘎响

妹：哥哎…我好热…

郎：那就在这里休息下。

妹：不，我想要哥背我。

郎：别人看见丑得很，我还是托着妹的手走啰！

【鼓锣声中哥妹牵手"跳花"】

【乐师伴歌】

> 郎跳花　妹跳花
>
> 花树传到愚人家
>
> 等到来年春三月
>
> 南风吹动又发芽

【众人迎放鞭炮，烧香点纸"接花"表演】

【老妇接花唱】

> 手捧花树跳花来
>
> 花在园中四季开
>
> 今日跳起传花舞
>
> 百年花落上天台

【众人将花树插在各自头上，然后绕圈跳起欢乐的"传花舞"】

众（唱）：

> 你传花　我接花
>
> 传给你　传给他
>
> 花树传得百年昌
>
> 神赐花树万代发

【落幕】

3. 唱土地

在上堡，土地神几乎是家家户户都信奉的神灵，除了被赋予保佑五谷丰登的职能之外，还被人们视为财神、福神和守护神。从每年的正月初三开始，一直到正月十三，各家各户都要准备好甜酒、粑粑、花茶、香烟以及香纸等物品，迎接"土地神"的到来。"土地神"分为土地公和土地婆，都是由能歌善舞的人戴着面具扮演的。土地公戴着有很长白胡须的面具，身着对襟长袍，手持龙头拐杖，一副慈祥老爷爷的装扮。土地婆的扮演者一般会有两个。头上系有一条很长的帕子，戴着笑脸女性的面具，身着大襟的半长袍子，手上提着一个菜篮子。"唱土地"活动就是由一个土地公和两个土地婆搭帮表演，在正月初三到正月十三这段时间里，挨家挨户地登门演唱。因为"唱土地"是要一家家造访且需要带回献祭物品的，所以考虑到体力需要，土地公和土地婆的扮演者一般都是男性。"唱土地"过程中演唱的内容很宽泛，有很多临场发挥的即兴唱词。有时就事论事、见物唱物，有时你问他答、他问你答，又有时会拉上主人一起表演。但总体上还是有一定程式规范的，初入村寨，土地公和两个土地婆一定会先唱"起神歌"①：

一年一度正月正，家家户户过新年；

家家户户鞭炮响，老君催我下凡尘；

催我下凡无别事，百家门上受香烟。

唱完起神歌，算是活动开场了。每到一户人家，再唱"进财歌"：

一路行程赶得快，不觉到了主东门；

主东门前打一望，红纸对联竖成栋；

琉璃瓦屋花窗阁，里里外外闹腾腾；

土地外面观不尽，欲与主东开财门。

户主听到进财歌，急忙点燃鞭炮喜迎土地神进门。土地神边进门边唱着：

主东财门大打开，好比状元跳龙门；

一脚跳进南京地，一脚跳进北京城；

南京城内出才子，北京城内出状元；

才子进屋金鸡叫，状元进屋凤凰鸣；

金鸡叫，凤凰鸣，主东家朝进金来夜进银。

主人们听到这样的祝福歌，自然喜笑颜开。接下来，土地神们还要向主家唱"拜年歌"：

恭喜主东财路广，贺喜主东万年春；

土地上前来恭贺，参拜主东福盈门。

主人接受了这样的祝福以后，要向土地公和土地婆行礼。彼此互相行礼之后，主家要盛情款待土地神，请他们品茶、喝酒，还要敬烟。然后，土地公和土地婆无论是否享用了这些，都要向主家唱"谢茶歌"：

一谢主东盛情茶，正月开的是兰花；

就把兰花来相谢，兰香桂子出你家。

最后，主家要向土地神敬奉香纸和供品，意思是要土地神保佑家里人兴财旺。这时候，无论主家敬献的东西是什么，土地神都要接受，不能推辞。否则，主人家会认为是土地神不愿意保佑他们。其实，这也就是我们通常所说的民间信仰的"仪式"与"象征"的问题。人们通过"唱土地"这种形式，来象征人们与神

---

① "唱土地"活动的唱词，均由绥宁县侗寨遗产地文化研究与保护组提供。

灵的交往，从而通过献祭来实现各种美好愿望。土地神接受供品以后，唱着答谢歌离开，主家再依依不舍地点燃鞭炮送神灵离开。

以上是"唱土地"活动的一般程序，但是其中有很多时候是需要土地神临场发挥的。比如有时候主家会戏弄土地神，追根究底地反复盘问土地神到底是否奉了太上老君之命。土地神当然也是有所准备的，先是唱起"土地根源"：

不唱前朝并后汉，且唱堂前土地神。土地原是肖家子，刘氏门中亲外甥。
父亲名叫肖万圣，刘氏娘娘是母亲。先前生在海西地，后居洪州一座城。
再三又坐蔡州界，蔡州桥上坐几春。桥头有过龙公鸡，桥尾有过舍凉亭。
刘氏娘娘身有孕，生下孩儿十个人。父亲当时把名取，各取孩儿有名人。
大哥取个肖志县，二哥取个肖志英。三哥取个肖志太，四哥取个肖志本。
五哥取个肖志凰，心想孩儿娶嫁姻。因此母亲身有病，六哥取个肖志云。
七哥取个肖志发，八哥取个肖志珍。九哥取个肖志德，十哥取个肖志兴。
后来兄弟年长大，看看不久命归阴。龙汉六年身亡故，葬在高界洞口村。
五个山头出强将，五个山头出能人。十人兄弟同造饭，要往占州杀老君。
去到蔡州城堂坐，来到林花界上存。二位强盗拦脚路，不要兄弟过路程。
十人兄弟心大怒，捉拿强盗两个人。两个强盗齐下拜，低头拜跪十兄人。
二人兄弟少母命，同你十人共母亲。十人兄弟将言问，你是哪州哪县人。
二人回答兄弟语，我是西番外国人。老家生在西番国，我今还是马家人。
二人本是马家子，随你众位改姓名。改名叫作肖志定，第二叫作肖志坤。
一十二人结了义，来到古州大法门。一十二人高声骂，口口声声骂老君。
你把金殿退还我，要你古州坐几春。太上老君来听见，吩咐门宦守内人。
赐你毛扇一丈二，又把小鬼在三门。就把灵丹吹一口，坏了一十二人身。
都在古州身亡故，黄昏哭到五更鸣。老君心中忍不见，各封爷院去为神。
大哥封在天堂去，陈氏夫人一路行。封在天堂为土地，手把黑印管乾坤。
二哥在本闲堂去，马庄夫人一路行。封在木桶为土地，手拿大印管乾坤。
三哥封在桃园去，周氏夫人一路行。封在桃园为土地，手把官印管乾坤。
四哥封在巷堂去，单身独自一人行。封在巷堂为土地，手把法印管乾坤。
五哥封在庙堂去，梁氏夫人一路行。封在庙堂为土地，手把玉印管乾坤。
六哥封在街前去，郓氏夫人一同行。封在街前为土地，朱砂赐印管乾坤。
七哥封在坳头去，黄氏夫人一同行。封在坳头为土地，掌管山河手中存。
八哥封在田头去，谭氏夫人一同行。封在田头为土地，手把水印管乾坤。

九哥封在桥头去，曾氏夫人一同行。封在桥头为土地，把守邪鬼不要行。

十哥封在下培去，端庆夫人一同行。封在下培为土地，全家大小得安宁。

十一封在楼门去，旺相夫人一同行。封在楼门为土地，官非口舌远高门。

我在此处多受苦，各位爷院去为神。仔细思想无路去，谁知今日受皇恩。

只有满哥无处生，百家门上守香烟。正月初三下凡界，保佑人丁六畜生。

之后，若还是遭遇"质疑"便会唱起"目的歌"和"劝世文"：

主东君来主东君，你怎说起这一门；

说起这门伤和气，土地凡人要自尊。

原本我受老君命，百家门上受香烟；

不信你问老君去，我不与你辩和争。

哪个梳头冒挦发，哪个男子不出门；

甜酒粑粑我家有，百家门上受香烟。

接受香烟犹小可，专程送达劝世文：

一劝金来二劝银，古人留语劝凡人；

第一劝人敬天地，第二劝人敬双亲；

第三劝人敬贤士，第四劝人敬圣明；

常把一心行正道，自然天地莫相亏；

天若和来风雨顺，地若和来百草生；

君臣和来地安乐，国相和来得太平；

大路和来好跑马，江水和来船好撑；

日月和来不相扣，国度和来不动兵；

父子和来家不退，兄弟和来家不分；

夫妻和来百家顺，妯娌和来不相生；

六亲和来常相往，朋友和来义长情；

奉劝世人讲和气，和和气气度光阴。

唱完"劝世文"之后，若主家还是不肯作罢，土地神便接着演唱，内容涉及很多内容。比如：父母应该怎么教育子女，儿女为何要孝顺父母，孝顺父母具体应该怎么做，兄弟姐妹如何相亲相爱，婆媳以及妯娌之间应该和睦共处，夫妻之间如何相敬相爱等。

唱父母恩情：

母今生来父养成，哀哀父母不非轻。一尺五寸娘养大，舍身难报父母恩。

当家才知盐米贵，养儿才知父母恩。不依旦看怀胎母，怀胎记上不会轻。
十月怀胎娘辛苦，阿弥陀佛可怜人。将得一朝娘分娩，父母见儿才放心。
一门老少齐欢喜，有了祖宗接班人。一周三岁怀中抱，三岁乳娘娘辛勤。
日间抱起自由可，夜间床上可怜娘。屎尿床上是娘睡，干床干处是儿身。
左边有屎右边放，右边有屎左边匝。左右两边都有屎，双手扶儿在胸边。
儿子若是睡不着，父母脚都不敢伸。乳奶若是三五袋，儿女不过背离身。
一日吃娘三餐奶，一夜吃娘九时浆。娘奶不是长江水，不是山中树木浆。
口口喝娘身上血，浑身四肢脸发黄。若是一朝儿有病，父母时刻记在心。
千方百计来门诊，又上神灵许愿心。一二三岁年纪小，三头四岁易善战。
儿子长到六七岁，父母送进学堂门。又怕路上有失错，儿子回家才放心。
为愿儿子多伶俐，为愿易养早成人。儿子长到十七八，又要与儿讨房亲。
讨得一房贤妻子，才免父母一片心。儿媳背了父母讲，反说父母没良心。
交朋结友来往客，只说他们自己能。只和妻子一条心，父母丢下九霄云。
不管父母饥寒冷，何存近便问一声。父母恩情深如海，一重难报九重恩。
为愿儿子多孝顺，莫做忘恩负义人。不管进出近和远，务必说给父母听。
若是儿子不孝顺，燕子衔泥白费心。仔细你看檐前水，点点落地不差分。
孝顺必生孝顺子，忤逆必生忤逆孙。你孝父母有四月，你儿孝你斤打斤。

男女孝顺父母歌：
世除道德少玄微，人除父母少谦卑。孟孙高孝和为贵，夫子对日要无违。
在生供奉茶饭水，愁眉要把笑颜开。任随贫穷与富贵，尽其力量看事为。
早晨一盆洗面水，年老只爱茶一杯。爱的糖食时新味，肉菜烂煮莫称肥。
朝要请安夜送睡，冬天被冷要烘焙。出外向亲先答对，东南西北要早归。
父母愁闷心烦碎，好将良言劝一回。父母有错莫见罪，儿谏不从把笑赔。
恐亲打骂莫应嘴，只当忍错远离开。有吃多多办美味，死后摆供假慈悲。
有穿绫罗莫嫌贵，没后衣裳黄土堆。父母年老心胆碎，只想冷热风雨吹。
年登六七八十岁，光阴不久又凶危。无常一到难相会，舌头留他少久陪。
夜莫贪眠打瞌睡，此时已别永无归。气断只得空流泪，不肯回头把话回。
殡殓在堂莫违背，男女要把孝衣披。送老登山当拜跪，三朝一到引魂归。
安灵供奉家堂内，每日装香要摆位。时刻吃茶与吃水，先把爷娘摆上席。
尽其男女心意为，父母恩深儿多罪。粉骨碎身难赔罪，十月怀胎母吃亏。

三年吃乳娘多累，把儿当作其宝贝。不是抱来就是背，爷娘作践儿戴贵。
朝不停工夜不睡，为儿为女吃尽亏。长大成人要婚配，兴家创业苦栽培。
寿年坐登已百岁，时刻挂念不丢开。直到人亡土孔睡，方免儿女是和非。
奉劝男女心莫昧，理当孝顺把情赔。好心换工替驼背，礼还以礼不为亏。
当家正知盐米贵，养儿莫把父母亏。要醉就在壶中醉，要菜莫压饭脚底。
不孝爷娘天大罪，男女定要遭五雷。不信但看檐前水，点点无差照旧规。

唱家和人和：
家和人和才事和，凶灾祸害自消魔。老少男女人几个，都是自己一阿罗。
天下无不是父母，世间难度弟兄多。父子和顺无灾祸，男女孝顺子孙多。
李孝堂前父与母，要敬高尊祖太婆。莫嫌前娘与后母，莫骂叔侄弟兄哥。
妯娌贤良要和睦，夫妻好全吉祥多。弟兄姐妹莫拆伙，宁可添口莫添锅。
都是同胞共一母，老老少少要谦和。张李有话对面说，莫听旁人吹楚歌。
人老癫懂多差错，耳聋眼瞎话说多。男女眼见莫推躲，病痛灾星没奈何。
好比太阳西方落，不久就要见年罗。大事小故肯题破，是本册子值钱多。
龙在嫌龙多冷落，龙去思龙无处摸。不论公公和婆婆，年老也莫太过火。
茶饭咸淡休怒恶，莫想餐餐杀鸡鹅。无事睡觉宽心坐，莫管男女事如何。
莫为娃娃记仇过，眼泪不干又笑和。长哥当爷主意作，长嫂当年差不多。
车前打水轮流过，落雨蓑衣都要摸。今生姐妹同打伙，二世隔了万事坡。
姑娘在家当客坐，未存出嫁口莫多。哥弟嫂嫂要和合，日后回来笑呵呵。
要想后来人大个，可要口上放谦和。人家吵闹多凶祸，男女不忍祸根科。
如今世人难管锁，家内人所话也多。妇忍横殃爱撞祸，枕边告诫书文多。
做善半点乱作恶，好比山林火鸡凄。额头生起八岔角，圈马条环一匹骡。
无故寻人乱放发，打男骂女把人嗦。鼓眼横睛出缘火，榜户冲门折碗锅。
子孙不贤乱赌博，家门不顺出妖魔。悬梁吊长刀斧剁，服药跳江去扑河。
三堂人命两界火，家中就打九槌锣。告讼惊官坐牢狱，家财田地尽削磨。
妻离子散多流落，男女吵闹祸殃多。奉劝世人牢记着，免得人家泪滂沱。
人少怕断香炉火，要变和尚尼姑婆。贫富依劝人安乐，家中齐唱太平歌。

唱夫妻和顺：
天晴月朗并星稀，家兴子孝得贤妻。男女配合天和地，几多奥妙和玄机。

五百年前有表记，不是姻缘不是妻。四个爷娘配就的，万古千秋不改移。
日同三餐且同被，有福同享饿冈饥。贫富莫怨张和李，好丑莫要说嫌疑。
夫妻只有今世的，再无二世又夫妻。二人同心要合意，大事小故共商议。
张李不是莫发气，高的高来低的低。夫妻好比做伙计，发财折本莫抛离。
堂前教子是正理，枕边无人是教妻。牛告三朝要上路，人比畜生更通皮。
她将终身许配你，莫要打骂把她欺。三餐茶饭吃现的，不要自办得便宜。
生死相顾当怜惜，伤寒病痛杀只鸡。衣裳邋遢她浆洗，盐米夫妻不外提。
父母恩深要报实，夫妻义重草分离。丈夫愚痴莫嫌弃，人才好丑有高低。
夫妻时刻要和气，耐耐烦烦过日期。
同床不怕人疑忌，朝打夜和难分离。做堆不怕人脱衣，同谐到老共齐眉。
世间古怪又稀奇，大才丑陋起痴迷。结发夫妻不干意，见人美貌作顽皮。
爱得假仁和假义，断过生死不丢离。
抛送银钱不痛惜，只想先奸与后妻。败尽家业田和地，打狗散场不猜疑。
嫌人还得嫌人力，再丑还是脚头妻。丈夫嫌妻无子息，永无发迹子孙稀。
女人娇生丢志气，出卖就是生人妻。嫁在千处无休息，人人骂做下东西。
败坏名声难得洗，一世不值半分厘。夫妻不和无后裔，好比和尚与僧尼。
老来无靠要讨米，死后要变拖尾蛆。奉劝世人牢紧记，有病该当趁早医。
一来要争爷娘气，二要自家顾脸皮。家有贤妻横祸避，解带封官持紫衣。

唱世间男女：
奉劝信女与善男，父母恩德理当还。放账借钱先言限，银钱加四谷加三。
莫说利钱担还担，依然还本也心甘。父母把儿来生产，时刻把作命心肝。
落地包里娘料看，洗屎洗尿不停闲。娘睡湿处儿睡干，不嫌邋遢无换算。
手做枕头不怕按，把儿睡在手弯间。出胎未知吃茶饭，娘的奶子当三餐。
如同鸡睡不闭眼，每夜到光不能安。热天背儿一身汗，办茶办饭在身边。
冷天背儿多起站，多屙屎尿受饥寒。将才学行怕鬼赶，出入上下要扶掺。
恐逢三灾与八难，只差不含口中间。见到灾难不吃饭，行不是来坐不安。
送进学堂把书念，请师教训指玄关。挂念衣裳莫破烂，挂念冷热与风寒。
冬买胶鞋与雨伞，四季衣服与蓝衫。要置天地和房产，修造房屋换门栏。
长大婚姻事万千，要寻美女好容颜。洞房花烛儿分散，方了爹娘事一番。
男大女大离脱担，有女最难把心担。匹配不匀常思叹，又怕公婆少耐烦。

愁的贫穷少衣饭，时刻为女不清闲。家中富足无悲叹，家室贫穷受尽难。
长大孝顺人称赞，只怕忤逆受艰难。世间几多愚痴汉，嘴巴冒气乱横瞒。
每日打牌吃赌饭，酒醉饭饱外前玩。爷娘妻子他不管，只度一人太平安。
一世多把娘心散，把亲丢在背阴山。奉劝男女心莫反，落雨蓑衣各一番。
反眼看爹天昏暗，反眼看娘地崩山。天地神明多察鉴，逃脱阳间怕阴间。

唱勤俭：
一勤金来二勤银，良言相劝世间人。勤俭就是黄金本，诗书就是丹桂根。
世间好意书说尽，天下良图读与耕。大富该是由天命，小富该要自殷勤。
只要一生无害病，男女发富一朝春。好比后园金竹笋，三日南风就成林。
昔日王鳌是贱命，后救弃女点翰林。讨饭赶齐吕蒙正，先苦后甜远传名。
邱祖饿死该短命，修善积德上天庭。真武成仙苦不尽，铁棒磨成绣花针。
布袋祖师苦难忍，十八罗汉中头名。王氏吃斋受贫穷，女中男身状元人。
交狗踏跤大餐饮，勤俭交度得钱银。
细看高山臭蚂蚁，苦苦修成宝塔形。糖蜂不辞劳苦劲，踩客多旁千万层。
男女贪玩多懒损，不如鸟兽枉聪明。打铁全靠自身硬，条条饿蛇要咬人。
人生贵贱无限定，世间事怕有心人。钱在苦路是人挣，锄头落地不亏人。
若是男扒并女挣，后园黄土变成金。贫穷多是恶光棍，发富多是至诚人。
聪明奸诈多报应，横财不富命穷人。用度银钱当细省，当用一千用百文。
吃穿本是无穷尽，莫顾嘴巴常吃荤。大塘水深怕漏洞，天上不落地不生。
家有儿孙当教训，书田宜读要宜耕。妇女可要闺门紧，无事不可外前行。
行得正来坐得稳，神鬼也要怕三分。男女莫行败家境，老少当从正路行。
一年只有三时紧，一日全靠是早晨。
莫把此言为冷淡，能教世间富和贫。虽然言语多粗蠢，男女老少易知明。
说得巧妙多深意，牛耳朵上去弹琴。依我劝来不折本，千年发达万年兴。

劝人忍让求和：
新示奇文醒世篇，四方天下广流传。贫富依此吾言劝，家家无事自安然。
告状银钱易出现，请人酒席要花钱。请个律师现个现，肉菜杯盘摆满尖。
撮的撮来劝的劝，火上加油只见燃。扒起蓑衣把火点，哄得控子乱狂颠。
乡村不把癫疯染，街前妇女无裤穿。两国相争齐交战，怒气不息各争先。

原告当先投上卷，上下衙门把纸传。一告一诉轮流转，差来兵勇要银钱。
限定时日登州县，各办旗枪不迟延。或在人家落客店，一宿二餐打个圈。
衙门八字开两扇，有理无钱莫发癫。任你口把屁股变，难买衙役结人缘。
办案先要铺堂卷，三班六房要现钱。不由挂账人拖欠，不少分毫欠半边。
大堂好比阎王殿，官大鲁粗甚威严。吆喝三声如雷电，两边皂快气冲天。
人生似铁钢刀箭，官法如炉易煽燃。未曾到案形容变，十分忘记九分言。
振木连敲三五遍，吓得地皮冒青烟。有理吓得心狂战，无理畏势最难言。
告从虚处由人辩，审从实处怎诬言。官断如同山崩卷，不知输赢见哪边。
官有十条路宽远，九条百姓不知全。事归实路难藏掩，该打该罚理当然。
自占阎王易得见，鬼使难逃棍板拳。若无银钱难婉转，有的受贿要埋冤。
先打屁股披枷链，后坐班房黑牢坚。要想求得人回转，田地山坡尽败完。
讼胜归家都等愿，不过亏空卖田园。讼输关死拖牢眼，人财两空怎煞旋。
乡村不依中证劝，折财怒气受熬煎。任你贫穷无半点，耽误工程也是钱。
劝人事事留一线，告人一讼三代怨。气来心上宽想远，让人一步莫争先。
世间讼棍人多见，多是百事不周全。只见贫穷账务欠，谁人富贵子孙贤。

劝人和睦相邻：
五行八字前生定，只怕人争命不争。君子之人要务本，臣报君恩子报亲。
皇王水土恩无尽，水有源头木有根。高堂祖考生身本，孙儿至子子儿孙。
父兄叔伯当和顺，乃是九祖人之伦。亲戚六十年前尽，千年骨肉是团邻。
要存孝悌和忠信，要分老少与卑尊。猪有名字狗有信，要分大小别人论。
人将和气为个本，到老终无怨恨心。人要见机知动静，只怕须防仁不仁。
择其善者宜亲远，听其言而观其行。一人聪明有限定，十人计较有多能。
福祸无人来报信，是非关己勿劳形。人要人扶止理信，打铁也要钝槌人。
父子调和家宅盛，兄弟和平家不分。远水难救近火甚，远亲不如近乡邻。
于今世间人不正，不如牛马与畜生。一生作恶夸豪狠，红着眉毛绿眼睛。
作恶人家多不顺，是非口舌不离门。子孙不贤出报应，犁弯坏了曲木生。
劝人不醒自己醒，话不虚传果是真。人不改邪肯归正，一生难免是非生。
唱土地的唱词基本上通篇都是七言韵句，韵律平和浑厚，平韵和仄韵交替。
平起式一般有这样几种形式：平平仄仄仄平平，仄仄平平仄仄平。仄仄平平平
仄仄，平平仄仄仄平平。平平仄仄平平仄，仄仄平平仄仄平。仄仄平平平仄仄，

平平仄仄仄平平。仄起式的形式一般有：仄仄平平仄仄平，平平仄仄仄平平。平平仄仄平平仄，仄仄平平仄仄平。仄仄平平平仄仄，平平仄仄仄平平。平平仄仄平平仄，仄仄平平仄仄平。土地神的扮演者都有很好的歌舞功底，可以把日常生活中的各种琐事编进唱词，颇受人们喜爱。

6.4　谚语和歇后语

1.谚语

姐姐做鞋，妹妹学样。

逢恶不怕，见善莫欺。

黄鳝泥鳅，熟一节呷一节。

灯草打不死老虫，粗糠搓不成绚索。

人无两个理，树无两层皮。

牛无力打横耙，人无理讲蛮话。

欠账犹小可，人情急如火。

捉得麻雀子，丢了老鸡婆。

吃扁担，横心肠；吃秤砣，铁心肠。

起家靠鱼塘，富家养猪娘。

住要好邻，行要好伴。

多少是个礼，长短是根棍。

衣烂易补，话破难收。

众人吃众人香，个人吃了沤肚肠。

有盐同咸，无盐同淡。

结坏一门亲，害了九代人。

人到屋檐下，不得不低头。

伸手莫攀登龄笋，开口莫骂老年人。

种田得谷，敬老得福。

亲帮亲，邻帮邻，无亲无邻靠自身。

簸箕比不得天，泥巴当不得盐。

大树脚下好躲阴，能将手下好当兵。

枕头回潮，有雨明朝。

上山擒虎易，开口求人难。

蛤蟆叫，大雨到。

你有情，我有答，你杀鸡，我杀鸭。

燕子开会，要涨大水。

火要空心，人要衷心。

白露无雨，百日无霜。

莫吃卯时酒，昏昏醉到酉。

四月八落，吹破牛角打烂锣。

泥鳅兴捧，娃娃兴哄。

惊蛰不动风，冷到五月中。

当家要个多口婆，种田要只大牛婆。

早晨落雨去剁柴，半日落雨打草鞋。

出门不弯腰，进屋有柴烧。

星子稀，淋死鸡；星子密，晒破皮。

水落三丘真难转，病拖三月实难医。

饭养身，歌养心。

过了糠筛过米筛，过了米筛过罗筛。

人爱面皮，雕惜毛，世上名誉价更高。

是哪条虫，蛀哪块木。

跟着好人学好教，跟着坏人满街窜。

鸡肚不晓得鸭肚事。

一根筷子容易断，一把筷子难得断。

长的是黄鳝，短的是泥鳅。

汉人有文传书本，侗家无字传歌声。

十个茄子当不得一个瓜。

香甜的米酒越喝越醉人，友谊的手越牵越温暖。

树怕剥皮，人怕伤心。

能分清糠和米容易，要识别真与假不易。

捏着鼻子吃呛菜。

九句话里总有一句可信，九条路中总有一条可走。

扯起瓜藤叶也动。

山与山靠白云相连，坝与坝靠绿水相依。

牛角弯弯扳不直。

远飞的雄鹰见得多，勤学的人们懂得多。

六月杉木定了相。

学会巨石那样稳重，莫学柳枝那样飘摇。

不图柴劈烂，只图斧头脱。

动起翻叶风，大雨往下冲。

六月落雨隔牛背。

云撑西，大水涨；云撑东，晒破瓦。

有雨山戴帽，无雨云缠腰。

有雨天边亮，无雨顶上光。

日落乌云洞，明朝晒得背皮痛。

东虹日头西虹雨。

太阳返照，明日像火烤。

立夏不下雨，犁耙高挂起。

久晴鹊噪雨，久雨鹊噪晴。

雷打冬，十家牛栏九家空。

空山回声响，天气晴又爽。

石头出汗，雨不出三天。

沙雪打底，快买油盐柴米。

月亮生毛，大水滔滔。

云上高山好晒衣。

早晨地上雾，尽管洗衣裤。

早起三朝当天工，免得求人喊公公。

门宽一尺九，不碍脚来不碍手。

冬季不犁田，春上喊皇天。

寸草切三刀，料少也上膘。

莳田莫躲雨，打谷莫躲荫。

小猪要奔，肥猪要睏。

大粪肥一季，油饼肥一年。

天旱雨淋山，有林泉不干。

土放三年成粪，粪放三年成土。

树苗栽得正，等于下桶粪。

水是禾的命，又是禾的病。

杀不完的猪，栽不完的树。

稀三箩，密六箩，不稀不密收九箩。

栽一株活一株，深山里面出珍珠。

庄稼有巧，三年两斟。

泡桐像把伞，三年能锯板。

种地不养猪，总有一头输。

绿了荒山头，干溪清水流。

养猪不赚钱，肥了一丘田。

山山光，年年荒；山山绿，年年富。

湾头地角莫放空，收了萝卜好栽葱。

不知西东望日月，不知南北望星星，不知高低莫爬坡，不知深浅莫过河。

侗家唱不完歌曲，客家读不完诗书。

一只无底的金杯，不如有底的木碗。

打铁看火色，种田抢季节。

一树能容千只鸟，千鸟却难共一树。

看病方知健是仙，有才万事足，无病一身轻。

一人难挑千金担，众人能移万座山。

三个月的鸡，吱吱吱；三个月的鹅，肩上驮；三个月的鸭，动刀杀。

2. 歇后语

天晴无影子，落雨无脚印——行无踪影

一脚踩进泥沼里——不能自拔	熟过头的石榴——不攻自破
叫花子被米砸——自讨的	叫花子骑狗——穷人穷马
叫花子唱山歌——穷快活	叫花子借算盘——穷打算
乌龟找甲鱼——一路货色	好鞋不踩臭狗屎——躲远点
狗吃牛屎——贪多	鱼大吃虾，虾大吃鱼——弱肉强食
猪婆吃包衣——自吃自	牛屁股后念祭文——空话
蚂蚁打哈欠——好大的口气	小鲤鱼戏水——吞吞吐吐
黄牛碰上了尿桶——拼命吃	戏台子上的官——一阵子
三天卖两条黄瓜——不慌不忙	拾钱不识街坊——见利忘义

小狗落茅缸——饱餐一顿　　　看衣裳行事——狗眼看人

老鼠掉进米缸里——正合其意　　鲜鱼烂虾一锅煮——不知好歹

锅里炒石头——不进油盐　　　花绸子上绣牡丹——锦上添花

疯狗的脾气——见人就咬　　　拉直狗腿——办不到

纸糊栏杆——靠不得　　　　　刀子插在鞘里——锋芒不露

坐上飞机钓鱼——差远了　　　茅屋里挂匾——不相称

粉丝汤里下面条；藤萝爬在葡萄架——纠缠不清

矮子上楼梯——步步升高　　　旱鸭子过河——不知深浅

一个挂历用一年——家家如此　三十夜提空篮——无事忙

碓盔当帽子戴——顶当不起　　老虫吃蚊子——不分大小

爬楼梯摘月亮——空想　　　　戏台上打架——无关痛痒

门槛下的泥——越踩越高　　　三斤半鸭子两斤半嘴——多嘴多舌

蚂蟥两头叮——尽沾光　　　　竹竿赶鸭子——呱呱叫

小蜜蜂说话——甜言蜜语　　　甜酒里兑水——亲上加亲

一口吞了二十五个老鼠——百爪挠心

霜打芋头——坏了脑　　　　　三个屠户杀个猪——吹的吹，打的打

四大天王抓花生——大出手　　五月的山茶——越来越红火

花钱买死马——得不偿失　　　鸭子孵小鸡——白忙活

啄木鸟飞上黄连树——自讨苦吃　咸菜煮豆腐——不必多言

冬天的炉子——闲不着　　　　中秋节赏桂花——花好月圆

九月种花生——不合时宜　　　八字不见一撇——差得远

瞎子吃黄瓜——不分老嫩　　　青菜煮萝卜——一穷二白

米汤水泡饭——还了原　　　　浊水凼凼——不知深浅

大蒜苗做枕头——昏头脑　　　茶壶里栽大蒜——一根独苗

画上的马——不奇　　　　　　外甥提灯笼——照旧

寒冬腊月吃冰水——点点人心　过冬的田螺遇春水——扬眉吐气

猪往前拱，鸡往后扒——各有各的门道

麦子未熟秧未插——青黄不接　晒干的萝卜——焉了

蛇咬板凳脚——不关我事　　　三十夜催年猪——迟了

老虎吃牛——大干一场　　　　猴儿照镜子——里外不是人

尖屁股——坐不稳　　　　　　春苗得雨——正逢时

十字路口摔跟头——摸不清东西南北

湿水棉花——谈不得 　　　　发了霉的葡萄——一肚子坏水

六月里的梨疙瘩——有点酸 　　嘴皮子抹白糖——说得甜

老虎抓猴子——有劲使不上 　　狗吃骨头——津津有味

猪头挂在花椒树上——肉麻 　　芝麻开花——节节高

碓臼作帽戴——顶当不起 　　　年三十讨口——丢人现眼

老虎败在狗面前——不服气 　　云南的碓臼——拿不回家

烟囱里放醋坛——酸气冲天 　　灶上的炒勺——尝尽了酸甜苦辣

正月里生，腊月里死——两头忙 年三十晒衣裳——今年不干明年干

青蛙吃萤火虫——肚子里亮 　　架起饭锅当钟打——无米做饭

小擀杖放到醋缸里——尖酸 　　做梦吃仙桃——想得倒甜

上山采竹笋——拔尖 　　　　　油炸花生米——干干脆脆

包子不动口——不知啥馅 　　　七尺布拦腰剪——不三不四

6.5　手工技艺

在上堡，雕刻、剪纸、印染和刺绣等，都很好地展现了人们精湛的手工技艺和审美取向。

图 6-1　雕凿乐器

图 6-1 为村民雕凿乐器的场景。雕刻是指在木、石、金、土等材料上进行凿刻塑造，是一种造型艺术。上堡的雕刻工艺，主要是指木雕，这与该地盛产木

料有很大的关系。人们的生产生活工具、音乐器具、屋内摆件等，都是雕刻发挥作用的载体。具体的雕刻，可分为浮雕和塑像。浮雕是指在雕刻物平面上进行凹凸起伏处理，形成半立体形象，比如有很多家具表面的雕刻，都属于浮雕。浮雕，有浅浮雕、中浮雕和高浮雕之分。浅浮雕，又称薄肉雕，是指最薄、最浅的一类浮雕。同理，中浮雕和高浮雕也都是按照雕刻纹样的厚度不同来区分的。高浮雕凸起幅度最大，更费时费力一些。高浮雕比中浮雕和浅浮雕的立体层次多一些，常与透雕技法同时使用，进行镂空处理，这样更能凸显雕刻对象的立体感和深厚感。塑像，是指对雕刻对象进行整体形象的塑造，比如独立的花鸟造型、重要历史人物以及人们所崇拜的神灵等。木质造像就属于塑像的一种。木材是生产和生活中常见的原料，上堡的造像木料有樟木、楠木、梓木、柚木、黄杨木、白果木等，其中又以香樟木居多。香樟木为常绿乔木，生长期较长，属稀有名贵木材，其特有的香气，有防虫防蛀及驱霉隔潮的功效。陆游曾在《老学庵笔记》中具体记载了北宋政和元年(1111)冬天，在与湘西南之新宁、城步、靖州接壤的下桂府，即今桂林龙胜一带，征收傩戏神明面具的情况："政和中大傩，下桂府进面具一副计八百枚，老少妍媸，无一相似者。"这类巫傩神明之像，都是由气味芬芳的樟木雕造。"昔傩像以神木(即樟木)雕凿而成，其形怪异狞历，以明色饰涂，不致损坏。"(明《靖州志·艺文卷》)由此可见，在湖南地区，香樟木自古便是雕琢良木。木材质造像，相对一次性成型的模铸金铜造像，在表现技法上，可以更加多样和细腻。造像者在雕造造像的过程中，注入了自身的虔诚情感，因而人文关怀对造像活动的影响也是颇为深厚的。木雕造像，比金铜造像更具情感化，其造型与视觉艺术效果，往往是金铜造像所不能比拟的，不仅富丽精美，而且每一尊都有其独特的人文与宗教魅力。传统村落中的造像多采用木材质，也是佛教造像"平民化"的体现，在一些精神信仰丰富的村落中，几乎家家户户都或多或少地供奉着几尊佛教或是道教造像，虽历经时代变迁，现今仍遗存有相当数量的木雕造像。从造像形体上而言，造像的尺寸与体量以方便供奉于家中神龛之内的小巧型居多，同时也便于外出时携带供奉。从造像的工艺来看，南方造像中最具代表性的是夹纸造像和贴纸造像，而在中原与北方的早期造像中，则是以夹贮造像最为多见。夹纸造像，承续了夹贮造像的工艺流程。具体制作方法是，先用泥捏成型(在黏土中掺入少量的纤维，将其捣匀，而后捏塑出佛像的泥胚)，经阴干之后，再蒙上皮纸，使其裹紧固定，最后施漆(彩绘)，反复多次，待漆饰干燥凝固，结成硬壳，掏空其中的泥胎即可。夹纸造像在民间被广泛采用，一方面因为皮纸的成本低于贮麻布，且耗漆较少；另一方面由于皮纸比贮麻布更薄，较容易固定于泥胎表层，也更易于绘饰。此种造像，以造型和色彩取胜，重量轻、色泽鲜亮且有很好的防潮防腐性。至于贴纸造像，即是在木、泥造像上，贴皮纸敷色彩，其中以贴纸描金最为常见。木雕、泥塑造像，均为纯手工制作，具有唯一性，但是在雕造木雕造像或捏造泥胚的过程中，难免会有些细部的制作不够完美。而贴皮纸的做法，既能弥补雕工出现闪失的缺憾，又能掩饰材质本身的瑕疵，且制作起来相对简单。贴皮纸之后，再敷色彩，上色容易，解决了木雕和泥塑造像颜色单一的问题。

笔者在考察过程中，遇到有村民会做很精美的剪纸(图6-2)，造型复杂多样，美观又极富文化内涵。民间剪纸是民间装饰图案的重要表现方式。早在汉唐时期，我国就出现有用金银箔和彩帛剪制而成的花鸟图案，用来贴在女性的鬓角。后来，人们开始以色纸为原料进行剪裁，内容也越来越广泛，涉及各种花草、动物和人物故事等，被广泛运用于窗户、门楣或者是礼品的装饰。剪纸的第一个步骤是起稿子，也就是画样子，先用笔在纸上把要剪的形象画出来。基本上画出来的图纸是只有线条勾勒的，不懂的人难以分辨出哪部分要剪掉，哪些部分该留下。但是剪纸爱好者却可以凭借这些再简单不过的线条，剪出各种优美的形状。第二个步骤是将画稿固定在色纸上，村民们的一般做法是用线把画稿缝在色纸上面。如若同时要剪很多张一样的，就把多张色纸叠放即可，但量也不可过多，否则会影响质量。然后，就可以开始剪纸了。剪纸的工具，一般以剪刀和刻刀为主。刻刀刻制的效果会更加精细一些。剪和刻的顺序都是有讲究的，一般是先上后下、先左后右、先内后外、先细后粗。如果是剪刻人物，也是依照先细后粗的原则，要先剪刻脸部的五官，再从上至下剪刻。剪纸的材料，从色彩上可分为单色剪纸、彩色剪纸、染色剪纸和套色剪纸等。单色剪纸只用一种颜色，用的最多的是红色或者黑色。彩色剪纸的色彩比较丰富。染色剪纸是用彩笔在白色的剪纸上面进行印染。染色的时候，先要准备几支干净的毛笔，为了保障画面的干净，每一支笔只能蘸一种颜色，不能够混用。彩色的颜料一般是用彩色墨水或者是水粉。备好颜料之后，开始用毛笔蘸取颜料染色。如果有需要叠加的颜色，要从浅到深，先染浅色，再涂染深色。染色剪纸的做法比较复杂，需要很精细的技法，但是也是最有特色的一类剪纸，它的艳丽多彩无疑是几种剪纸类型当中最容易吸引人的。套色剪纸，是指在黑白剪纸的背面依据不同部位的需要贴上各种色纸的做法。常规做法是先用一张透明的纸覆盖在黑白剪纸上面，用铅笔画出套色部分的形状，然后按照轮廓线先把套色部分剪刻完，再用毛笔蘸浆糊把套色部分的色块贴上去即可。剪纸在民间的用途极广，上堡的人们把剪纸视为吉祥、喜庆的象征，每逢重要节庆和民俗庆典活动，总要做一些剪纸用来做装饰。

图6-2　剪纸

　　印染，是织物的一种加工方式，包括了染色、印花、洗水等工序。随着植物和矿物质染色技术的运用，印染纺织品变得越来越普及。从最简单的浸染一次，即只染原色，发展到套染和媒染，织物的颜色逐渐丰富起来。套染，是指将多种颜料先后分别施染到同一织物上。媒染，需要用到专门的媒染染料和媒染剂。媒染剂，可以提高染料对纤维的上染能力且能使颜色更加持久，由金属化合物制成。媒染的一般程序是在用媒染染料染色的前后用媒染剂浸泡织物，以便提高色牢度。染色的方法分两种，一种是织后染，比如绢、罗纱、文绮等都是这种做法。另一种是先染纱线再织，比如锦。民间常见的印染工艺主要是蓝印花布、蜡染和扎染。蓝白两色的蓝印花布一直是我国农村常见的布料。原始的手工制作方法，先是把油纸刻出花纹，铺平蒙在白布上，再用石灰、豆粉加水调和成防染粉浆涂在表面，晾干以后开始用蓝靛染色，待再次晾干以后把粉浆刮掉即可。用同样的方法可以做出蓝底白花和白底蓝花两种样式。花样可以包含很多种内容，比如动植物造型、人物、山水图案、几何纹样等。民间很多地方都能用到蓝印花布，经常看到的头巾、衣服、床单、被面、桌布、门帘等多是用蓝印花布制成的。只是用在不同的地方，会选择不同的图案类型。用来做衣服的蓝印花布多是采用各种花卉纹样，构图形式除了单独纹样以外，通常是二方连续或是四方连续的形式。用来做床单和背面的蓝印花布则主要是以动物和人物造型为主，且一般是采用独立式构图。蜡染工艺，常见于少数民族地区。制作方法是先在白布上面用蜡刀蘸着蜡液绘出想要的纹样，然后浸泡在靛缸内染色，最后经水煮进行脱蜡处理，即可展现最初所画的图案。扎染，是先把织物用线扎结出需要的形状，然后浸入染缸中染色，晾干展开以后即出现特定的纹样。图6-3和6-4为村民运用印染和刺绣（下文阐述）工艺制作而成的民族服装。

图6-3　民族服装

图6-4　民族服装

刺绣，又叫做针绣、扎花、绣花，是指用绣针穿引彩线在面料上绣出预先设计好纹样和色彩的图案。在古代，人们最开始是采用在衣服上绘画的装饰手法，但是这种做法有弊端，时间久了绘画会逐渐脱落。后来，人们便把画发展成绣，用丝线将花纹绣在衣服上，这样就避免了脱色的问题。从"舜令禹刺五彩绣"的记载可以看出，我国刺绣工艺的起源很早。当刺绣工艺发展到唐宋时期，就已经出现数十种针法了，且刺绣的对象也不再局限于服饰，而是开始发展到纯装饰的刺绣画以及佛经和佛像的刺绣。之后，刺绣的技法和运用的范围都越来越丰富。少数民族地区很多人都擅长刺绣，侗族也不例外。上堡有很多姑娘都是从小便开始学习刺绣。初学者比较谨慎，一般都是像做剪纸一样，先要画好稿子，再按照画稿来绣。等到锻炼到一定程度，技法很娴熟了之后，就可以脱稿了，开始随心所欲地刺绣各种图案。平时人们常用的针法有平绣、辫绣、绉绣、缠绣、剁绣、锁绣和压线绣、破线绣、绒线绣、打子绣、挽针绣、套针绣、抢针绣等。平绣的纹样比较碎小、纤细，以连续纹样为主。通常是先用纸剪出花样，然后将花样贴于绣布上面用针绣。辫绣，首先要把绣线放在编带机上面织成 8 根、12 根或是 16 根不等的编带，然后再将编带按照纹样的轮廓线从外至内盘绕，再用丝线绣牢。辫绣由于盘绕编带而形成的浮雕效果是该种绣法最主要的特色。绉绣也是先用几股线编织出不同颜色的花带，再在上面绣上各式各样的图案，然后将花带分别绣在衣领、袖口、衣角或是背带等部位，极富立体感。缠绣，是将很细的布条进行搓捻缝合，制成质地较硬的梗线，然后在外面密集地缠上丝线，最后盘绕出图案。剁绣，是先在固定好的绣布上描画出所需纹样的轮廓，然后用特制的空心剁针进行刺绣，剁针绣出的图案会稍稍隆起，针线比较密集，有立体感。锁绣，是先用平针绣法，然后再在边缘加固，即锁边。这样可以突出花边，起到更醒目的装饰作用。压线绣，是在绣好的图案边缘用比较粗的线压住，再用细一些的线分段固定好，这种勾勒图案的做法，可以很好地隔离色彩，使主题更加突出。破线绣，其实是平绣的一种，只是它比平绣用到的线要细得多，要把原有的一股股的丝线分成若干根，所以破线绣能真正达到细如发丝的效果，绣出来的纹样都是十分秀气的。绒线绣，又叫网眼麻布绣，是在网格布上面刺绣图案。它与绣在柔软布料上所形成的效果完全不同，可以直接使用毛线来绣。这种技法相对简单，所以颇受初学者喜爱。打子绣，要在针刺出布面的时候，用针尖在线的末端打结收紧，每绣一针都要挽一个结，如有特殊需要，就连续挽两个结。这种技法一般是用于绣花蕊。挽针绣，一般是在过渡颜色的时候用到。

先用一种颜色的线绣完，再用较深或者较浅的同色线绣，在深浅颜色相接的地方，针脚要相互交错，做到不露针迹。所以这种绣法是不太容易掌握的，因为过渡处的针脚既要参差不齐，但又不能过长或者过短，必须恰到好处，才可以自然衔接。套针绣，指的是在第一批针路之间保留空隙，然后套入第二批针路，以此类推，可以套入多批针路。套针绣是仿真绣的基本技法，按照套入针路的多少可以分为单套、双套和多套针法。抢针绣，是后针在前针走向的基础上一批一批地抢绣上去。按照抢针的走向，可以分为正抢和反抢，正抢是指从外向内绣，反抢是指从内向外绣。抢针绣的针法，针口比较齐整，整个织面看起来会很匀净。

6.6 神话传说[①]

关于开天辟地的神话：

相传，古时候天地是合为一体的，是一团滚烫的糊状物体。后来逐渐冷却、变干，成了一大团很硬的东西。不知道过了多少年，这一大团很硬的东西上面竟然有了人。但是人们觉得生活在这样的地方太空旷了，上头应该要有个遮挡物。这时候有两个巨人，一个叫张古，另一个叫盘古，他俩想帮人们实现愿望。后来发现这一团硬东西上有一条裂缝，就决定从裂缝处把它撕开。张古顶住上面一大块，盘古撑住下面的一块。撕开以后，他们把一部分盖在上面，被人们称为天；把另外一部分垫在脚下，称之为地。但是过了一段时间，人们发现天和地分配得不均匀，天太宽了，而地又太窄。于是，又找到张古和盘古想办法，他们俩就一起努力把天挤小，最后倒是把天挤得跟地一样大了，却挤出了很多的小鼓包。人们担心这些小鼓包有一天会掉下来砸到人，张古和盘古就又把天和地调换了。这样，那些很多的小鼓包就在地上了，变成了山坡。所以一直到现在，广阔的大地上都是既有平原又有山坡的。

关于狗取稻种的传说：

在远古时代，大地上发了很大的洪水。等到洪水退去，世间就只剩下两兄妹幸存了。这兄妹为了繁衍人类就结婚了。慢慢地，就繁衍出很多人了。人们

---

① 其中的《九龟寻娘》《鲤鱼跳龙门》《老龙潭瀑布》《打虫灯》和《晒龙被》，参见绥宁县侗寨遗产地文化研究与保护组于 2014 年编写的《上堡·大团侗寨文化遗产资料汇编》。

就想自己种谷子，但是却找不到谷种。有一天，从遥远的东方飞过来一只鸟，这只鸟朝着人们不停地叫。听懂意思的老者就追问谷种在哪里，后来鸟就告诉老者，东方有谷种。这只鸟其实就是来催春的布谷鸟。

因为狗行动敏捷又会游泳，所以大家决定派狗到东方寻找谷种。狗不辞辛苦跋山涉水往东方走，走到了一个大海边。通过向渔民询问，得知谷种就在海的另一边。但是谷种被很多人看守着，且海水太深，很多人前去拿谷种，都死在半路上了。但是狗为了不辜负众人的期望，还是决定前往。它连续游了几天几夜，终于到达对岸了。它趁看守谷种的人不注意，跑到谷堆里打滚，使浑身都沾满了谷种，然后就准备逃跑。但是却被发现了，有很多人追上来。狗立即跳入海里往回游，可是当它游了几天几夜上岸的时候，身上的谷种只剩下尾巴上还有一点点了。它小心翼翼地把仅有的一点谷种带回了侗乡，人们终于可以种植稻谷了。后人为了纪念狗取谷种的伟大，每逢尝新节的时候，总要让狗先吃。

九龟寻娘：

相传上堡的界溪河中有一只千年老母龟，它汲取附近村寨男人的精气，导致男性逐渐因精气缺失而亡，这样，寨子里的寡妇越来越多。一日，某村妇哭哭啼啼地上山砍柴，一棵古檀树开始说话，它告诉村妇这是龟精作怪。它让村妇砍它身上的檀木枝叶回去，在午夜时分点燃树枝，这样便可以向玉帝告状。村妇于是一一照做，果然玉帝派雷公下来惩罚龟精，最终将老龟镇在一座古庙宇下。这样，她的九只子龟一直徘徊在附近寻找它们的母亲，终于化成了九块乌龟状的岩石。

鲤鱼跳龙门：

鲤鱼跳龙门位于界溪至上堡之间的石桥边。小溪里有个石头露出水面，如鲤鱼般昂着头，卷着尾，欲跳过石桥；另一个石头半露水面，如同一个正待起跳的鲤鱼。村寨里有个美丽的传说。很久以前，上堡的一位武艺高强的男青年和中堡的一位美丽姑娘相爱，二人常在这里的大树下幽会。但是，姑娘被中堡的侗王看中，要纳为妾；男青年被上堡的侗王看中，要收为家丁。俩人都不同意，决定成亲。第二天，女的跑到男的家里，二人成了夫妻。中堡侗王知道后大发雷霆，派家丁前往上堡捉拿。上堡侗王知道后也大发雷霆，派家丁前往捉拿。姑娘被捉回中堡，侗王强迫她为妾；男青年被上堡侗王捉拿后，强迫他当家丁。

两个青年都不顺从，便被各自的侗王派人押到从前二人幽会的地方，打死后丢在溪里。两位青年的魂魄向六鹅洞的仙女们哭诉。仙女们很同情，让他俩回到原来的地方，白天变成鲤鱼相亲相爱，晚上去两个侗寨闹鬼吓唬侗王。两个侗王不得安宁，没半年就死了。死后，两个侗王的魂魄往阎王殿查问，得知自己死亡的原因后决定报复，便托梦给接任的新侗王，请新侗王在小溪上建座石桥镇住两条鲤鱼。两个新侗王果然在两个寨子之间造了一座石桥，并请巫师用法术把两条鲤鱼变成了两块石头。

老龙潭瀑布：

相传在老龙潭(也称"老龙塘")内住着一条修炼的老龙。有一天，老龙心血来潮变成一位农家少女来到上堡的段姓农家借米筛和粪箕，还东西时带了些糍粑和米酒，用来感谢段家。但是在他离去后，段家后生发现他送的糍粑变成了泥巴，米酒变成了淡水，于是段家后生随后跟来，不料被龙王发现。龙王猝不及防地迅速变成一条白龙准备入塘，但由于已经被人发现，他法术失灵，下不了塘而只能潜入石崖。从此，它永远只能镶嵌在石壁上。现在的瀑布下端黑色的石壁上有一条白色痕迹，远远看去就像一条镶嵌在岩壁上的白龙。

打虫灯：

在六月六这一天，上堡的侗族会用稻草编成的好几米长的龙来驱赶田地里的虫害。在出龙之前要请村里的先生(即风水先生，通常也是族长)进行"请灯"。请灯仪式过后大家举着草龙在田边绕走一圈，一边走一边敲锣打鼓，然后回来再进行祭祀，由先生将草龙烧掉——这被称为"收灯"。"打虫灯"的习俗是求龙王保护田地不受虫害侵扰。

相传古代上堡地区的农田深受虫灾之害，连年歉收，百姓苦不堪言。有一天，几个农家小孩编制了一条长龙到田里去玩耍，突遇狂风骤雨、雷电交加，孩子们恐惧万分，在田埂里扔掉了草龙便跑回村里。第二天，人们发现田里的害虫都消失了。人们相信这是草龙赶跑了害虫的结果。从此，上堡一带的侗族便有了"打虫灯"的传统。

晒龙被：

相传老龙王的被子被淋湿了，因此他要在六月六这一天晒龙被，晒100天才晒得干。后来山下的村民每家每户也都在这一天把衣服、被子拿出来晒。这时强盗就趁机而入，他们从每家每户晒在外面的衣物就可以判断这户人家的家底如何，他们就去抢劫那些家底富裕的人家。附近有一位陈姓人家，因为在山上打了两头野牛，卖了不少银两，这个消息被强盗得知了，他们就去陈家抢东西。陈老先生故意穿着破烂衣服，在路边捡粪便。强盗以为他不是他们要抢的人，因而扑了空。

六月六之后，村民把过冬的衣服晒一晒，这样收起来之后就不会发霉。因此就有了六月六晒龙被的说法。

关于太阳的传说一：

传说在古时候，天上的太阳是一直不落的，一年四季到处都是亮堂堂的。草木长得好，庄稼收成好，人们都很感激太阳。但是，地底下住着一个吃人的恶魔，这个恶魔最怕见光，太阳光一旦照射到他身上，他就走不动路了，而且完全不能看到东西。为了避免这种情况，这个恶魔绞尽脑汁，最后想了一个坏主意，制造了一根很大的铁棍，有999丈长，准备用这根铁棍把太阳打落。恶魔顺着风势打向太阳，打断了悬挂太阳的金钩，于是太阳就落下来了，到处一片漆黑。

没有了亮光，人们的生活就遭殃了，而恶魔却得逞了。他开始趁着黑暗吃人，人们被恐惧包围着。这时候，有两兄妹不忍心看到越来越多的人被恶魔吃掉，就召集大家想办法把太阳重新挂回天上。商量的结果，是准备做一架天梯，然后编织一根麻绳，重新把太阳拉送到天上去。于是，这对兄妹中的哥哥带着男人们修天梯，修了33天；妹妹带着女人们搓麻绳，也搓了整整33天。制好这些工具以后，哥哥到天上去寻找金钩，妹妹则在地上寻找落下的太阳。但是当妹妹找到太阳的时候，却同时遇上了恶魔，恶魔把妹妹吃掉了，鲜血滴在太阳上。恶魔舀来污水泼到太阳上，把太阳淋湿变冷了，就放心到别处吃人去了。哥哥在天上，费了好大工夫，终于找到了金钩，人们齐心协力用麻绳系住太阳，把太阳拉到了天上，但是太阳却没有了光芒。哥哥便急忙把太阳放进火炉中去炼，太阳遇高温烘烤之后，发出阵阵声响并飞溅出很多火星子，那些声响就是我们现在经常听到的雷声，火星子就变成了星星。在火炉中炼了很久，太阳终于又重新发热发光了。那个恶魔见到光，找不着方向而到处乱撞，人们因为愤恨就把恶魔打死了。太阳重新挂到天上了，人们的好日子又可以继续了。那个哥哥因为怕麻绳被太阳烤断，于是就决定留在天上看着太阳，每当太阳落了，就再把它拉回去。那个妹妹的血液，掉落在地上，得到太阳的光照，就生根发芽，长成了红红的朝阳花。她会朝着太阳的方向盛开，太阳在哪里，她就转向哪里。

关于太阳的传说二：

古时候天王放出了 12 个太阳，这 12 个太阳如同 12 团火，不分昼夜地烘烤着大地。大地上的水分全都被烤干了，连石头都被晒出了裂缝。有一对兄妹觉得实在是难以忍受，就由哥哥爬上天梯去射太阳。哥哥忍着热火，逼近太阳，鼓足了劲，一连射下了 10 个太阳。妹妹见状慌忙阻止，说要留下一个照着哥哥犁田，另外一个照着自己纺纱。但其实有一个小太阳因为惊吓过度已经变了样，变成了月亮。

关于月亮的传说：

古时候，侗族有一个很英勇的武士。这个武士有很厉害的箭法，可以穿过云层，射中目标。他所射出的箭，可以做到百发百中。那时候，夜里有妖怪出来伤人。因为有月亮，这个武士就可以趁着月光用箭射死害人的妖怪。妖怪走投无路，就想法要破坏月亮，这样武士看不到光就没办法射箭了。有一天晚上，武士像往常一样在专心练箭，突然觉得月光没有那么亮了。仔细一看，原来是月亮里面长出一棵榕树，榕树越长越大，就彻底遮住了月亮的光线。地上没有了光，妖怪又可以吃人了，而武士却没办法射死妖怪了。后来武士决定先拯救月亮，有月光了以后才能整治妖怪。于是，武士背上弓箭、砍刀等工具，先是跳到树梢上，又接着跳到了月宫里。武士拿着大砍刀向榕树砍去，砍了无数刀，榕树却安然无恙，且发出了阴森森的坏笑声，原来榕树是妖怪变的。武士被彻底激怒了，又大声怒吼着朝榕树劈去，终于砍下了榕树的枝叶，月亮又重现月光了。

关于侗歌起源的传说：

相传，在很早以前，侗族人都是不会唱歌的，但是人们都很向往歌声。有一天，听到山鸟说，天上有一棵歌树，如果能把歌种带回人间，人们便可以唱歌。于是，人们便商量着到天上去偷歌种。最后决定派蝉姑娘去偷。蝉姑娘到了天上，趁守歌树的龙鳞精正在打盹，就赶紧爬到树上去摘歌果。蝉姑娘摘下歌果就迫不及待地学唱，不料歌声惊醒了龙鳞精，龙鳞精慌忙追赶，歌果还是被蝉姑娘带走了。龙鳞精因为没保护好歌树，就被贬到人间。人们种下歌果，长出了一棵跟天上一样的歌树。龙鳞精为了报复，吞掉了地上这棵歌树的歌果。于是人们找到龙鳞精，开膛破肚取出了歌果。人们开始拿着歌果到处去传歌，侗乡就处处是歌声了。

关于蝴蝶姑娘的传说：

很久以前，在湘、桂、黔边界地区的深山老林里，住着三户以打猎为生的人家。这三户人家的名字，分别叫作"李来""打猎"和"羊来"。为了好记，乡亲们一直称这三家猎户为"阿李打羊"。

这一带有一个很霸道的老财主，他不仅霸占了乡亲的田产，还要霸占山林。老财主对阿李打羊说，如果想要继续在这山林里打猎就必须每天都上交 10 只山羊。阿李打羊当然不从。这时候，老财主突然放出了十几只咬羊狗，很快就把阿李打羊捆绑起来了，接着又用竹鞭不断地抽打他们。老财主一边让人拷打阿李打羊，一边问他们接不接受条件，后来，阿李打羊就被他们活活打死了。后来，阿李打羊的家人们还不断地被咬羊狗欺负，没过多久，一个个都饿死了，只剩下一个 13 岁的奄奄一息的小孩。这时飞过来一只彩色的蝴蝶，蝴蝶把蜜汁喂给小孩，结果几天之后，小孩就长成了健壮的小伙子，人称"小阿李打羊"。小阿李打羊进山打猎的时候，那只彩蝶总是跟着他。有一次，他想要伸手抓住彩蝶，却看到彩蝶落在地上变成了鲜花。还没等他反应过来，便有一只山羊从身边跑过。他便赶紧去追赶山羊，没想到身后传来了清甜的呼唤声，小阿李打羊回头一看，原来是那朵鲜花变成了一位漂亮的姑娘。小阿李打羊很是好奇，追问姑娘从哪来。姑娘说自己是从东方的天边来的，父母都是蝴蝶，她是因为采了神仙花的花蜜所以变成了仙女。她知道小阿李打羊的家人死得很惨，特意要帮他报仇的。姑娘说完这些话，就又变回蝴蝶，朝西边飞去了。蝴蝶把全身沾满了毒粉，飞到老财主家的水缸边，用力扑打翅膀，毒粉便被撒到水缸里。第二天，老财主一家全都中毒身亡了。小阿李打羊和乡亲们得知消息，都觉得很痛快。但是县官却把小阿李打羊带走了，说是他害死了老财主一家人。那只彩蝶召集到很多蝴蝶，一起飞到牢房里面，救出了小阿李打羊。小阿李打羊获救以后，便和蝴蝶姑娘结为夫妻了。他们每天一起打猎，打到很多的猎物吃不完，便由小阿李打羊拿到街上去卖。县官看得眼红，便把小阿李打羊抓到衙门去了。要他以后每个月交 30 只野兽，否则不准他在衙门地界内打猎。小阿李打羊愁眉苦脸地回家了。蝴蝶姑娘追问缘由。听完之后，蝴蝶姑娘便到东方的天边去寻找神仙花了。她回来以后，把花粉涂在箭上，那支打猎的箭，立刻就变成了发光的神箭。神箭发射出去，一会儿工夫就得到了 30 只山羊。夫妻俩一同去衙门送羊。不料县官看到蝴蝶姑娘又生了邪念，说下个月要交出 60 只山羊，否则就要把蝴蝶姑娘留下。后来他们就又用神箭凑齐了 60 只山羊，但是两个人实在是抬不动。蝴蝶姑娘就说可以靠神箭帮忙，变出 30 个人来。小阿李打羊便用神箭往岩石上用力一击，果真出现了 30 个汉子，帮着他们一起把山羊送到了县官那里。县官看到他们那么多人，就又提出过分要求。说以后按人算，每个人 30 只，下个月要送 960 只野兽。小阿李打羊慌忙解释说那 30 个人是假人，过一会儿就不见了。县官不信，要小阿李打羊第二天再送 30 个假人，还要会唱歌跳舞的。如果假人一下子不见了，蝴蝶姑娘就休想回去。小阿李打羊心想这下麻烦了，假人肯定会不见的，那么蝴蝶姑娘最终还是会落入恶人手中的。于是他就劝说蝴蝶姑娘回去，姑娘不肯，最后想出一计来对付县官。第二天他们利用神箭，果真变出了 30 个能歌善舞的假人。县官见状高兴坏了，问这些假人吃什么东西。小阿李打羊说，只要在睡觉的时候，给他们每个人喂一粒红火炭就可以了。县官照做了，待 30 个假人把红火炭吞下以后，突然一声巨响，整个衙门都被炸毁了。从此，再也没有人来打扰小阿李打羊和蝴蝶姑娘了，他们继续在密林里过着幸福快乐的游猎生活。

关于杉树的传说：

相传在很久以前，鲁班仙师在为人们建造房屋的时候，为了比较出哪一种木材最好用，便把山上的所有木料都砍下一根试用。最后发现，所有的木料中，杉树是最好用的，质地松脆，容易施工，且经过雨淋水泡之后，不易变形，有很好的耐腐性。后来，鲁班仙师就只用杉木建造房屋。但是，他所在的黄河流域是没有杉木的，如果用其他杂木来替代的话，时间久了容易腐烂。鲁班和他的弟子们，就想办法把杉木运往黄河流域。其他的树种看着杉树被大批量地使用，而自己虽然长得高大无比却不受重用，觉得死不甘心。而杉树感激鲁班仙师对它的器重，心甘情愿远赴他乡作为人们的建房之材。仙人在做记录的时候，把这两种状态"死不甘心"和"心甘情愿"的"甘"误写成了"干"，记成了"死不干心"和"心干情愿"。从此，杉树的心就真的是干的了，即使把刚砍下来的杉木放进河里，也不会沉底。

关于杨太公救飞山的传说：

古代的溆州有四位英雄豪杰，分别是杨太公、杨神雷、潘大虎和姜士奇，他们个个武艺超群。这四个人志同道合，结拜成为兄弟，杨太公因为武功最高，被推选为他们的大哥。后来四兄弟远赴他乡，各自成家立业，都成了一方首领。其中潘大虎是居住在飞山洞的。他听说武冈州的官兵都在搜刮民财，民众生活苦不堪言。于是潘大虎率兵攻打武冈州，想要帮助百姓把被官兵搜刮走的财宝抢回来。但是攻打了很久却还是不行。一年过去了，潘大虎邀请杨神雷协助他一起攻打，也没有成功。却引来了朝廷的围剿，朝廷派吕师周带兵血洗飞山洞。战争中，潘大虎和杨神雷都牺牲了。杨太公闻讯，立即带兵前来抗击官兵，他的英勇善战，吓退了吕师周，飞山洞的人民终于安宁了。

关于箫的传说：

很久以前，有一个很穷的人家，生了一个心灵手巧的姑娘。姑娘的针线活做得特别好，绣出来的图案栩栩如生。有一天，姑娘到河边去洗衣服。一不小心，她的一条绣着红鲤鱼的手帕就掉进了河里。她只能眼看着它越漂越远。河的下游有个年轻男子，正在河里洗脚，看到手帕还以为是条红鲤鱼，就顺手抓了上来，这才发现竟然是条帕子。这个年轻人是附近很出名的阳春秀才，很会做农活。秀才想着，丢了手帕的姑娘一定很着急，要想办法赶紧物归原主。于是，他就顺着河岸往上游走去，走了很长时间，看到了正在洗衣服的姑娘。他想跟姑娘打个招呼，问一下是不是她丢了手帕，看到姑娘却害羞地不好意思开口。最后终于鼓足勇气问了，才把手帕还给了姑娘。姑娘因为感激，便把手帕赠予秀才留作纪念。因为这样的缘分，后来姑娘和秀才就熟悉了，见面的次数也多了。二人经常约在山坡上对歌、谈心，感情越来越好。

他们因为家境不好，恰巧是在同一财主家里做工。秀才是做长工，姑娘是佃户。有一次，财主到姑娘家里收谷子，看中了姑娘，要娶回家做妾。姑娘的父亲知道财主财大气粗，但是不忍心女儿嫁过去受气，就对替财主送彩礼的媒人说，我们家里有两个大谷桶，如果有人能用金银填满它，我的女儿就嫁给他。但是财主才不管这么多，他带着人去抢亲。姑娘见状想出对策，她声称自己母亲刚刚去世，必须要守孝三年才可以出嫁，如果财主非要强娶，她就马上寻死。财主觉得反正姑娘是逃不掉了，索性就再等三年。财主走了以后，姑娘跑去找秀才商量，他们决定私奔。但是，一方面二人家里都太穷，没有盘缠。另一方面，姑娘的爹爹年老多病，要安排好他的生活才能放心离开。考虑到这些，又想着还有三年的时间，秀才决定先由他一个人外出去赚点钱，然后再和姑娘一起私奔。秀才临走时对姑娘承诺，说等到三年期限到，一定会回来的。两个人在河岸边种下两棵枫树，用来见证他们的感情。

秀才到外面去找财宝了。听说有一个洞里面有金砖银砖，他毫不犹豫地爬进去了。爬了几天几夜，皮肉都被石头磨破了还一直在坚持着，突然听到前面有水声，他爬过去一看，是一条水沟，他一头扎进去喝了很多水，顿时感觉精神了很多。这时突然发现，他的头顶上方，有一根闪亮的棍子。他伸手取下来，仔细一看，原来是一根箫。他试着一吹，发出了很好听的声音。他忘情地吹着，声音把洞顶穿破了，他这才意识到自己正站在高高的山顶上。秀才高兴地往山下走。心想有了这根神奇的箫，能吹出这么优美的声音，他帮姑娘退婚的事就再也不用愁了。

转眼三年期限到了，秀才却没有如期回来。财主派人来抢亲了，姑娘实在没有办法，誓死不从，跳进了水井。姑娘跳下去以后，秀才才进门，恨自己晚回了一步，就也跟着跳井了。那根神奇的发光的箫却从井里升了上来，财主家的人接触到这根箫就死伤一片。这根箫飘落到侗乡，从此侗乡就有了美妙的箫声。

关于芦笙的故事：

古时候，有芦卡、芦雅两兄弟，他们一起在天堂山上面开荒种地。二人勤劳手巧，种出的庄稼收成特别好。闲暇时候，他们喜欢吹打弹唱。芦卡吹起木叶，芦雅弹起琵琶，引来鸟儿一起歌唱。有一天晚上，两兄弟正在修整竹笙，突然听到一阵悦耳的乐声。那声音实在是太美了，芦卡忍不住拿起一根独管笙跟着吹，发现效果不一样，芦雅拿起双管笙轻轻吹，发现也不对。他们又接着拿出三管笙、四管笙和五管笙来吹，总是跟那乐声不一样。就在二人迷惑不解时，乐声突然消失了，他们却久久不能平静。第二天，天堂山上，聚集了很多吹打弹唱的年轻人。歌声伴着竹笙配乐，特别热闹。到了中午，两兄弟正在吃饭，又听到了前一晚动听的乐声。兄弟俩一边吹起五管笙合奏，一边寻找声音的出处。后来在树丛中发现了两位姑娘。但突然走过来一大波人，两个姑娘马上不见了，兄弟二人一直挂心着那两位姑娘。还好到了傍晚时分，又飘来了优美的乐声，兄弟俩顺着声音赶过去，在藕塘边上看到了这两位姑娘。芦卡迫不及待地问姑娘来自哪里，姑娘说住在高高山上白云里。芦雅又接着问姑娘是要去哪里，姑娘回答哪里有知音就去哪里。后来，四个人一问一答地开始对歌了。

到第二天早晨，两位姑娘要走了，临走对两兄弟说，她们的爸爸是制竹笙的，如果有哪个人能够造出一样动听的竹笙来，爸爸就把女儿嫁给他。姑娘走了，留下了一件竹笙，说等到 49 天以后会回来取。于是，两兄弟开始努力做竹笙。把各种方法都用遍了，到第 49 天的时候，总算吹出了一样的乐声。两个姑娘在动听的乐声里，来到两兄弟的木楼，唱歌示好。

原来，这两个姑娘是在天上看管乐器的仙女，她们得知芦卡、芦笙两兄弟多才多艺，便传下悦耳的竹笙，有意与他们结成伴侣。后来，人们为了纪念芦卡、芦雅两兄弟，就把乐器定名为"芦笙"。如今在侗族地区，很多人都会吹芦笙。

第7章
传承保护

村落文化作为我国传统文化重要的组成部分，蕴含有极为丰富的历史文化信息。生活在古村落中的人们，在悠久的历史长河中一直世代相传着各种文化遗产，实践着多族群与多民族文化的传承保护。这些物质与非物质的文化遗产，是我国传统文化的细胞，是历史的活化石。因此，保护传统古村落及其村落文化，是一项不容懈怠的工作，理应成为我们保护传统文化的首要举措。

上堡古村，在 2002 年 7 月，被绥宁县人民政府审定批准并公布成为县级文物保护单位，同时公布了受保护范围和建设控制地带；在 2003 年 7 月，被邵阳市人民政府审查批准并公布成为市级文物保护单位，同时公布了受保护范围和建设控制地带；在 2011 年 2 月，被湖南省人民政府审查批准并公布成为省级文化保护单位，同时公布了受保护范围和建设控制地带；在 2012 年 11 月 17 日，被列入国家文物局更新的《中国世界文化遗产预备名单》；在 2013 年，被列入了《中国传统村落名单》。回过头去看这些年以来上堡村的传承保护工作，它先后受到了从县、市、省再到国家层面的关注。这整个过程注定是很艰难的，但最终让我们看到它作为一项重要的文化遗产越来越受到重视，是令人欣慰的。

图 7-1 为美丽的上堡村全景。

图 7-1　上堡全景

7.1 文物古迹

绥宁县住房和城乡建设局，在制定针对上堡村(侗寨)传统村落保护发展规划的时候，做了如下的评估分析：

在点状历史文化资源方面，主要有金銮殿遗址、点将台遗址、演兵驯马场遗址、王城辕门、王城辕门旗杆石桩、拴马树桩、忠勇祠遗址、烽火台遗址、古驿道、护林封禁碑、封禅就位"天高地厚"摩崖石刻(图7-2)、"天王"摩崖石刻(图7-3)，防卫边墙等军事设施，共有公共和居民楼房116处，形成较大的建筑群体。其优势体现在建筑科学价值与历史价值，具有文献资料，在历史格局中的定位有一定领军效应，能清晰地反映历史时期的艺术创造、建筑技术以及历史时代特征；优势体现在环境价值和使用价值，保存较为完好，完成建筑的再利用转换工作较为简单，发掘新功能的修缮成本也较低。

图7-2　"天高地厚"摩崖石刻

图7-3　"天王"摩崖石刻

在线性历史巷道(村内巷道、水渠)方面，上堡村的劣势同样体现在历史价值，村内的巷道虽有一定年代，但较为普遍，且损坏严重，替代率高；在景观价值这一点也较为弱势，文化、科学和艺术价值不高，加之交通闭塞，环境影响评分也不高；其功能活力价值更是少之又少。上堡侗寨内三条纵向道路贯穿全村，连接五条横向分支道路，构成"三纵五横"枝状结构，路面以老石板为主，但位于村寨中央的主要石板路由于交通需要已被水泥覆盖。村寨内部的步行道路存在道路系统不连续、失修较多、泥路较多的问题，因此上堡村在线性历史巷道方面价值较低。

在面状历史文化资源(围合实体要素)方面，上堡村的劣势主要体现在从21世纪开始新建的建筑，其风貌与传统建筑极不协调，严重地破坏了传统村落的整体性及建筑风貌的连续性，但传统村落在格局与风貌这点上整体仍是优势，因为传统村落的建筑风貌整体的延续性较好，从清末、民初，一直到新中国成立初、20世纪七八十年代等都有代表，历史建筑所占比例大，且与自然山水关系协调(除新建砖房)，因此在整体历史价值上有较大优势；传统村落整体山水环境非常优美，部分历史传统(风俗)仍清晰可见，传统生产生活方式(农耕、晒谷、放牛)得以保存延续，且有一定的现代功能适应性(逐渐开放)，因此在功能活力方面也具有较大优势。

我们认为上堡的"点状历史文化资源"是最大的亮点。这些文物古迹，是历史的见证，是该区域内最不可替代的人文资源。对于众多的古村落来说，只有这些历史文化印记，是任凭外界再怎么努力，都无法复制的。

上堡的文物古迹，主要有以下内容①：

1. 武烈王故城(明代·古遗址)

武烈王故城(图7-4)在2011年2月已被湖南省人民政府列为省级文物保护单位，申报为第七批国家级文物保护单位。武烈王故城下设界溪省、巴流府、潭泥府、雪林州和赤板县，是研究我国历史上苗族仿国家政权重大变革的宝贵实物资料。城内有多处文物及文物遗址，比如金銮殿遗址、演兵驯马场遗址、点将台遗址、烽火台遗址、迴龙桥、王城辕门、王城辕门旗杆石桩、拴马树桩、"天高地厚"摩崖石刻、"天王"摩崖石刻、中堡护林碑、忠勇祠遗址等。

2012年12月12日立于上堡村内的"上堡武烈王故城"石碑，刻有如下文字："上堡侗寨。初建于宋、元时期。明英宗正统十四年(1449)至天顺四年(1460)，瑶族首领李天保托名唐太宗后裔，入绥宁上堡组织湘桂黔三省苗、侗、瑶民数万人聚义起事，并以上堡为根据地，称王封将，立年号"武烈"。上堡为

---

① 其中部分数据，由绥宁县文物管理局提供。

图7-4 武烈王故城碑

中央王城,并在附近设立界溪省、巴流和潭泥二府、雪林州和赤板县四级农民政权机构。朝廷惊恐,急调总兵李震率五省官军进剿,血洗黄桑,起义失败。故城占地面积6.5万平方米,形成三纵七横、梯次上升的建筑格局。现存有金銮殿遗址、王城辕门左右旗杆石桩、拴马树桩、忠勇祠遗址、点将台、跑马场、烽火台、古驿道、封禅就位"天高地厚"摩崖石刻等。共有公共建筑和民居住房116处,该故城是研究湘、桂、黔边陲地区历史和侗苗瑶民族发展史的珍贵实物资料。2011年1月由湖南省人民政府公布为省级文物保护单位。保护范围:以各文物点外墙基为起点,四向各至30米处。建设控制地带:四向各至各文物点保护范围外50米处。"

2.金銮殿遗址(明代·古遗址)

金銮殿遗址位于上堡村内偏东南方向,平面为边长20余米的正方形,现仅存采用自然琢磨砾石干砌而成的台基,基本保存完好,高出地面0.6~1米不等,保留有部分砖砌的围墙。基址正中保留有部分青石板铺成的地面几何装饰图案。据记载,该遗址外围原设有外墙防护环绕,亦用砾石干砌而成,周长920

米，墙体高2米，墙基厚1.8米，墙台面宽0.8~1.0米，成立体塔状，但现已不存。防卫墙四周设置四道门，东怀德门，西威定门，南雄粤门，北定远门。南、北二门各筑瓮城，设兵丁把守。整个城堡依山势起伏呈阶梯状，近观巍峨壮丽，远眺鳞次栉比。

3.演兵驯马场遗址和点将台（明代·古遗址）

练兵场和点将台，位于距离上堡村寨4千米远的后山上。练兵场被分割成若干个长40~50米，宽10~15米的平台，每一个平台都是一块练兵的场地，依山势层层铺展。点将台的位置最高，站在点将台上，可以俯视整个练兵场。据村民介绍，这些平台在开垦农田的时候曾经过修整，靠近山脚部分已基本不见当年的遗迹，而靠近山腰部分仍较好地保留了原貌，加固平台的石墙、挡水设施仍清晰可见。或因土质坚实之故，这些梯田的产量极低，所以，现在基本上都没利用了。

4.烽火台遗址3处（明代·古遗址）

以黄桑营为中心，绥宁县境内有向东、西、南、北四个方向的传递军情的烽火台线路。东线是由黄桑营经赤板、界溪通往城步；西线是从黄桑营向北经梨子界到县城在市，然后折向西面，经大冻铺、天堂铺、乐安铺和界牌铺通往靖州；南线是从黄桑营经老团、凉伞界、六甲及六马，通往城步县境长安营；北线是由县城在市经过十里铺、黄石铺（即长铺子）、堡子岭、水口、抱元界、雪峰界，一直通向靖州。其中上堡村南面塘坊界的烽火台遗址是其中保存状况较好的。该烽火台由青砖砌筑，外方内圆，高1.5米，宽1.5米，烟孔呈椭圆形，直径0.6米。与界溪西面烟囱界半山腰上的烽火台遥相呼应。界溪村西面山腰处的烟囱界烽火台始建年代不详，于乾隆九年（1744）复修过。此烽火台为中空方柱体，边长1.5米，石块铺底，通体为青砖墙。这些烽火台的主要作用是在边远山区快速传递军事情报，形成军事传递网络和报警系统。一般一处烽火台设有三个火塘和烟道，根据军情紧急情况决定点燃的数量。

5.旗杆石（明代·古建筑）

位于上堡寨门北边约30米处，左右旗杆石桩相对而立，间隔20余米，均是由两块青石板拼合而成的。高150厘米，宽37厘米，厚12厘米，中间各开有一方一圆两个孔，用以插固定旗杆的横杆。该旗杆石立于明代，相传是明天顺年间（1457—1464）李天保在上堡建金銮殿时所立，原有两对，现仅存一对（图7-5）。

图7-5 旗杆石

6.拴马树桩(明代·古树)

拴马树桩,位于金銮殿遗址西面的龙潭溪旁边。相传原本是苗王李天保亲自种植的一棵梨树,因用来拴马而得名(图7-6)。

图7-6 拴马树桩

7. 忠勇祠遗址（明代·古遗址）

忠勇祠(图7-7)是在明正德六年(1511)开始修建的，然后在清同治七年(1868)重建，位置在上堡寨门西面约20米处。该祠为祭奠历代镇压苗、侗、瑶农民起义军而阵亡的官兵亡灵而建，但在村民间也有"为供奉在起义中牺牲的起义士兵"之说。现只留下残垣断壁，墙体上仍存有部分壁画的外框线。祠内悬挂的匾和木质抱柱楹联未完整保存。据绥宁县文物局黄源栋局长介绍，20世纪80年代他到忠勇祠调查时建筑保存尚完整，为砖木结构，四柱承重，外围砖墙，覆盖小青瓦，悬山顶，举架通高6.2米，面阔5.6米，进深5米。祠内设祭坛一座，正堂两侧全柱悬挂木质抱柱楹联一副(现存绥宁县文物局)，上联：为国捐躯留得忠名扬斯堡，下联：永垂不朽惟凭英爽答熙朝。

图7-7　忠勇祠遗址

8. 中堡护林碑（清代·石刻）

中堡护林碑，处于黄桑坪苗族乡界溪和上堡两村的交界处，清代同治四年(1865)十一月二十七日立，至今保存完好。该碑高1.2米，宽0.8米，碑文的内容为"严禁砍伐树木，以培风水而息争端"，是宝庆府城绥军民理瑶府同知审理绥怀堡(即现在的界溪村)与绥靖堡(即上堡村)的森林纠纷案的判决词。

9. 辕门

辕门(图7-8),始建于民国,曾经过多次维修,现在保存状况良好。该辕门修筑于溪流汇聚的水潭旁边,是一座三开间、上下两层、重檐庑殿顶的门楼,兼有鼓楼作用,是村中议事、典礼、聚会的重要场所,平时也是村民们憩息、聊天、弹琴唱歌、社交的地方。辕门一层顶部悬挂着"上堡侗寨款约",二层只作储物间之用。辕门是进村的必经之路,相当于村寨的第二道寨门,所以迎接贵宾时会在辕门处设拦路酒,在此处喝过拦路酒以后才可以进村。

图7-8 辕门航拍图

7.2 保护规划[①]

2014年12月,绥宁县住房和城乡建设局联合湖南省建筑设计院,做出了《绥宁县黄桑坪苗族乡上堡村(侗寨)传统村落保护发展规划(2014—2030年)工程代号:2014—GC004》,具体提出了保护规划、发展规划以及规划实施的建议。

其中,保护规划中列出了保护目标:①保护规划总体目标:保护和传承上堡村的历史文化,保护好自然、历史文化资源,保护和恢复侗寨自然人文特色和历史文化环境,促进上堡村社会经济文化可持续发展。充分挖掘侗族文化内涵,

---

① 参见:《绥宁县黄桑坪苗族乡上堡村(侗寨)传统村落保护发展规划(2014—2030年)工程代号:2014—GC004》,由绥宁县文物管理局提供。

成为展示我国侗族民俗风情大舞台的传统村落。②近期目标(2014—2020)：近期建设以保护为主，适当改善，保护和抢救面临破坏的历史遗产，搬迁不合理占用文物古迹住宅，为侗寨保护总目标的实现奠定基础。完善侗寨格局，适当整治侗寨风貌，形成侗寨特色，严格执行文物古迹的保护要求，协调保护与利用的关系，增加配套公共服务设施，使上堡村保护与农村经济建设协调发展。③中、远期目标(2021—2025、2021—2030)：全面整治改造，保护和恢复上堡村自然人文特色和历史文化环境，促进社会经济文化可持续发展。充分挖掘上堡侗寨文化内涵，将上堡村打造成为既能展示我国侗族民俗风情大舞台的传统村落，又能为游客提供综合服务的传统村落形象。

从上堡的保护对象来看，主要有三部分内容。首先是自然环境，即村寨和周边的山里的古树，均被列为一级保护对象，水系有龙潭溪(图7-9)、界溪河，山体是乌鸡山和老山冲。其次是人工环境，主要是村寨内的建筑构造和空间布局，以及各类文物古迹等。这一项内容明确列入了上堡武烈王故城、金銮殿遗址、王城辕门、旗杆石桩、拴马树桩、忠勇祠遗址、迴龙桥、风雨桥、金銮桥、8条巷道、乱坟坡、点将台和练兵场、石碑林(图7-10)、土地庙、萨坛、辕门。然后是人文环境，即上堡村从古至今积淀下来的风俗习惯、精神信仰以及生活情趣等(图7-11，图7-12)。

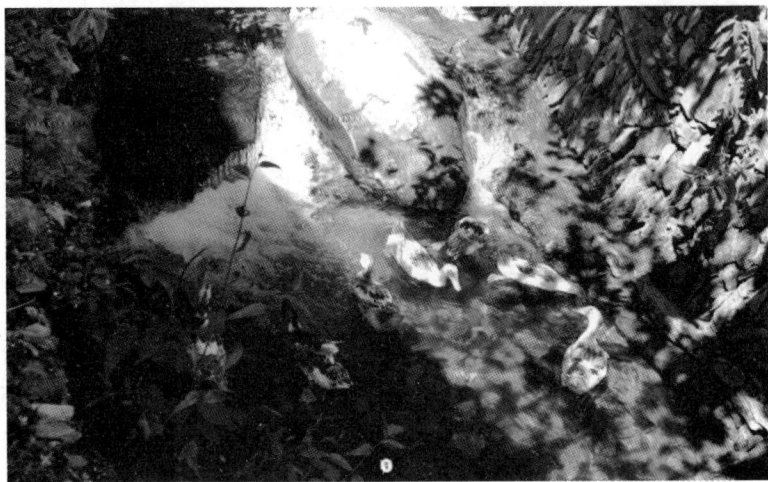

图7-9　龙潭溪

图 7 - 10　石碑群

图 7 - 11　茶余饭后

图 7 - 12　茶余饭后

　　上堡村近期的保护规划，是按照"多点两带三区"的框架体系。多点：是人们感觉和识别空间的重要参照物，对点的保护指对民居、寺庙、桥亭、各类遗址古迹等的保护。两带：滨水风光带，主要的保护策略为保护村落与山脉之间的可视通廊，禁止破坏自然环境的建设行为的发生，保护河流的贯通与洁净通畅、保护山体植被及田园风光等；传统建筑观光带，以村道巷道为纽带，串联传统建筑物的建筑样式、传统格局、建筑肌理的古民居观光带。三区：传统建筑保护区，保护以传统民居建筑为主的历史建筑，主要范围为上堡侗寨的传统建筑群；田园风光保护区，保护村落视线范围内的田地、菜园，保持村落田园休闲生活气息，再现鸡犬相闻，阡陌交通的景象，主要范围为村落北侧与河东侧的耕地；山地风貌保护区，保护村南的乌鸡山景观，再现"青山廓外斜"的风情，具体范围为村落西侧、南侧和东侧的连绵山体。

上堡侗寨核心保护范围包括以风貌保存较好的传统民居大片集中区域、传统历史街巷及传统公共建筑为中心的周边区域，包括围绕龙潭溪（图7－13）的上堡侗寨核心范围，面积为3.14公顷；上堡侗寨建设控制地带包括核心保护范围外围已建设的区域以及上堡侗寨东侧大片农田，向北一直到迴龙桥遗址的区域，面积为25.68公顷；上堡村环境协调区范围为周边可视区域的山脊线范围，面积为64.86顷。

图7－13 龙潭溪

上堡村的保护规划中，明确提出了保护要求。

一是核心保护范围保护要求。空间格局方面，要严格保护上堡侗寨"三纵五横"独特的传统空间肌理，严禁在该区乱拆乱建，严禁改变现有村落格局和建筑风貌。严格保护上堡古民居主体建筑，控制单元尺度、规模。街巷保护方面，要严格保护街道空间格局和风貌，保护街巷走向、宽度、街廓比例、两侧界面风貌、相关历史信息等；保护街巷景观，不得干扰街巷视觉走廊，保护天际轮廓线的完整性；保护村寨内的步行环境和氛围，改造与新建的步道、广场，要维持原有传统路面材料和道路路面铺砌方式，禁止使用混凝土块、地砖、平整打磨的石材等进行铺砌。街巷应恢复传统名称，并且统一设置路名标志。文物保护方面，上堡村规划范围内上堡武烈王故城、金銮殿遗址、王城辕门、王城辕门旗杆石桩、拴马树桩、忠勇祠遗址、迥龙桥等各级文物保护单位，文物主管部门公布了保护范围与建设控制地带。涉及文物保护的，严格按照《文物保护法》的规定执行。民居建筑保护方面，对于保护的古民居原则上不得拆除和新建、改扩建，在修缮、更新中必须按原貌进行恢复，整体上应保持建筑原样，少量垮塌，但还保留有建筑基址的民居，因居住需要，可以按照原面积、原高度和原样式复建。对风貌较好的保护民居，进行日常保养、防护加固、现状修缮的同时，必须遵守不改变其原状的原则，对于损坏构件应采用相同材料原样替换；对风貌一般的保护民居，如局部损坏或建筑局部为红砖、水泥、瓷砖、金属等材料，要在不改变传统外观特征的基础上，采用木材替换进行外观修整或修复，并保证其整体风貌、格局、尺度和风格不变；对于风貌较好但有安全威胁的保护民居，应加以矫正加固，而在加固过程中一定要采用传统结构体系、传统材料、传统工艺进行维修；对于居住设施和条件差的保护民居进行内部改造更新，达到人畜分离、增加厨卫(户外有空间的可以增建风貌一致的披屋)、改善防火条件的目的。与古民居风貌不协调的建筑应在本规划审批后按要求尽量拆除，难以拆除的逐步按照传统形式予以改造。改造房屋应为坡屋顶，形式应与古民居相协调。传统工程设施方面，包括排水沟渠(图7-14，图7-15)和古巷道(图7-16~图7-18)。要按古原样修复建新的规划排水沟渠，尽可能疏通原有排水沟渠，对排水沟渠以及其周围环境进行维护；保护古巷道走向、古青石板铺地，并进行加固维护，对古巷道沿线环境进行整治。要保护好村寨原有的青钱柳和古榆树两棵古树名木，对古树运用文字、照片、图纸等形式进行登记存档，并挂牌保护。此外，核心保护范围内所有建筑物维持原高，改扩建必要的基础设施和公共服务设施时建筑高度控制为2层；核心保护范围内绿地、广场等区域，原则上不得进行建设；核心保护范围内所有修缮、改善、整修、更新等建设活动，都必须征得文物部门同意，并向规划行政管理部门办理建设工程规划许可手续；对于重大建设项目，应向国家文物保护管理机构进行备案。

图 7 – 14　沟渠

图 7 – 15　水塘

图 7 – 16 巷道

图 7 – 17 小道

图 7 – 18 村寨主路

    二是建设控制地带控制要求。不得破坏现有村落布局及山水环境。保护上堡村"坐龙椅"独特的风水格局。对原民居的保护措施参照核心保护范围内的建筑保护要求执行。对已有的不协调建筑应进行改造。新建筑高度控制3层以下。

建筑风格应与原村落古建筑群风格协调，色彩应与上堡村环境相协调。农田、山林等自然景观方面，要严格保护农田与山林等自然景观，居民建房以及其他设施的建设不得随意占用农田与山林；鼓励村民秋季种植农作物，在田间闲置坡地种植油茶、茶叶等低矮经济林，在增加收入的同时实现农田景观的季相变化。为更好地将农田景观展现给游人，可设置小型农田体验观景台，以减轻游人游览活动对农田风貌的影响。水系方面，要保护龙潭溪与界溪河；严禁覆盖、堵截现有水系，严禁缩小过水断面，定期疏浚河渠，整治驳岸、护坡。建设控制地带不得设置对环境有污染的设施。加强环境卫生，严禁随意倾倒垃圾。建设控制地带内各类广场均应为生态型。新建、扩建和改建项目，首先进行环境影响评估，且向规划行政管理部门办理建设工程规划许可手续。

三是环境协调区控制要求：山、水、田、林构成了上堡村独特的自然与田园景观（图7-19）。应该从与村寨整体风貌相协调的角度，注重对上堡村周围自然环境的保护，包括地形、地貌、植被、梯田、溪流等构成自然景观要素的综合保护，严格封山育林，进行水土保持，不得随意侵占农田，从而达到延续村落与山体田园、自然植被的融合与共存关系的目的，以保持村寨自然美学价值和特色景观风貌。禁止采石挖土伐木，禁止大面积开垦农田和其他破坏现有的地形地貌行为。控制新建建筑物的位置，建筑高度控制在3层及以下。建筑风格应与原村落古建筑群风格协调，色彩应与上堡村环境相协调，对已有的不协调建筑应进行改造。引导村民的日常生产生活与自然环境的协调。限制各种工业污染，以及有任何不良

图7-19　田园风光

环境影响的建设。环境协调区内新建、扩建和改建项目，必须首先进行环境影响评估，需向规划行政管理部门办理建设工程规划许可手续。

环境景观保护的保护规划，要求保护利用好山体、田园和滨水环境景观，烘托传统村落环境特色。保护并延续传统村落巷道肌理，展示游廊、巷道历史风貌。恢复传统村落巷道和滨水两大重要传统景观界面，保护完整的传统村落形象。重点改造周边地区街道景观，打造地方特色。保护重要景观节点，重点营造重要历史地段和规划主要开放空间的景观环境。景观视廊控制方面，要严格控制视廊中的建筑高度，以免视线受阻，同时加强视线所及之处的植被建设，以提高各视廊的景观性和天然性。并对建筑风貌进行严格统一保护、改善或整治，维持村落传统风貌的和谐统一性。保护规划两条主要景观视廊。由侗寨入口广场至乌鸡山的视廊：该廊道规划中，应严格该廊道视线中的建筑高度，以免视线受阻。并对建筑风貌进行严格统一保护、改善或整治，维持文物景观点和自然景观点之间的和谐统一性。由新寨门至乌鸡山的视廊：廊道连接了新寨门、农田、古侗寨以及乌鸡山制高点。这是从古侗寨侧面观看大视野的景观廊道，感受深山田园风光。生态环境保护方面，从生态资源有效保护和合理利用角度，要求妥善养护和管理保护区域内的山林绿地。对保护区域内的丘陵地按照风景名胜区的相关保护标准实施养护和管理。保持现有溪流、水渠、水塘等水体规模，不得随意缩小。保护村落内古树名木，未经相关部门许可，任何人不得砍伐；村内植被品种形象和种植方式保持地方性、传统性、自然性要求，禁止出现城市化的园林景观。禁止在水源涵养区新建、扩建与供水设施和保护水源无关的建设项目；禁止向水域排放污水，已设置的排污设施必须拆除；禁止堆置和存放工业废渣、城市垃圾、粪便和其他废弃物；禁止设置油库；禁止可能污染水源的旅游活动和其他活动。保护地质土层，防治水土流失，植被覆盖率在暴雨季节（6—7月）应达到90%以上。冈地丘陵一带应实施有组织排水，防治地面径流的冲刷作用。生态建设设计方面，根据可持续发展要求，保护范围内的各类建筑应提倡引入生态建设设计。保护区城内新农居的规划与设计应参照可持续的建筑设计细则进行专项委托研究与设计，使居民生活改善与生态环境保护和谐发展。保护区域内环境质量标准应符合相关规定和生态示范区标准，要求整个保护区域范围内不得建设污染环境的工业生产设施；建设其他设施，其污染物排放不得超过规定的排放标准。

上堡村传统空间形态的保护，要求充分尊重地方文化和历史遗产，保护和发扬传统文化的精髓。严格保护上堡村建筑物横向沿等高线而建，纵向依溪水而建。保护恢复自然山水、田园风光，拆除影响、破坏传统空间形态的建筑物、构筑物等，努力恢复其原传统面貌。严格保护上堡村"三纵五横"的村落格局，房屋围合成半封闭庭院，房屋之间以菜地相隔的传统空间形态和依山就势的山脊型村寨建筑布局。规划将文化旅游业的发展同地方居民的生活水平提高紧密结合，保护整治村落民居传统格局，创造文化情境。上堡村古建筑特色鲜明，其民居古建筑群的组合方式、传统格局也相当重要。严格保护、修缮、恢复民居建筑群的木房青瓦，古香古色。严格保护上堡侗族村寨门、鼓楼、凉亭、风雨桥、古井、侗族楼屋及青石板巷道，干栏式民居建筑等侗族村寨的风貌特征。严格控制传统民居建筑立面、屋顶建筑细部等元素。新建及改建建筑材料及巷道尺度，必须保持其连续性与丰富性的界面特征。巷道历史界面不允许为商业目的及其他目的的任意改建，在新建筑的加建中，特别要注意控制新建筑的体量与尺度，在细节的整理与缝合中要注意维护历史界面的丰富性和连续性。保留游廊、巷道的曲折通达的线形，保护传统村落中的开敞空间，形成特色景观节点，保持传统村落整体景观风貌特色。原有电线杆、电视天线、卫星接受器等有碍观瞻之物应整治，铺地、街道小品(如果皮箱、公厕、标牌、广告、招牌、路灯等)应该符合传统村落特色，且尺度宜小。外围建筑鼓励具有历史感、民族特色的设计及有意境的新设计，但必须满足与传统空间风貌协调、统一的根本要求。

上堡村重要空间节点的整治规划，要保持村寨现有聚落模式特征，严格保护各种自然景观要素、人工景观要素和人文景观要素，严格控制村寨建设、寨民生产生活对临水和沿山等景观敏感地区的破坏。加强对周边自然山体、田园风光保护区域、河流水系两侧生态群落的保护与培育。严格控制对现有山体进行大面积开挖、对现有水体进行填埋，严禁村寨建设对田园风光保护区域的侵占。对生态环境已遭破坏的山体、水系驳岸，必须进行恢复和培育。其中，村寨入口规划要在村寨整体保护规划的控制指引下，综合考虑地形、交通、现状建筑功能与布局等要素，传承并发扬村寨入口在功能、空间及文化景观上的作用。鼓楼是侗族村寨传统的活动中心，结合村寨现代发展的需求，在重建鼓楼的基础上，新建戏台，增强传统公共活动中心的历史文化氛围，同时配建传习馆，传承侗族非物质文化遗产。金銮殿重建地块设计在保护规划控制引导下，综合考虑地形、视线、传统布局方式等因素，顺应村寨原有发展规律，合理布置新功能建筑，以保留并发展村寨传统文化景观为原则进行设计。

对上堡村传统建筑物的保护规划，是将建筑分为3个等级来控制的。核心保护范围内建筑檐口高度不超过9米；建设控制地带建筑高度控制3层，建筑檐口高不大于12米；环境协调区建筑檐口不大于15米。核心保护范围，要按照历史原貌控制，尽量恢复其武烈王故城风貌。建设控制地带，允许新建建筑，新建建筑色彩和风貌应与传统风貌相协调，同时对核心保护范围视线、景观、环境影响较大的构筑物进行拆除，对风貌不协调的、难以拆除的建筑进行立面改造和局部环境改造。环境协调区主要以景观控制和风貌协调为主要目的，应在建筑色彩、墙面材料、立面及屋顶形式等方面与传统村落风貌协调，同时维护该区域内山体和水系等自然地貌，使得历史与现代，人文与自然有机融合。对上堡村内的每一栋建筑，都要通过综合评价其建造年代、保存质量、风貌状况条件，将其划分为文物保护单位和一般建筑，并制定出相应的保护、整治措施。根据建筑质量、风貌以及建筑所处位置的要求确定建筑更新保护方式。对已公布为文物保护单位的建筑和已登记尚未核定公布为文物保护单位的不可移动文物的建筑，要依据文物保护法进行严格保护。对历史建筑和简易历史建筑，应按照《历史文化名城名镇名村保护条例》关于历史建筑的保护要求进行修缮。对于传统风貌建筑，应保持和修缮外观风貌特征，特别是保护具有历史文化价值的细部构件或装饰物，其内部允许进行改善和更新，以改善居住、使用条件，适应现代的生活方式。对于与保护区传统风貌协调的其他建筑，其建筑质量评定为"好"的，可以作为保留类建筑。对那些与传统风貌不协调或质量很差的其他建筑，可以采取整治、改造等措施，使其符合历史风貌要求。无风貌保留价值、建筑质量差、对上堡村传统风貌和文物保护造成明显破坏作用的建筑，以及位于规划用地调整为文物资源保护用地或农林用地的建筑，原址拆除，不得重建。对现已无存但历史上曾经存在的标志性建筑，在具备充分历史依据和重建必要性的基础上，允许个别重建。

最后，对上堡村非物质文化遗产的保护，要建立分级保护制度和保护体系；建立传承保护机制；建立专业机构和工作队伍；建立民族民间文化产品生产基地；建立非物质文化遗产展示基地；建立保护工程专项资金；建立责任明确、运转协调的民族民间文化保护工作机制；建立文化空间体系。

7.3 发展规划[①]

上堡村将打造湘西南地区侗族特色传统村旅游的重要节点,规划依托上堡村侗寨,优化上堡村人居环境和旅游环境,坚持保护优先,合理发展旅游业,推动传统村落保护、经济社会与生态环境的协调可持续发展,把上堡村建设成"宜居、宜游"的独具特色的传统村落。

预计到 2020 年,总人口达到 340 人,建设用地总面积为 4.08 公顷;2026 年,总人口达到 365 人,建设用地总面积为 4.67 公顷;2030 年,总人口达到 392 人,建设用地总面积为 5.29 公顷。

土地利用方面,规划将原有村寨居住用地区设为古建筑保护区,并禁止在保护区内随意增加新建民居建筑,维持原有传统空间格局,但为满足村民生产和生活要求,村寨建设用地主要选择三处,分别在北部入口处新建游客服务中心、入口广场及停车场;东部新建村民服务中心及相应的传统活动设施,并在附近新建停车场,同时新建部分民居;南部山地新建信息资料中心、传习馆、文化交流中心,配套民居客栈,适当新建部分民居和牲畜集中点。根据村寨目前用地布局情况及未来发展的框架,村寨规划形成"一带、三心、四片"的土地利用格局。规划根据村寨发展及景观风貌的要求,对村寨规划核心区现有土地利用情况进行调整:一是对村寨北侧入口建筑更新改造,形成整个村寨旅游服务中心,村寨对外交通停车场,方便旅游内容的组织及景区管理与接待。二是发展东部建设区和南部山地建设区作为村寨发展、核心保护范围外迁人口安置用地。规划核心区及建设控制地带范围总面积为 6.20 公顷,其中,村庄建设用地面积 5.29 公顷,非建设用地 0.92 公顷,其中农林用地 0.68 公顷,水域面积 0.24 公顷。根据《村庄规划用地分类指南》(2014),规划村庄建设用地有 4 大类,其中,村民住宅用地 3.85 公顷,占村庄建设用地总面的 72.84%;村庄公共服务用地 0.84 公顷,占 15.92%;村庄产业用地 0.23 公顷,占 4.37%;村庄基础设施用地 0.36 公顷,占 6.87%。

关于公共服务设施的规划,主要是在上堡古侗寨东侧新建村级活动中心、戏台、鼓楼、卫生站、托儿所,提高村民生活质量。对现有商业设施予以梳理,

---

[①] 摘录自《绥宁县黄桑坪苗族乡上堡村(侗寨)传统村落保护发展规划(2014—2030 年)工程代号:2014—GC004》。

除辕门前入口处保留旅游服务站及空旷地带三家农家乐以外,其他所有旅游服务设施集中布置在村寨核心保护范围以外。在上堡古侗寨入口北侧将现有已建好的砖混结构建筑改造成游客接待中心,东南侧规划信息资料中心、传习馆、侗文化博物馆和居民客栈。

自然绿化区的规划,是沿龙潭溪、界溪河形成带形滨江绿化,其中既有以现有农田中心为基础的大面积自然绿化,也有适合于游憩的街道、广场绿地。保护周围现有农田,规范新的建设,形成开放型景观绿地。人工绿化区与庭院绿化的规划,是保留现有村落的名胜古迹点、毁弃民居遗址及现有闲置地在村落开辟的点状、片状公共绿地,营造庭院绿化区,建设各种休闲活动设施,主要是为居民、游客提供生活所必需的优质的公共绿化及活动空间,同时也可体验上堡村的庭院生活氛围。植物景观的规划,是保护利用相结合,保护为主,适地适树,突出基调树种,多样性和统一性相结合,自然式布局,以点带线,点、线、面相结合,来营造空间特色各异的景观区域。总之,要因地制宜布置街头绿地。尽量结合周边环境条件创造适宜的环境,充分利用借景、对景,强化宜人尺度的庭院绿化,种植单株观赏植物形成视线吸引点,提高居民的生态意识,提倡居民对各自的庭院进行自赏绿化布置,为老屋旧街增添绿色的生机。要形成系统的景观轴,人文景观轴沿线串联迴龙桥、上堡武烈王故城等主要节点。沿该轴线除了展示上堡村传统文化外,并沿路安排各种乡村体验项目,使该轴线成为规划区内最具活力的轴线。人文、自然景观轴沿龙潭溪两侧展开,龙潭溪发源于乌鸡山,途经上堡武烈王故城,在汇入界溪河处两岸自然风光美好,两侧有大量农田。景观塑造逐渐由山林、农田过渡到建成区、农田。自然景观轴沿古驿道展开,有上乌公路连接至界溪河,途经田园景观,体验自然景观悠然自得的情怀。

关于新建建筑也有相应的规划要求,比如:在文物保护单位保护范围内严禁新建建筑物、构筑物。在文物保护单位建设控制地带内新建、扩建、改建建筑物、构筑物的,应当在使用性质、高度、体量、结构、立面、材料、色彩等方面与文物保护单位相协调,并且不得影响文物保护单位的正常使用。建筑形式为上堡村地方民居体系,应以院落为中心组织平面,各处院落之间应以通道相互联系。村寨内商业街立面为木板材质,木门窗装修,开设铺面位置应严格按照整治规划实施。

道路交通方面,规划将上堡村寨北侧至黄桑坪乡的道路与东侧至城步的道路连通，宽度不超过 7 米，铺沥青路面。将村寨东侧一段现有车行道向南延伸至金銮殿重建地块，作为规划车行道，道路宽 3.5 ～ 4.0 米，铺沥青路面。纵向主要步道为沿龙潭溪东侧贯穿村寨的道路；由纵向步道向东伸出 3 条主要步道，横向穿过村寨与东侧车行道连接；道路宽 2.0 ～ 3.0 米，路面石板铺装。次要步道为村寨内部连接各户的巷道，宽约 1.0 米，石板或块石铺装，顺应地形设石板台阶。在村寨入口村级活动中心、鼓楼广场东侧、信息资料中心、旅游客栈分设 4 处生态停车场，同时在村外东侧山坳处设旅游车辆集中生态停车场。规划新建广场总共有 3 处，分别位于入口游客服务中心、鼓楼中心及重建金銮殿地块。规划对路面铺装按照老石板路、新石板路和沥青路三种形式分别进行修整，对场地、护栏进行整治。规划将上堡村寨北侧至黄桑坪乡的道路与东侧至城步的道路连通，作为主要对外交通道路，铺沥青路面。将村寨东侧一段现有车行道向南延伸至金銮殿重建地块，作为规划车行道，铺沥青路面。将沿龙潭溪东侧贯穿村寨的现有车行道改为村寨步行道，路面以石板重新铺装；保留现有老石板步道，改现有泥土或灰渣步道，以新石板铺装。在村寨入口游客服务中心，村寨南侧信息资料中心，鼓楼重建区附近分设停车场，同时在村外东侧山坳处设旅游车辆集中停车场。机动车辆不得进入村内。

用水量预测主要包括生活用水（居民生活用水和游客生活用水）、畜牧用水和未预见用水，取人均综合用水量为 300 升/日。经测算，近期（2020 年）用水量为 102.0 立方米/日，远期（2030 年）用水量为 117.6 立方米/日。主要以山泉和地下水为水源，利用村寨南侧山坡上的现有高位水池为村寨供水，远期将扩容蓄水池并建设小型水处理设施；生活饮用水水质应符合国家《生活饮用水卫生标准》（GB5749—1985）的规定。供水管网由高位水池引出后，主要沿道路敷设。干管采用 DN100 的 PVC 管，支管采用 DN63 的 PVC 管，并完善消火栓配置。管道覆土深度不小于 0.3 米。自来水普及率达到 100%。禁止私采地下水。

采用雨污分流制的排水体制。污水量按供水量的 80% 计算。近期污水量为 81.6 立方米/日，远期污水量为 94.1 立方米/日。污水管道布置应充分考虑具体地形坡度状况，并沿道路敷设，由龙潭溪两侧的污水管道汇集。污水主干管采用 DN400 的 PVC 管，次干管采用 DN300 的 PVC 管，支管采用 DN200 的 PVC 管。在村寨北侧低洼处设置氧化塘一处，规模为 120 立方米/日，占地 210 平方米。对条件不具备的民居各家设置化粪池。污水必须经过处理才能用于农田灌溉。村寨的雨水排放应顺应地势，沿道路修建明沟或盖板明沟，直接、就近、分散地排入寨内河流和村寨东侧的农田。排水沟应定期清理维护，防止淤积堵塞。沟渠纵坡不应小于0.3%，选用当地石材砌筑。禁止将污水直接排入环境水体。

采用单位面积负荷指标法进行负荷预测，其用电主要包括村寨居民住宅用电和公共建筑用电两部分。经测算，村寨的电力负荷约为419.9千瓦。供电电源由在市镇变电站10千伏线路引入。供电线路结合道路及市政设施改造，在条件许可的情况下全部入地，以便于管理并减小对环境景观影响。夜景灯光工程，主要考虑内部的道路照明、广场节点烘托、重要建筑物展示和外部的整体形象展示两个方面。整个村寨的夜景灯光不应过多干扰居民正常起居，且不宜过亮，以烘托村寨静谧的气氛。

规划设1个电话电缆交接箱，电信管道采用直埋电缆，沿主要道路、步道套管后敷设。在近期利用国家农村广播电视村村通工程，将电视信号接入各家各户。远期接入有线数字电视信号，取缔杂乱的接收器。通信线路结合道路及市政设施改造，在条件许可的情况下全部入地，以便于管理并减小对环境景观的影响。

生活垃圾日产量取1.2公斤/人，预测垃圾日产量近期约为408公斤，远期约为470公斤。增设垃圾箱，以距离50~80米的标准设置，局部人流密集的地段按30~50米设置。在村寨入口、南侧旅游客栈以及北侧建设用地交通方便处各设垃圾收集点一处，在农田合适地点设置集中堆肥场地，可生物降解的有机垃圾分类收集后运往集中堆肥场地进行处理，无法回收利用的无机垃圾运往附近垃圾填埋场进行卫生填埋。严禁随地或向河道内乱倒垃圾杂物。人畜分离，在民居扩展区西北侧建设牲畜集中圈养点；畜养污水入管；污物定点室内存放。在游客服务中心、旅游接待片、村民服务中心规划3处公厕，每座公厕建筑面积控制在60平方米内，建筑按二类标准建设。公厕应采用乡土材料和传统构筑方式，形式上力求与上堡村景观环境、建筑风格相协调，利用周边植乔灌木对公厕进行遮挡。

村寨内部依托规划道路设置消防通道、消防栓、机动消防泵等消防设施。沿给水管网设置消火栓，间隔不大于80米。增设消防水塘，提升村寨防火能力。消防通道上禁止搭建，保持消防通道通畅。提高建筑防火等级：对建筑内部功能设施进行改造，将全木结构房屋的厨房移至一层，并作防火处理；改造厨房烟囱，在确保防火的同时，与村寨风貌相协调；改造入户电路，消除用电火灾隐患；在民居整治、整修、改建过程中，在建筑内部一层允许适当采用现代防火、隔音材料。村寨外围的农田耕作区地势开阔，没有密植的树木，是火灾发生后优先保护人员生命安全的疏散场所。在合理布置硬件设施的同时，应提高村民的防火意识。组织居民学习防火知识，建立完善的消防管理机制，成立防火小分队，巡查防火设施，降低火灾发生概率。植树造林应当适地适树，根据上堡侗寨自然环境合理搭配树种，依照国家规定选用林木良种，造林设计方案必须有森林病虫害防治措施，禁止使用带有危险性病虫害的林木种苗进行育苗或造林，有计划地实行封山育林。应对上堡侗寨地质灾害情况进行评估；加强对山体破碎地段特别是村寨后山的监控，及时清理或固定松动土石，加强对可能发生滑坡或泥石流地段的监控，设置警示牌；在地质条件危险区内，禁止爆破、削坡以及从事其他可能引发地质灾害的活动；保护植被，提高植被覆土固沙能力，防止地质灾害发生；抗震标准按基本烈度7度设防。制定村寨旅游安全与防范措施，村寨入口处设立宣传栏，提出进入村寨的安全注意事项和防范措施，凡涉及游客人身安全的地域应设置提醒标志和防护设施，并采取必要的防范措施，预防意外事故发生。

以中国世界文化遗产预备名单上堡侗寨和黄桑坪国家级自然保护区为核心，融入由新宁、城步、绥宁、通道组成的"新四驱"旅游区，打造以侗族风情、历史文化、自然田园景观、生态度假为特色的旅游胜地，以保护传统村落为主，兼顾旅游发展为目标。上堡侗寨的旅游发展必须以不对世界文化遗产申报地产生损害为前提，必须以不与居民的生活相干扰为原则。对游客开放的各级文物保护单位和保护民居、公共建筑应严格控制旅游人数，避免对遗产要素产生不利影响。所有来上堡村旅游的游客来自全国各地，旅游时间主要以二日游为主，村内所供应的设施也以餐饮、住宿、购物为主的二日游乐方式。游览主线从村寨北侧游客服务中心到达鼓楼寨门入口，后沿龙潭溪东侧到达村寨南侧的旅游接待区，经重建的金銮殿后从村寨东侧重建鼓楼区绕回，形成环线，或从鼓楼寨门东侧反向环线；环线中间串联东西向两条主线，分别衔接重建鼓楼区及民居内部。游览辅线沿龙潭溪西侧经风雨桥、石碑群、忠勇祠；在民居组团间亦设游览辅线，串联各村寨景点。以家庭作坊式商铺为主，鼓励本地艺人亲自制作各种手工艺品来销售；突出特色商品经营，销售侗绣、银饰等真正具有地方民族特色的手工艺品；将民俗展示、游客参与和产品售卖结合起来，使游客加深对民俗文化的体验。以侗族文化为内容，包括侗族歌舞及各种民俗节事等；村寨内不宜建设与传统村寨形象不符的现代化娱乐设施；各类表演采取舞台式定点演出与广场式参与性演出相结合的方式，加强旅客参与度使游客对侗族文化有更深入的体验。村寨内部餐饮服务应以侗族特色的家庭小型餐饮接待为主。规模化的餐饮服务设施主要设置在村寨北侧的游客服务中心及南侧的旅游接待片区；旅游餐饮产品（包括菜肴、就餐环境、餐馆内部设置以及服务）均应体现上堡侗寨特色，进一步开发侗族特色小吃，形成系列，并改善就餐环境；注重餐馆环境卫生标准的提高，加强管理；在沿河集中布局餐饮设施时，应特别注重完善排污系统，严禁向河内排放废水污物，避免对河流造成污染，保持河流的清澈。旅游住宿设施应采用相对集中与适度分散的原则进行布局；鼓励村民根据居住条件自愿进行民宿经营；集中的宾馆酒店规划在游客服务中心及旅游接待片区地块设置，以低层、低密度、高绿化率为特征，需要符合建设控制要求；另外在旅游接待片区集中设置农家客栈。在游客服务中心建设停车场和集散广场；村寨内部采用步行的游览方式。坚持以保护风景资源不受破坏为前提，以向游人提供以最短的路线观赏尽可能多的风景精华为目标，组织游览线路：生态停车场—游客接待中心—侗寨入口广场—古榆树—碑林—忠勇祠遗址—风雨桥—辕门—萨坛—沿龙潭溪古巷道—拴马桩—王府大道—金銮殿遗址—信息资料中心—传习馆—侗文化博物馆—民居客栈—戏台—鼓楼—田园生态停车场。

上堡的近期规划（2014—2020），是以保护为主，适当改善，重点完成武烈王遗址、练兵场、红军长征路等历史环境要素的修复，并完成忠勇祠堂恢复、新修鼓楼、新修风雨桥、新修侗文化博物馆、维修楼门等文物和非物质文化遗产保护利用。完成古村基础设施（道路、给水、排水、电力、电信、消防、环卫）的建设和改造，民居室内改造和外立面修缮。中、远期规划（2021—2030）的重点在于以传统遗产的保护为主，适当强化发展与利用，完善旅游服务设施和旅游项目的开发等建设内容。中期（2021—2025）建设内容主要是对侗寨范围内具有价值的传统居民进行整治修缮；在武烈王故城东侧规划恢复重建的戏台、鼓楼，完成民俗活动场所的建设；改善周边的环境景观，完成滨江风光带的建设，修建村民活动中心、卫生站、托儿所，完善侗寨的绿化建设和公共服务设施的建设，提高居民的居住生活质量。远期（2026—2030）建设内容主要是完成信息资料中心和传习馆的建设；对村落内的其他地段、街巷进行全面整治改造，对村落范围内的障碍建筑、应当拆除的建筑进行拆除，完成村落的居住、旅游及其配套设施的全面改造和建设，实现整个村落的保护和居民生活及旅游发展的整体系统完善，最后将上堡村塑造成能够接待游客，展现传统文化风貌，为游客提供综合服务的传统村落形象。

参考文献

[1] 沈瓚.五溪蛮图志[M].长沙：岳麓书社，2012.

[2] 钱大昕.十驾斋养新录[M].南京：江苏古籍出版社，2000.

[3] 赵翼.廿二史劄记[M].曹光甫，校点.南京：凤凰出版社，2008.

[4] 严如熤.小方壶斋舆地丛钞[M].杭州：杭州古籍书店，1985.

[5] 张廷玉，等.明史[M].长沙：岳麓书社，1996.

[6] 吴荣臻，杨章柏，罗晓宁.古苗疆绥宁[M].成都：四川民族出版社，1993.

[7] 盛镒源.同治城步县志同治绥宁县志[M]//中国地方志集成·湖南府县志辑56.南京：江苏古籍出版社，2002.

[8] 欧潮泉，姜大谦.侗族文化辞典[M].南京：华夏文化艺术出版社，2002.

[9] 陆中午，吴炳升.侗族文化遗产集成·饮食大观[M].北京：民族出版社，2006.

[10] 陆中午，吴炳升.侗族文化遗产集成·建筑大观[M].北京：民族出版社，2006.

[11] 杨通山，蒙光朝，过伟，等.侗族民间故事选[M].上海：上海文艺出版社，1982.

[12] 杨通山，蒙光朝，过伟，等.侗族民间爱情故事选[M].南宁：广西人民出版社，1983.

[13] 杨权.侗族民间文学史[M].北京：中央民族学院出版社，1992.

[14] 胡起望，李廷贵.苗族研究论丛[M].贵阳：贵州民族出版社，1988.

[15] 湖南省少数民族古籍办公室.湖南地方志少数民族史料（下）[M].长沙：岳麓书社，1991.

[16] 张显清.孙奇逢集[M].郑州：中州古籍出版社，2003.

[17] 高文德.中国少数民族史大辞典[M].长春：吉林教育出版社，1995.

[18] 国家民委《民族问题五种丛书》编辑委员会，《中国民族问题资料·档案集成》编辑委员会.中国民族问题资料·档案集成（第2辑）：中国少数民族简史丛书·第9卷[M].北京：中央民族大学出版社，2005.

[19] 湖北省麻城市地方志编纂委员会.麻城县志[M].北京：红旗出版社，1993.

[20] 孙晓芬.麻城祖籍寻根谱牒姓氏研究[M].成都：四川大学出版社，2008.

[21] 于宝林.中华历史纪年总表[M].北京：社会科学文献出版社，2010.

[22] 傅角今.湖湘文库·湖南地理志[M].长沙：湖南教育出版社，2008.

[23] 绥宁县志编纂委员会.绥宁县志[M].北京：方志出版社，1997.

[24] 马本立.湘西文化大辞典[M].长沙：岳麓书社，2000.

[25] 湖南省地方志编纂委员会.湖南省志第三十卷人物志（上册）[M].长沙：湖南出版社，1992.

[26]《苗族简史》编写组.苗族简史[M].北京:民族出版社,2008.

[27]王继平.中国史论集(中)[M].湘潭:湘潭大学出版社,2013.

[28]王魏总.中国考古学大辞典[M].上海:上海辞书出版社,2014.

[29]梁思成.中国建筑史[M].北京:生活·读书·新知三联书店,2011.

[30]胡彬彬.小村落大文化[N].光明日报,2013-05-06(5).

[31]刘自齐.古代苗族"狗图腾"正义[J].中南民族学院学报(哲学社会科学版),1990(4).

[32]隆名骥.苗族风俗中的祖先崇拜[J].吉首大学学报(社会科学版),1986(2).

[33]张子伟.湘西祭祖习俗[M].长沙:湖南师范大学出版社,2011.

[34]杨庆堃.中国社会中的宗教:宗教的现代社会功能与其历史因素之研究[M].范丽珠,等译.上海:上海人民出版社,2007.

[35]孟宪平.节日大观[M].济南:黄河出版社,1998.

[36]云南省民族事务委员会,云南民族出版社.景颇族文化大观[M].昆明:云南民族出版社,1999.

[37]伍新福.苗族文化史[M].成都:四川人民出版社,2000.

[38]詹鄞鑫.神灵与祭祀——中国传统宗教综论[M].南京:江苏古籍出版社,2000.

[39]孟慧英.中国原始信仰研究[M].北京:中国社会科学出版社,2010.

[40]顾洪.顾颉刚学术文化随笔[M].北京:中国青年出版社,1998.

[41]王继英.民间信仰文化探踪[M].北京:民族出版社,2007.

[42]李方.从清代湖南佛教造像记看民众的信仰[J].贵州大学学报,2013(3).

[43]包汝楫.南中纪闻[M].北京:中华书局,1985.

[44]铁木尔·达瓦买提.中国少数民族文化大辞典·西南地区卷[M].北京:民族出版社,1998.

[45]辞海编辑委员会.辞海[M].上海:上海辞书出版社,1989.

[46]王景琳,徐匋.中国民间信仰风俗辞典[M].北京:中国文联出版公司,1997.

[47]朱海滨.中国最重要的宗教传统:民间信仰[M]//复旦大学文史研究院."民间"何在谁之"信仰".北京:中华书局,2009.

[48]乌丙安.中国民俗学[M].沈阳:辽宁大学出版社,1985.

[49]王铭铭.社会人类学与中国研究[M].北京:北京三联书店,1997.

[50]李亦园.宗教与神话[M].桂林:广西师范大学出版社,2004.

[51]岳永逸.灵验·磕头·传说:民众信仰的阴面与阳面[M].北京:三联书店,2010.

[52]夏曾佑.中国古代史[M].上海:上海人民出版社,2014.

[53]何星亮.中国图腾文化[M].北京:中国社会科学出版社,1992.

[54]乌丙安.中国民间信仰[M].上海:上海人民出版社,1996.

[55]吕大吉.宗教学通论新编[M].北京:中国社会科学出版社,2010.

[56]陈荣富.文化的演进——宗教礼仪研究[M].哈尔滨:黑龙江人民出版社,2004.

[57]邢春如,刘心莲,李穆南.信仰文化[M].沈阳:辽海出版社,2007.

[58]李叔还.道教大辞典[M].杭州:浙江古籍出版社,1987.

[59]李亦园.人类的视野[M].上海:上海文艺出版社,1996.

后 记

我对绥宁黄桑的关注，起源于 2012 年的中元节。中元节是一个北方人不太熟悉的节日，在南方却有着诸多与之相关的祭祀活动。为此，我第一次跟胡彬彬老师到黄桑的苗区考察"祭犬"习俗，原以为也就是去拍些照片、做些文献记录。然而，仅仅半天的接触，我就被那些善良的人们彻底地感动了。真情是一定会被深刻地感知的，村民们的淳朴、憨厚，让我们所有同行的人，有一种说不出的感动。村民们生怕照顾不周，拿出最好的食物招待，我想，他们自己的饭菜也就是春节之类的重大节日才会如此丰盛。在那之前，我对录影是没有太多兴趣的，但是那次的调研让我爱上了录影。我想把点点滴滴都记录下来，即使不全为学术所用，也算是纪念吧，纪念曾给予自己深深感动的人们。

食物为生命之本，分享食物，这一最原始的情感表达，感动着在场的每一个人。在长达 20 米左右的流水席餐桌旁，每个人的脸上都洋溢着最真心的笑容，这在旅游开发过的城市是很难见到的。席间，我偶尔起来录像几分钟，那么多的人，村民还能记得谁没有加饭，追着我说："姑娘，你没有吃米饭呢，我给你盛饭。"每一次转身，装饮料的杯子都被加满到没法端起来。他们的言语、动作通常都很简单，却总能很轻易地给人以从未有过的触动。热情的苗族姑娘说："我看我们的家乡，和香格里拉一样美的，为什么全世界的人都知道那里，却没人晓得我们家乡的美？"正在吃饭的我们，呆了，半晌，听到有人说"说得太好了"。是的，那里，和香格里拉一样美，尤其是那里的人，特别特别地美，美在心地，因淳朴而更美。我亲眼看到，老村长拉着胡老师的手流泪了，说感谢老师，感谢我们走进他们家乡的每一个人，希望外面更多的人知道那里，知道他们家乡的美，感受他们家乡原生性的文化传承。

进村的时候，有舞狮唱歌的隆重欢迎仪式，该离开了，众多的村民唱着苗歌相送，实在不舍。我说录影带已满，同行的摄影老师却坚持下车再录几分钟，说"即使是做样子，也要再录一会儿"。那位老师同我们一样，深深地被感动了，我知道，他是想让村民感受到我们的不舍。盛情难却，喝多了苗家酒，看他路都走不稳地录着，看着村民们的依依不舍，车子开动的那一刻，忍不住地泪湿眼角。也许，他们很多人，一辈子都很难去到城里，他们唯一希望的，是山外更多的人，了解他们的家乡。我相信，总有这么一天的，一定会有的。

就是这样，我与黄桑结下了不解之缘。之后，又去过几次黄桑，每一次都有不一样的收获。这个美丽的地方，它的点点滴滴，都令人神往，沁人心脾。

因此，在2015年湖南省社会科学基金重大项目"记住乡愁——湖南十村十记"子项目招标的时候，我毫不犹豫地选择了黄桑唯一在列的上堡村，且抱了非它不做的决心。最终，如我所愿。

投标成功之后，需要课题组成员马上着手到村落里考察。而那时，儿子还只有几个月大，正是离不开我的时候。内心纠结了一段时间之后，我决定带着儿子下乡考察。儿子是我读博期间最大的收获，他见证了这期间我的每一步成长和所得。这一次，依然想带他一起，去感受我所喜爱的那个美丽的地方。于是，在2015年的7月底，三四十度的高温天气，我带儿子去了绥宁上堡做第一次调研。爱人实在不放心，也深深理解我对黄桑的感情，最终他放下自己的事情，陪我们一起前往。在此，感谢他们，在每一个我需要的时刻，总是默默地给予我各种支持。

第一次前往上堡调研的同行人之中，还有一个我最好的姐妹池秋娴，她一直对古村落有着浓厚的兴趣。有这样的机会，我第一时间想到要约她同行。果然不出所料，在进入到上堡村以后，她的惊喜反应，给了我深深的满足感。看来，不只是我的个人感情使然，从未到过黄桑的朋友，也被这个地方的风土人情折服了。

毫无疑问，这是一个美丽的地方，有故事的地方，会让人忍不住再来的地方。

现在，那个说她们的家乡如香格里拉一样美的苗族姑娘——石冰，从2010年努力到2014年，终于在家乡完成了她的梦想，在黄桑的铁杉林脚下开了一家颇有情调的客栈，取名"铁杉林苑"。她说这么多年以来，无论多么艰难，都有一个信念在支撑着她，那就是要让更多的人了解她家乡的美，让更多的人喜欢那里。就是这样一个简单的信念，一个朴实的梦想，使她放弃了原本在广东的不错的工作，决定回到家乡，一切从头开始。我不知道在这几年的筹备过程中，对于之前完全不懂餐饮业的她来说，到底经历了怎样的辛苦。我只知道她的那些辛苦是值得的，她在用自己的微薄之力，为家乡做着力所能及的贡献。想到第一次见到她时，她说着家乡如香格里拉一样美的那种骄傲的神情；看到现在的她，客栈经营得越来越好，不辞辛苦地带着她的客人去到她家乡的每一处美景，用心讲述家乡故事的那种满足。我只想说，我们到处呼吁的"保护和传承村落文化"，正是如石冰一样的对家乡情有独钟的人默默无闻正在做着的事情。那是众多的专家学者所不能替代的，也是替代不了的。唯愿"上堡古国"再多一些如石冰一样的姑娘，珍惜并留住那里的美，保护并传承那里的文化。

在课题研究完成之际，我必须要感谢很多给予我帮助的人。首先要感谢我的导师胡彬彬教授，是他带领我与绥宁黄桑结了缘，又鼓励并给予我机会独立完成"湖南十村十记之上堡村"的课题。其次要感谢绥宁县文物管理局原局长向先忠先生、绥宁县文物管理局副局长、绥宁县寨市管理处副处长黄源栋先生、绥宁县文联主席陶永喜先生和绥宁县侗寨申遗工作办公室办事员龚池海先生。在我们赴上堡进行调研的时候，他们给予我们很大的帮助，提供了很多绥宁县侗寨遗产地文化研究与保护组整理过的资料以及相关图片。此外，要感谢为本书提供手绘图的木木（林远慧）和对文中照片进行后期处理的摄影师丁文保先生。最后，还要感谢上堡的谢罗松先生，感谢在上堡调研期间他给予我们无微不至的照顾，感谢他不辞辛苦带我们去到上堡的每一个角落，感谢他为我们讲述上堡古国的故事……

由于个人学识和时间有限，本书中难免会有很多缺陷，欢迎读者和学界同仁批评指正。未来，我个人必将持续关注上堡村的发展，衷心祝愿它的"文化"可以吸引更多的知识分子，大家一起为上堡村文化的传承与发展贡献力量。

2019 年 1 月